CUNEI
F●RM
铸刻文化

艺文志

HEIDEGGER
an introduction

Richard Polt

海德格尔
导论

[美] 理查德·波尔特 著

陈直 译

上海文艺出版社

图书在版编目（CIP）数据

海德格尔导论 / (美) 理查德·波尔特著; 陈直译.
-- 上海：上海文艺出版社, 2024（2025.6 重印）
ISBN 978-7-5321-8804-8

Ⅰ.①海… Ⅱ.①理…②陈… Ⅲ.①海德格尔
(Heidegger, Martin 1889-1976) —哲学思想—研究 Ⅳ.① B516.54

中国国家版本馆 CIP 数据核字 (2023) 第 152915 号

Heidegger: an introduction
Richard Polt

Copyright © Richard Polt
Authorized translation from English language edition published by Routledge, part of Taylor & Francis Group LLC; All Rights Reserved.
本书原版由 Taylor & Francis 出版集团旗下 Routledge 出版公司出版，并经其授权翻译出版。版权所有，侵权必究。

Copies of this book sold without a Taylor & Francis sticker on the cover are unauthorized and illegal.
本书贴有 Taylor & Francis 公司防伪标签，无标签者不得销售。

著作权合同登记图字：09-2023-0644

发 行 人：毕　胜
责任编辑：肖海鸥　鲍夏挺
特约编辑：陈凌云　李　栋
书籍设计：彭振威
内文制作：何　况　刘一芸

书　名：海德格尔导论
作　者：[美] 理查德·波尔特
译　者：陈直
出　版：上海世纪出版集团　上海文艺出版社
地　址：上海市闵行区号景路 159 弄 A 座 2 楼　201101
发　行：上海文艺出版社发行中心
　　　　上海市闵行区号景路 159 弄 A 座 2 楼 201101　www.ewen.co
印　刷：山东临沂新华印刷物流集团有限责任公司
开　本：850 × 1092mm　1/32
印　张：13.5　字　数：280 千字
印　次：2024 年 4 月第 1 版　2025 年 6 月第 4 次印刷
ISBN：978-7-5321-8804-8/B.099
定　价：69.00 元

告读者：如发现印装质量问题，影响阅读，请与出版社发行部门联系调换。

中文版序

非常感谢有机会向中国的读者分享这本书,也感谢陈直的翻译工作。

自从本书英文版在1999年出版以来,又有更多海德格尔的文本问世,其中包括讲座课程、海德格尔的私人论文与笔记,以及被称为《黑色笔记本》(*Black Notebooks*)的哲学日记。我们对他的个人生活与政治活动也有了更多的了解。尽管如此,出版于1927年的《存在与时间》依然是海德格尔最重要的文本,也是开始严肃研究他思想的最好文本。《海德格尔导论》对《存在与时间》这本书提供了一个整体的概述,并且为海德格尔后期的一些最重要的著作提供了初步的定向。在这个中译本中,我主要根据《黑色笔记本》对海德格尔的政治行为添加了一些新的评论。

后期海德格尔对技术的反思对于21世纪来说尤其有价值,因为越来越明显的是,技术对自然的开发利用已经导致了一种非常危险的不平衡。现代技术基于一种特别类型的科学，这种科学开始于西方的笛卡尔等哲学家，他们敦促我们成为"自然的主人和所有者"。现在，现代技术已经被地球上的大部分国家采纳与发展，它影响到这颗星球上的所有生物。根据海德格尔，技术的危害不仅仅在于它对环境造成了无意的但却明显的危害；技术还威胁着我们作为"此在"（Dasein）——对存在的意义有所操心的存在者——而生存的能力。这样一种危险是不能仅仅通过更有效率的发明或者对资源更好的管理来解决的。我们还必须学会再次提出存在问题（如海德格尔在《存在与时间》中所做的那样），并且向传统西方中的存在概念发起挑战。

海德格尔意识到，质疑西方对存在的理解，将使与非西方文化中对存在的理解的对话成为可能。海德格尔的中国读者处于一个有利地位来发展这种对人类和地球的未来非常重要的对话。中国是现代科学与技术的领导者，现代科技改变了这个国家的许多传统面貌，但人们对中国古代思想的记忆仍然强烈而鲜活。通过与海德格尔一起探索西方思想的局限性，并创造性地化用自己的哲学遗产，21世纪的中国思想家将有可能为人类在地球上的栖居找到一种新的且充满希望的方式。

理查德·波尔特 [Richard Polt]

目 录

中文版序 ... iii

前 言 ... 1

第一章 问 题 ... 5

第二章 起 点 ... 21
根 基 / 23
理论的理论 / 27
狄尔泰与胡塞尔 / 32
理论与生活 / 39
作为老师的海德格尔 / 44
通往《存在与时间》/ 49

第三章 《存在与时间》：导论与第一篇 ... 53
问题与目标 / 57
第 1 节：存在之神秘 / 60
第 2 节：我们自身作为出发点 / 64

第 3 节：存在与科学 / 72

第 4 节：存在与人的生存 / 75

第 5、6、8 节：《存在与时间》的计划 / 80

第 7 节：《存在与时间》的方法 / 85

第 9—11 节：生存与日常状态 / 94

第 12—13 节：在世界中存在与认识 / 99

第 14—18 节：世界作为意义整体 / 105

第 19—21 节：贫困的笛卡尔"世界" / 117

第 22—24 节：量的空间与适合的空间 / 124

第 25—27 节：共在与"常人" / 126

第 28 节："在之中"的基本特征 / 134

第 29—30 节：现身情态 / 137

第 31—33 节：领会、解释与命题 / 141

第 34 节：话语 / 153

第 35—38 节：沉沦 / 154

第 39—42 节：畏与操心 / 157

第 43—44 节：实在与真理 / 164

第四章 《存在与时间》：第二篇与其后 ... 175

第 46—53 节：直面死亡 / 178

第 54—60 节：承担疚责与责任 / 183

第 63 节：生存的真理作为生存论真理的基础 / 191

第 62、64、65 节：时间性作为此在存在的关键 / 195

第 66—71 节：从时间性的角度重新解释日常状态 / 202

第 72—77 节：历史、遗产与命运 / 207

第 78—82 节：源始的时间性与日常的时间概念 / 217

第三篇一瞥 / 224

第五章　后期海德格尔 ... 231

转向的迹象 / 240

《形而上学是什么？》：无与逻辑的消解 / 250

《论真理的本质》：无蔽与自由 / 260

《形而上学导论》：存在限制的历史 / 267

《艺术作品的本源》：大地与世界的争执 / 275

《哲学论稿》：另一开端的片段 / 287

  谋制与体验 / 291

  存有作为本有 / 295

  作为庇护的真理 / 306

  从存在者到存有的道路 / 310

海德格尔的政治行为：事实与思想 / 315

《关于人道主义的书信》：存在主义、人道主义与伦理学 / 345

《技术的追问》：存在者作为可操纵的资源 / 359

诗与语言 / 367

结论？ / 375

参考文献 ... 379

译后记 ...413

前　言

讨论一个哲学家，最危险的事情是在总结思想家的观点时，未能传达出其原本思想的激情与惊异。正如海德格尔所写：

> 学院式哲学课程之所以普遍贫乏枯燥，原因在于，人们企图以清晰概括的粗略梳理，尽可能在一个学期之内，向听众传授世上的一切，甚至比这还要多。人们据说要学游泳，但仅限于漫步河边，沉醉于潺潺流水，描述它所流经的都市与乡村。确定无疑的是，在这种情况下，灵感绝不会激发听众，点亮他内在永不暗淡的光。[1] [2]

---

[1] *The Metaphysical Foundations of Logic*, tr. M. Heim (Bloomington, Indiana : Indiana University Press, 1984), p. 7. （海德格尔：《从莱布尼茨出发的逻辑学的形而上学始基》，赵卫国译，西北大学出版社，2015 年，第 10—11 页。译文据英文版有所修改。——译注）

[2] 本书共有三种脚注：(1) 原作者的注释；(2) 原作者发给中译者的补充与勘误说明（addenda & errata）；(3) 中译者某些必要的说明。译者始终尽量找到在本书中所引用文献的已有的中译本，并使用这些译文（必要时有所修改），这些中译文的出处将在原注后面注明，如上面的脚注 [1]。不过原注中的说明性文字，则不再保留原文。作者的补充与勘误说明将标记为 "作者补注"。译者的说明将标记为 "译注"。——译注

我们在最开始就放弃想要覆盖"世界上的一切"的目标可能是有益的。本书不尝试概述海德格尔的所有可能的思想。即便是我对于他的巨著《存在与时间》相对详细的分析，也只讨论了那些最能帮助初学者的要点。本书的目的并不是要取代海德格尔的原著，而是去帮助他的读者（尤其是初学者）在阅读海德格尔时更加自信和更有洞见。没有任何东西能够取代读者自己去深思哲学家的所思所想。

我不仅介绍了海德格尔的观点，也介绍了把他引向这些观点的问题，以及一些可以进一步提出的问题。这种方式旨在鼓励读者"学会游泳"——与海德格尔一起参与到思想活动的进程中。

海德格尔通常不为哲学初学者写作。他假定他的读者已经熟知西方思想史——他们已经了解西方哲学的可能性，并且察觉到它的局限性。了解别的哲学家越多，能够从海德格尔的著作中挖掘的东西也就越多。不过，并非真的需要先去学习亚里士多德十到十五年（如海德格尔曾经对他学生建议的那样），才能从海德格尔那里获益。[1] 一个哲学初学者会在海德格尔的著作中发现很多激动人心与启发思想的内容，甚至可能比那些熟悉传统哲学概念的人更有优势。本书尽可能少地预设专门的知识与词汇，不仅仅是为了对广泛的读者有用，也是为了鼓励思考——因为专业哲

---

[1] *What is Called Thinking?* tr. F. D. Wieck & J. G. Gray (New York: Harper & Row, 1968), p. 73.（海德格尔：《什么叫思想?》，孙周兴译，商务印书馆，2017年，第86页。）海德格尔在此说，在阅读尼采之前，先研读亚里士多德十年或十五年。

学家的术语可能会成为放弃思考的借口。

我在写作中着眼的是海德格尔全部的哲学思想。《存在与时间》自诞生以来已经超过了 70 年 [1]，但直到《海德格尔全集》的出版之前 [2]，海德格尔更大一部分的著作依然无法获得。《海德格尔全集》最终将包括 100 卷左右，截至目前（1999 年）超过 50 卷已经出版。1919 年到 1944 年的大部分海德格尔的讲课稿已经出版，其他一些以前无法获取的重要文本，比如《哲学论稿（从本有而来）》，以及海德格尔在 1944—1945 年撰写的一卷对话录也出版了。这些材料的出版，为我们理解海德格尔的思想发展和他的关切，提供了无价的帮助。在一本导论性的书中概述所有这些文本是没有意义的，也是不可能的，但我会使用《海德格尔全集》各卷中的许多材料。

本书大部分章节都按时间顺序安排。第一章介绍了海德格尔的核心问题，即存在问题，同时对于他研究哲学的方式也做了一些简要说明。第二章考察了他思想的起点以及他所处的环境和个人性格。第三章与第四章带领读者阅读《存在与时间》。这些章节最好能同时结合《存在与时间》的原文一起阅读。我的分析在开始时会比较详细，但我会

---

[1] 海德格尔的《存在与时间》（*Sein und Zeit*）初版于 1927 年，本书《海德格尔导论》（*Heidegger: An Introduction*）初版于 1999 年。——译注

[2] 《海德格尔全集》（*Gesamtaugabe*）的出版工作开始于 1975 年（海德格尔在次年去世），一共规划为 102 卷。截至 2023 年 2 月，《海德格尔全集》大部分已经出版，但仍有少数几卷未出版。关于《海德格尔全集》的汉译本，由孙周兴与王庆节主编的 30 卷《海德格尔文集》已经由商务印书馆出版，并计划在未来扩展为 40 卷。——译注

逐渐把分析的任务交给读者,因为在那时,我假定读者已经熟悉了海德格尔的风格与方法。第五章是关于海德格尔后期思想的主要内容,为读者阅读海德格尔后期思想的一些重要文本,比如《哲学论稿》和一些更短的论文等,提供指南。

在注释里,"GA"表示《海德格尔全集》。其他引用的文献以及进一步的阅读文献列在后面的"参考文献"中。

我要感谢 Charles Guignon 对本书以及其他项目的慷慨支持与坦诚意见。他对本书原稿的详细评论是无价的,Michael Baur、David Cooper、Lee Horvitz、Lou Matz 和 John Shand 的评论也是如此。

感谢我的朋友 Gregory Fried,我从与他多年的友谊与交谈中获得了很多关于海德格尔哲学的洞见。

还要特别感谢对我的书作过评论的泽维尔大学(Xavier University)的毕业生:Edward B. George、Andrew Hill、David Imwalle、Jonathan J. Sanford,以及 Phillip Wodzinski。作为一名老师,能够从以前的学生那里学习是一件非常令人高兴的事情。

我把这本书献给我的父母,以感谢他们给予我的爱与鼓舞。

最后,感谢我的妻子 Julie Gifford 在我写作这本书过程中给予的各种支持。

第一章

问 题

第一章　问题

> 庆祝……是自我抑制，是专注，是发问，是沉思，是等待，是跨入对惊异（wonder）更清醒的领会——对一个世界竟在我们周围世界化（worlding）的惊异，对竟然有存在而不是什么都没有的惊异，对事物存在而且我们自身在它们之中存在的惊异，对我们自身存在但是却几乎不知道我们是谁，也几乎不知道我们不知道这一切的惊异。
>
> ——马丁·海德格尔[1]

为什么有存在而不是什么都没有？[2] 这个问题有些奇怪，但似乎也很熟悉。尽管有些令人困惑，却也有一定独特的简单性。

这并不是说，我们对这个问题的回答可以像回答"为什么鸟类每年冬天都会迁徙到同一个地方？"或"为什么美国的犯罪率比日本高？"那样。后面两个问题可以通过科学研究来解决，但是没有哪项科学研究能够告诉我们，为什么有存在而不是什么都没有。科学描述我们在我们周围发现的事物，并且解释某些东西是如何被其他东西引起的，但它不能解释所有这一切为什么存在。大爆炸理论或许是

---

[1] *Hölderlins Hymne "Andenken"*, GA 52, p. 64.

[2] 原文为：Why is there something rather than nothing? 为什么一切都存在着，而不是一切都不存在？这句话在本书中以不同的方式多次出现，译者将按照上下文作出相应的翻译，而非固定在一个句式中。——译注

正确的——但它没有回答为什么有大爆炸而不是没有大爆炸。我们可能说是上帝创造了大爆炸。但为什么上帝存在？或许上帝的存在是必然的。但现在已经很少有思想家会接受一个必然存在的存在者，其存在我们可以认识并证明。大部分思想家都会同意，不论我们提出什么是万物的终极原因，这个终极原因的存在本身也需要得到解释。我们的问题"为什么有存在而不是什么都没有"，看起来已经超出了人类理性的能力范围。看起来，我们的问题从一开始就是无法解答的。

这意味着这个问题是无意义的吗？一些哲学家就是这么认为的。我们可以构造一些论证来表明，这个问题从一开始就没有意义。我们可以说，我们这个问题中"什么都没有（无）"（nothing）[1] 这个词正好是这个意思——它完全无意义。但当我们的论证完成后，这个问题会潜行回来，而且似乎意义重大。正如宇宙学家史蒂芬·霍金所写的，当科学描述一切是如何运行的时候，我们依然想问："是什么赋予这些方程以生命，去制造一个为它们所描述的宇宙？……为何宇宙陷入其存在性的错综复杂之中？"[2]

对海德格尔而言，我们的问题是有深刻意义的。他1929年的论文《形而上学是什么？》以这个问题结束，而

---

[1] Nothing / Nichts 在本书中一般译为"无"，不过有时为了更符合现代汉语习惯，译者也译为"虚无"。——译注

[2] S. Hawking, *A Brief History of Time: From the Big Bang to Black Holes* (New York: Bantam, 1988), p. 174. (史蒂芬·霍金：《时间简史：从大爆炸到黑洞》，许明贤、吴忠超译，湖南科学技术出版社，1988年，第156页。)

第一章 问题

且1935年的讲座课程《形而上学导论》也以这个问题开头。更准确地说，海德格尔问道："为什么竟是存在者存在而无倒不在？"[1]

"存在者"（beings）德语原文为das Seiende，这个词更为字面上的意思是"存在的东西"（that which is）。"存在者"和它的同义词"实体"（entities）[2]表示一切具有某种形式的"存在"的东西。显然，原子与分子是存在者。人类与狗及其属性与活动是存在者。数学对象（六边形、数字、等式）也是某种形式的存在者，尽管哲学家们对于它们是否独立于人类的思维或行为而存在有着争议。甚至龙也与存在者有联系——龙自身并不实际存在，但我们可以谈论龙，因为关于龙的神话、图像与概念确实存在，而且还存在一些似龙的动物，例如蜥蜴。事实上，任何我们可以谈论、言说或处置的东西似乎都能以某种方式牵涉到"存在者"。

但是，如果"为什么有存在者而不是无"这个问题不能通过指向某个作为原因的存在者来回答，那么这个问题又有什么意义呢？或许意义源自这个"为什么"的特殊性。

---

[1] 原文为：Why are there beings at all, and not rather nothing? 德语原文为：Warum ist überhaupt etwas und nicht vielmehr nichts? 此处是孙周兴的译文，参见：《路标》，孙周兴译，商务印书馆，2001年，第141页。他提供的另一种译文为："为什么是存在者而不是无？"在海德格尔的《形而上学导论》的中译本（新译本，商务印书馆，2018年，第1页）中，王庆节把这句话译为："究竟为什么存在者存在而无反倒不在？"——译注

[2] 陈嘉映与王庆节译的《存在与时间》把das Seiende译为"存在者"，但英译本通常译为"entities"。在本书中，也通常译为"entities"。而"entities"常被译为"实体"，为了与本书原文对应，译者大多数情况下把"entities"译为"实体"；在有些地方，也译为"存在者"。——译注

也许在这个问题中,"为什么"并不是要寻求一个原因,而是一个庆祝的行为。当我们问这个问题时,我们是在庆祝一个事实,即庆祝竟然有存在这个事实。我们注意到了这个令人惊奇的事实。日常中"事物的存在"是如此为我们所熟悉,以至于我们认为这是理所当然的事情。但在某些特定的时刻,这个最熟悉的事实可以成为一个令人惊讶的东西。维特根斯坦如此描述这个体验:"我对世界的存在感到惊讶。我倾向于使用'一切存在多么非凡',或'世界的存在多么非凡'等等语句。"[1]

一旦我们注意并且庆祝存在者"存在"的事实,我们就能更进一步(一切都取决于这一步)。我们可以问,这个"存在/是"(are)[2]究竟是什么意思?去存在(to be)意味着什么?现在我们问的是,是什么使得一个存在者被看作是一个存在者,而不是无:我们把存在者理解为存在者是基于什么?现在我们问的就不是存在者了,而是存在本身。

"存在"(Being)在德语中是 das Sein,字面上的意思是"(去)存在"。在英语中,Being 这个词可以指某物的

---

[1] "A Lecture on Ethics" (1929), in *Philosophical Occasions, 1912–1951* (Indianapolis, Indiana: Hackett, 1993), p. 41.(《维特根斯坦的伦理学演讲》,万俊人译,《哲学译丛》,1987(04):23-27。对于维特根斯坦来说,严格地讲,这些句子是无意义的;但它们反映了"人类思想中一种倾向的纪实,对此,我个人不得不对它深表敬重"。)

[2] Sein/Being 既是系动词,也是一个动名词,因此关于 Sein/Being 的中译名引发了诸多的争议。比如熊林翻译的布伦塔诺著作"Von der mannigfachen Bedeutung des Seienden nach Aristoteles"就译为《根据亚里士多德论"是者"的多重含义》。不过本书一般把 Sein/Being 译为"存在"。——译注

存在（一个实体），也可以指去存在本身（the to-be）（实体"去存在"的意义）。因此，和许多海德格尔的英译者一样，我把 Being 这个词首字母大写，以区别于存在者（a being）[1]。（海德格尔自己并不这么做，因为在德语中，所有名词都是首字母大写的，因此读者应该注意存在不能与作为最高存在者的上帝相混淆。）

存在根本就不是一个存在者。它是使得存在者作为存在者而非非存在者凸显出来的东西——也可以这样说，它是使得存在者与虚无有所区别的东西。也可以用另一种方式来说明：存在是存在着某物而不是虚无所带来的意义。[2] 即便我们不能给存在者整体找到一个原因，我们也可以研究存在的意义问题，因为存在着某物而不是虚无确实有差别。我们可以关注这个差别，并且去描述它。

然而，这个存在的意义问题看起来极其简单，却会产生误导：说某个东西"存在/是"似乎就是说某个东西在那里，被给予，在手上。简言之，"存在"是在场（present）而不是不在场（absent）。存在就是在场而已。在场（presence）是一个非常直接的事实，因此看起来某个东西的存在没有任何可说的，而且也很无趣。

但在场与不在场的差异真的那么微不足道吗？若我的房子被烧毁了，那么它的不在场就极其重要。在我们所爱之

---

[1] 英语中以大小写首字母的方式区分存在与存在者（实体），即 Being 与 being，中文无法如英语那样做出类似的区分。——译注

[2] 原文为：Being is the difference it makes that there is something rather than nothing.

人死亡时，他们的不在场会冲击与折磨我们。这些仅仅是些"主观"反应，而与关于存在的"客观"问题没有关系吗？或者，它们正是那样的一些时刻，我们在其中意识到，在存在与虚无之间，其实有着至关重要和丰富的区别？

我们也可以问，我们所提到过的各种存在者是否都以同样的方式存在。一只狗和这只狗跑的行为的在场方式是一样的吗？神话的在场方式与原子或数字的在场方式是一样的吗？存在着某物而不是虚无所带来的特殊意义，或许取决于所讨论的存在的类型。在场开始显得复杂——而且令人疑惑。

又或许有些存在者根本就不在场。比如我们时刻都与可能性关联——每当我们在想我们可能要做什么，我们会遇到什么，或者我们要去哪里时，我们都与可能性发生关联。可能性是在未来之中的东西，是还没有在场并且可能永远不会在场的东西。但我们几乎不会说可能性是虚无，因为我们在思考可能性时，的确是在思考着什么。与此类似，我们回忆与考察过去。过去也是不在场的。但如果过去是虚无，那么描述、争论、拒绝或怀念过去，都将变得毫无意义。

这就说明，存在的意义是不清楚的，并且也很难界定存在者与虚无的边界。另外，为了思考存在，我们似乎不得不思考时间性（temporality）——因为不仅当存在者在当前在场时，而且它们在被称为"时间"的神秘现象的过去与将来的维度中时，存在者都给我们带来意义。

我们最开始的问题——"为什么有存在而不是什么都没

有?"——把我们带至第二个问题：存在是什么意思？[1] 现在我们可以问第三个问题：我们的什么境况（condition）使得存在对我们有意义？换句话说，为什么"存在着某物而不是无"给我们带来意义？对我们来说，这是非常重要的问题——因为如果我们对存在者与虚无的差异无动于衷，我们就会沉陷于昏昧。我们把无数的事物辨认为是真实存在的，与此同时拒绝虚假与幻象，通过这种方式，我们一直不断地在区别存在者与虚无。这个区别过程不仅仅在哲学中运作，也发生在最简单的日常生活中：我们能够辨认出陶罐是一个存在者，仅凭借我们能够触及它的手柄。显而易见，如果没有我们对存在的敏感，我们根本不会成为一个人。即便对于最冷漠或最麻木的人，存在依然具有意义——尽管很难把这种意义表达出来。

我们现在正行走在海德格尔的思想道路上。对于海德格尔来说，这三个问题可以按如下方式归属在一起，从而被称为"存在问题"：他想提醒我们注意对"有存在而不是什么都没有"的惊异，并且追问它所产生的意义，以及追问它是如何给我们带来意义的。

那么，海德格尔是如何回答存在问题的？他的哲学是什么？他回答："在我这里，就根本没有什么哲学。"[2] 但他依然是一位哲学家——因为对于他而言，哲学并非是一个

---

[1] 原文为：what does it mean to be? 或译为："存在的意义是什么？"——译注
[2] *History of the Concept of Time: Prolegomena*, tr. T. Kisiel (Bloomington, Indiana: Indiana University Press, 1985), pp. 301–2.（海德格尔：《时间概念史导论》，欧东明译，商务印书馆，2014年，第472页。）

人所拥有的东西，而是一个人所做的东西。哲学不是一种理论或一整套原理，而是对于一个问题不懈的、热忱的献身投入（devotion）。用海德格尔的术语来说，就是，"追问是思想的虔诚"[1]。对海德格尔而言，提供存在问题的一个解答不是最重要的，更重要的是唤起我们对这个问题的追问，以及通过这个问题，我们得以直面我们自身历史的谜团："我们的本质意图在于，首先提出问题并这样来规划，即把全部西方传统其本质性的东西凝结于基本问题之简单性中。"[2] 海德格尔不是以他连贯一致的回答而是以他持续的追问而著称。

说到这里，我们必须补充一点的是，海德格尔的确试图从某一个特定方向来回答这个存在问题。他的思想终其一生都在发展，但在其哲学生涯的早期，他就已经抓到了一些持久的指导原则。

首先，如我们在上文表明的那样，海德格尔认为在场（presence）是一个丰富而复杂的现象——即便如此，存在的意义也并没有被"在场"所耗尽（至少没有被对"在场"的传统理解所耗尽）。粗略地说，对于古代与中世纪哲学，存在指的就是持续地在场的实体，或者这种实体的属性之

---

[1] "The Question Concerning Technology", in *Basic Writings*, D. F. Krell (ed.), 2d edn (San Francisco, California: HarperSanFrancisco, 1993), p. 341.（海德格尔：《演讲与论文集》，孙周兴译，商务印书馆，2020年，第40页。）

[2] *The Metaphysical Foundations of Logic*, p. 132.（海德格尔：《从莱布尼茨出发的逻辑学的形而上学始基》，赵卫国译，西北大学出版社，2015年，第185页。）

第一章 问题

一。最真实的存在者是永恒的实体——上帝。对于大部分的现代哲学而言，存在或者指的是在时间与空间中在场的、可以被定量的自然科学所测度的物质对象，或者指的是一个拥有自我意识、自我在场（self-presence）的主体或心灵。根据海德格尔，这些传统的方法或许适用于某些存在者，但对于其他存在者就可能是错误的解释。尤其是，它们无法描述我们自己的存在。我们自身的存在既不是在场的实体、在场的对象，也不是在场的主体：我们是这样的存在者，它的过去与将来协同一起让我们能够处理所有其他在我们周围遇到的存在者。（海德格尔的读者已经开始使用"在场形而上学"来描述海德格尔所批评的哲学传统。）

但如果存在不是在场，那么它会是什么？《存在与时间》本来是要回答这个问题，但表现得很犹豫，并且以未完成的状态结束。后来，海德格尔逐渐强调存在的意义会在历史进程中不断演变。此外，存在本质上是神秘的与自行隐匿的。由于这些原因，海德格尔没有提供一个直接的关于存在之意义问题的回答。

然而，他的确相信我们必须对"在场形而上学"提出质疑——因为这个形而上学传统有着危险的后果。它使我们迷失于体验（experience）的深渊中，把我们限制在贫瘠的思维与行为方式中。特别是，如果我们把存在与在场等同起来，我们会沉迷于让存在者以完美和确定的方式向我们呈现自身——沉迷于准确地、有效地表象存在者。我们企图通过哲学、科学或技术来完成对存在者的透彻了解，从而获得对它们完全的控制。根据海德格尔，这种理想

(ideal)与理解(understanding)的本质不能相容,因为理解本质上是有限的、历史处境中的解释。海德格尔确实认为存在着真理,并且确实认为有些解释(包括他自己的)比其他的解释更好——但没有任何解释是最终的。海德格尔是那种非历史的、绝对论的真理概念的无情的敌人。

这把我们带至他最重要的指导线索:正是我们自身的时间性(temporality)使我们敏感于存在。在海德格尔那里,"时间的"(temporal)不是指"短暂的"(temporary)。他的兴趣不在于我们的生命[1]是短暂的这一事实,而在于我们是历史的存在:我们植根于一个过去,并被投向一个将来。我们继承了一个我们与他人共享的往昔传统,并且追寻那些定义我们个体身份的诸种将来的可能性。我们如此做时,世界就向我们敞开,存在者就得到理解;"存在着某物而不是什么都没有"就给我们带来意义。这样,我们的历史性就不会将我们与现实(reality)断开——恰恰相反,它向我们敞开了存在的意义。

但是,根据海德格尔,许多他所反对的哲学错误都是植根于我们有一种忽略我们的历史性的倾向。直面我们的时间性、体验存在的神秘,都是困难的和令人不安的。滑回到日常的自满状态与常规事务则更为容易。与其去奋力思考我们是谁以及存在意味着什么这样的问题,我们更愿意专注于操纵与测度在场的存在者。在哲学中,这样自欺地沉浸于在场实体导致了一种在场形而上学,这种哲学只

---

[1] Life 在本书中视不同上下文被译为"人生""生命""生活"。——译注

会鼓励自我欺骗。海德格尔始终如一地强调日常的遗忘状态与我们真正直面我们的境况的状态之间的区别。在《存在与时间》中，他称之为非本真性与本真性的区别。

我们现在已经触及海德格尔的基本问题，即存在问题，也触及了一些引导他回答这个问题的持久的指导原则。但与他的问题和对问题的回答同样独特的，是他从事哲学的方式。

海德格尔深受西方哲学传统的熏陶，具有博学的文本分析和概念分析的能力。但他也认识到真实生活也许会避开传统的概念。和帕斯卡尔、克尔凯郭尔、尼采和乌纳穆诺一样，海德格尔意识到哲学传统难以触及实际的生活经验。[1] 然而，上述这些思想家倾向于整体地攻击传统哲学，而没有更为细致与全面地批判传统哲学。他们刻意回避体系，以试图摆脱沉重的传统哲学概念。海德格尔与这些思想家一样，希望抓住经验的具体质感（textures）和张力——但海德格尔也尊重他正在与之斗争的传统哲学。比如，他有意愿，也有能力对亚里士多德或康德这些哲学家做艰苦和细致的文本阅读。在《存在与时间》中，海德格尔编织了复杂的概念网络以处理也许是最古老的哲学话题——存在。海德格尔相信，最重要的东西在传统哲学中正处于危险之中。如果我们坚持不懈地思考，直至发现传统问题与概念的根基（roots），那么我们就可以把哲学带回到我们

---

[1] 关于这些思想家的代表性作品，见帕斯卡尔的《沉思录》、克尔凯郭尔的《最后的非科学的附言》、尼采的《偶像的黄昏》、乌纳穆诺的《生命的悲剧意识》。每本书都有几种译本。

人类境况的基本与急迫的现实中。

这样，海德格尔结合了历史研究与原创性思考。在英语世界，"哲学史"研究通常是与对"问题"的研究不同的东西。前者包括重构过去哲学家的观点，后者则包括发展自己的观点以及回应其他同时代哲学家的观点。海德格尔以两种方式削弱了这种对立。

首先，海德格尔坚持，为了正确理解哲学史，我们必须做哲学（philosophize）。比如，当解释柏拉图的一篇对话录时，他的目标在于"正确地看清整体之联系，并由此看清真正和最终加以谈论的事情，从而由此出发，就像从一个单一的源头出发那样，培育出对每一单个命题的理解"[1]。理解一篇文本的内容需要我们自身对所讨论的话题进行思考。事实上，这可能意味着我们需要比原作者思考得更远。海德格尔的目标是挖掘作者所说所想背后"未曾说"（unsaid）与"未曾思"（unthought）的内容。

反之亦然，海德格尔认为，为了能够恰当地研究哲学，我们必须理解哲学史。否则，我们只能再现陈旧的传统思想类型。不了解历史，就注定会重蹈覆辙，这在哲学上尤为正确。当我们回到我们的概念与关切的历史源头时，我们就能够意识到这些概念的背后动机，以及它们的替代物。如此，我们就更能（而不是更不能）进行原创性思考。

海德格尔把他的一本文集命名为《林中路》（*Holzwege*

---

[1] Heidegger, *Plato's* Sophist, tr. R. Rojcewicz & A. Schuwer (Bloomington, Indiana: Indiana University Press, 1997), p.160（译文有修改）。（海德格尔：《柏拉图的〈智者〉》，熊林译，商务印书馆，2015年，第314页。）

/ *Woodpaths*)。在德语中，走在 Holzweg 意味着走在一条终点被封的路（死路）上。但死路并不是完全无价值的。如果我们沿着一条路到达终点，并且被迫返回，那么和我们走这条路之前相比，我们已经有所不同，甚至变得更为明智。我们开始知道了这片土地的地形，也知道了我们的能力。我们对这片森林知道得更多，即便我们从未走出去过。

人们或许不同意海德格尔著作中的每一个主张。它们也许都是死路。但是，海德格尔的著作依然值得阅读，因为它们具有揭示大量基础性的、相互关联的问题的潜力。如同海德格尔喜欢说的那样，哲学家的任务就是提醒我们，什么是值得追问的。他也是这么做的。

第二章

起 点

第二章　起点

根　基

梅斯基尔希（Messkirch），施瓦本（Swabian）地区的一个安静的小镇，是圣马丁教堂的所在地。这座教堂，就像诸多华美的天主教堂一样，装点辉耀着德国南部的乡村。在教堂附近，一个巨大的士兵雕像矗立在一个写着"向我们在1914—1918年世界大战中死去的英雄致敬"的柱子上。还有一座不那么阴郁的纪念碑，纪念当地的一位著名作曲家康拉丁·克莱采（Conradin Kreutzer）。就在几步远的地方，一个牌匾上写着另一位梅斯基尔希的名人——海德格尔；它标识着这位思想家度过童年的房子。他的父亲弗里德里希·海德格尔是负责管理圣马丁教堂的教堂司事。几步攀爬，就能把访客带到山顶墓地，海德格尔家族的墓地也在那里。除了一块墓碑外，其余的墓碑上都刻着十字架。刻着"马丁·海德格尔，1889—1976"字样的石碑上有一颗星星，让人想起这位哲学家在1947年写下的一句话："思，就是使你凝神于专一的思想，有一天它会像一颗星，静静伫立在世界的天空。"[1]

海德格尔出生并且埋葬于这个乡下的保守、虔诚的小镇。但这个事实与理解他的哲学有关联吗？1955年是康拉

---

[1] "The Thinker as Poet", in *Poetry, Language, Thought*, tr. A. Hofstadter (New York: Harper & Row, 1971), p. 4.（海德格尔：《思·语言·诗》，彭富春译，文化艺术出版社，1991年，第15页。）

丁·克莱采诞辰175周年，海德格尔在梅斯基尔希举办的纪念活动中说，"越伟大的大师，其个性就越消失在他的作品背后"[1]。不过，他曾经在1921年写道："我具体地和实际性地从我的'我存在'（I am）而来工作，从我的思想与整体性的事实性源头、社会环境和人生处境，以及任何从我在生活中的至关重要的经验而获得的东西来工作。"[2]在1929年，他更一般化地指出这点："每一个形而上学问题都只能如此这般地被追问，即追问者——作为这样一个追问者——在问题中共在，亦即已经被置入问题中了。"[3]对于海德格尔来说，哲学并不是人们脱离具体境况来运用纯粹理性的事情。如同所有的人类活动一样，思想是历史性的，它建立在自身的独特的遗产之上。甚至在1955年海德格尔的纪念演讲中，他引用当地诗人约翰·彼得·黑贝尔（Johann Peter Hebel）的话："我们是植物，不管我们是否愿意承认，我们这种植物必须连根从大地中成长起来，

---

[1] "Memorial Address", in *Discourse on Thinking*, tr. J. M. Anderson and E. H. Freund (New York: Harper & Row, 1966), p. 44.（海德格尔：《讲话与生平证词（1910—1976）》，孙周兴、张柯、王宏健译，商务印书馆，2018年，第620页。）

[2] 1921年给卡尔·洛维特的信，见于：*Im Gespräch der Zeit*, D. Papenfuss & O. Pöggeler (eds), 2 of *Zur philosophischen Aktualitat Martin Heideggers* (Frankfurt am Main: Vittorio Klostermann, 1990), pp. 27–32; quoted and translated in T. Kisiel, *The Genesis of Heidegger's* Being and Time (Berkeley, California: University of California Press, 1993), p. 78.

[3] "What is Metaphysics?" in *Basic Writings*, p. 93.（海德格尔：《路标》，孙周兴译，商务印书馆，2001年，第119页。）

第二章　起点

方能从天穹中开花结果。"[1]

因此，我们有充分的海德格尔式的理由去关注海德格尔的根基——他的生活环境与他的性格。当然，我们不应把哲学还原为哲学家的个性（personality），好像思想只是思想家的习惯和神经症。这种方法阻碍了我们把哲学体验为有真有假的，体验为与我们自身生活有关的东西。相反，我们必须考虑海德格尔的起点，以便去发现他的思想中哪些部分是有启发性的，哪些是有误导性的。因为我们的起点既照亮也隐藏了我们的世界，敞开了生命某些维度的同时也关闭了其他维度。使用海德格尔喜欢的一个术语，即我们的本源（origin）敞开了一片"林中空地"[2]，一个敞开的空间，在其中，事物向我们显现自身——但这片林中空地也始终被黑暗的森林（遮蔽的与不可通达的领域）所包围。

海德格尔的背景让他特别同情德国农村的传统世界。他倾听基督教的承诺与要求，倾听基督教把生命和历史解释为罪与救赎的剧本（drama）。[3] 他熟悉几个世纪以来一

---

[1] "Memorial Address", in *Discourse on Thinking*, p. 47.（海德格尔：《讲话与生平证词（1910—1976）》，孙周兴、张柯、王宏健译，商务印书馆，2018年，第623页。）

[2] Clearing，德语为 Lichtung。此术语在海德格尔的思想中非常关键。它有多种不同的中译名，如：澄明、林中空地、疏明、明敞、澄明之境、空敞、疏朗等。此处译为"林中空地"，其他地方多译为"澄明"。——译注

[3] 在1937或1938年，海德格尔反思说，他的思想包括了"一种与基督教的对抗，这种基督教是我本己的本源的保留地——我父母的房子，我的家和我的少年，也同样包括与它痛苦的分离。唯有以一种真实的、活生生的天主教的世界为根基的人才能瞥见一些必然性，这些必然性如同地底下的颤动那样，在我到现在为止的追问道路上起作用"。*Besinnung*, GA 66, p. 415.

成不变的日常劳作。他了解农民耕耘的乡村世界，他热爱在黑森林地区的林野滑雪与登山。这些经验的维度——罪、对于本真性的追求、手工艺与自然——将成为他思想的焦点。

正如海德格尔的起点把传统的农村生活向他揭示出来，这些农村生活也把他同城市的现代性隔绝开来。他的文化背景使他反对大城市，因为这些大城市强调效率与生产力，关注创新与新奇事物的文化，推崇世界主义（cosmopolitanism）。他始终对机器、新闻报纸以及自由民主怀有深刻的怀疑，始终依恋乡村生活。1933年，海德格尔获邀离开弗莱堡大学前往柏林任教，但他拒绝了。关于这次事件，他在《为什么我留在乡下？》这篇文章中解释道，他的"这种哲学思索可不是隐士对尘世的逃遁，它属于类似农夫劳作的自然过程"[1]。

如果没有海德格尔超凡的天分，那么他的背景只能使他成为一个狭隘的保守主义者。但他不安分、聪明、好奇心强，自然不仅会捍卫他所知道的东西，更会努力去理解它们。年轻的海德格尔似乎注定会成为一名虔诚的、自律的耶稣会学者，因此当他在1909年进入一所耶稣会神学院时，这并不令人惊讶。然而，他只待了两个星期就离开了。据说，他的心脏不够好。不论这个问题是纯粹生理上的，还是精神上的，他选择去了弗莱堡大学，以严格的学术方

---

[1] "Why do I Stay in the Provinces?" in *Heidegger: The Man and the Thinker*, T. Sheehan (ed.) (Chicago, Illinois: Precedent, 1981), p. 28.（海德格尔：《人，诗意地安居》，郜元宝译，张汝伦校，广西师范大学出版社，2000年，第66页。）

第二章　起　点

式学习神学。1911年，他发现了他真正的召唤：他注册成为一名哲学系学生。

作为哲学家，海德格尔提出的问题植根于他的本源。现代科学与技术的世界观的限度是什么？人类生命与自然的什么方面是它所忽略的？西方思想史是如何导向这样狭隘的理解的？我们能否通过复活西方最早的问题之一——"存在问题"——来发现更有希望的替代方案？

理论的理论

"说实话，我对我的思想历程没有太大兴趣。"[1]海德格尔在1927年坦承。那么，我们为什么需要对此抱有兴趣？对于初学者，详尽了解海德格尔早期的思想历程并不是很必要。我们不需要这些背景知识，也可以很好地理解《存在与时间》。但熟悉一些海德格尔的早期思想，会有助于澄清《存在与时间》中的重要概念与主题的来源。尤其有价值的是，青年海德格尔开始于一个他后来成熟的思想将会摒弃的观点。最重要的是，了解一些海德格尔的思想历程能够帮助我们理解，《存在与时间》并不是一个完美与独立的整体，而是其不断前进的哲学道路的一部分。我们现在转到这条道路出发的地方。

---

[1] 1927年8月20日海德格尔致洛维特的信，引自：Kisiel, *The Genesis of Heidegger's* Being and Time, p. 19.

1911年，22岁的海德格尔正式成为一名哲学系学生。但是他已经花了一些时间阅读关于"存在问题"的文献。他知道弗兰茨·布伦塔诺的《论亚里士多德哲学中存在的多重含义》（1862）以及弗莱堡的神学家卡尔·布雷格的《论存在》(*On Being*, 1896)。"当时，下面这些问题曾以相当含混的方式困扰着我：如果存在者有多重含义，那么哪一种含义是它的主导的基本含义？什么叫作存在？"[1] 海德格尔此时投入到对亚里士多德及其中世纪的解释者的研读中。他在新康德主义者李凯尔特门下学习，并且被一本很困难的书，即胡塞尔在1900年出版的《逻辑研究》所吸引。

德国教育系统要求未来的大学教师写作两部核心论文，一部博士论文与一部教职论文。勤奋的海德格尔在1913年完成了他的博士论文，题目为《心理主义的判断理论：逻辑学的批判─实证研究》。他的教职论文在1916年完成，题目为《邓斯·司各脱的范畴与意义理论》[2]。在此我们没有必要去回顾这些早期著作的复杂内容，但了解一些青年海德格尔哲学中的基本特征是有益的，因为它们会帮助我们理解他的思想中很快就会发生的巨大转变。

---

[1] "My Way to Phenomenology", in *On Time and Being*, tr. J. Stambaugh (New York: Harper & Row, 1972), p. 74.（海德格尔：《海德格尔选集》，孙周兴选编，上海三联书店，1996年，第1280页。）

[2] 尚无英译本可参考。原文可见：*Frühe Schriften*, GA 1.（海德格尔：《早期著作》，张柯、马小虎译，商务印书馆，2015年，第198页以下。下面的注释中，对此书的引用，直接给出中译本及其边码。——译注）

第二章 起点

这种转变确实是巨大的，因为成熟时期的海德格尔以他对语言历史的研究和对文字的游戏而闻名，也以他宣称"'逻辑'之观念本身就消解于一种更为源始的追问的漩涡中了"[1]而招来恶名。但青年海德格尔把他的博士论文称为"逻辑研究"，似乎已经把逻辑与哲学本身等同起来了。他经常强调逻辑与语法或者词源学没有关系：一个陈述的意义与某种表达其意义的语言是相互独立的。[2] 当他说逻辑学家的责任就是努力"对词语含义的清晰规定与说明"[3]时，他就与现在的分析哲学家相似。

海德格尔所说的"逻辑学"（logic）是什么意思？今天我们所理解的逻辑学主要是形式、符号逻辑学。海德格尔注意到了弗雷格与罗素在符号逻辑学方面取得的进步，但他认为这种解决逻辑学问题的方法有很大的局限性[4]。逻辑学更宽泛的含义是研究"一般认识的条件。逻辑学是理论的理论"[5]。换句话说，逻辑学的工作是解释理论命题是如何有意义的以及如何是真的。比如我们考虑如下命题，"人类是猿类的后代"。一个进化生物学家会去研究这个陈述

---

[1] "What is Metaphysics?" in *Basic Writings*, p. 107.（海德格尔：《路标》，孙周兴译，商务印书馆，2001年，第135页。）我们将在第五章对这个论断做更细致的考察。

[2] 海德格尔：《早期著作》，张柯、马小虎译，商务印书馆，2015年，边码第32、103、302、338、340页。

[3] 同上，边码第186页。

[4] 同上，边码第42—43页。

[5] 同上，边码第23页。

是否正确。但根据青年海德格尔，对于一个逻辑学家而言，应该问的是，以下是如何可能的：这个陈述传达了一些有意义的东西，它与现实相关联，它或是正确的或是错误的。这种逻辑的概念足够宽泛，它包括了今天我们所谓的科学哲学、心灵哲学、认识论和语言哲学。

这种逻辑学甚至还包括了形而上学（即这种意义的形而上学：关于有什么样的事物种类以及这些事物具有什么样的存在类型的理论）。因为海德格尔采纳的观点是，我们的理论断言所表达的命题包含一种存在的特别种类："有效性"（德语是"Geltung"，它不能与现在我们在英语中所称的一个推论的有效性或逻辑一致性相混淆）。有效性是存在的一种非时间性模式（mode），它要与日常的、时间性的我们自身的"生存"、我们的陈述、思想以及我们通常所讨论的对象区分开来。[1] 当我说出"人类是猿类的后代"时，我此刻的心理状态以及我说出这些词的表达是真实存在的事件。人类是猿类的后代，也是一个真的、实存的事实。但我的词语所表达的命题是"有效的"：这是一个无时间性的真的、独立于任何人的思维或表达的理想意义（ideal meaning）。当我们拥有关于某个对象的知识时，我们会以跳跃的方式进入有效性领域：

---

[1] 海德格尔：《早期著作》，张柯、马小虎译，商务印书馆，2015年，边码第22、24页。

第二章 起点

```
         有效的、真的命题
         ↗           ↘
实存的思想与表达      实存的对象
```

这种"理论的理论"在思想行为与其所表达的命题之间做出了严格的区分。与此相应,海德格尔(继李凯尔特与胡塞尔之后)强烈反对心理主义,后者认为逻辑学仅仅是研究人们的思维是如何实际发生的。相反,逻辑学研究我们应该如何思维,以符合无时间性的有效性领域的原则。海德格尔自信地认为我们可以发现"一切认识活动的基本原则,逻辑的原理,在不可动摇的、绝对有效的道路上引导着知识"[1]。他希望对于这些逻辑原理的研究能够给我们提供"整个存在领域"[2]的钥匙。

但是,在持有这种观点不久后,海德格尔就强烈地反对它们。他要拒绝的核心假设是:我们主要是通过理论知识与事物联系的。根据成熟的海德格尔的看法,科学陈述的真理依据于更根本的"无蔽"(unconcealment)。在理论出现之前,世界已经由"生活"(它本身是处境性的与历

---

[1] 海德格尔:《早期著作》,张柯、马小虎译,商务印书馆,2015年,边码第7页。

[2] 同上,边码第186页。

史性的）为我们敞开了。我们对于理论命题的着迷使我们危险地疏远了人类的境况，它摒弃了前科学经验的丰富性，这个前科学经验源始地使得世界对我们有意义。现在我们可以看看海德格尔是如何形成这一立场的。

狄尔泰与胡塞尔

1916年，海德格尔发表他的教职论文的时候，添加了一个后记，对标准的、"过于传统的探讨逻辑的方式"[1]表示不耐烦，并断言意义必须在其与"本质性的和历史性的精神"[2]的联系中被理解。此时,海德格尔的个人生活与精神生活，以及整个欧洲本身正在发生巨变。1914年，第一次世界大战爆发。海德格尔从1915年开始在弗莱堡大学任教。1916年,他被征召在弗莱堡邮局当军事审查员。1917年，他与埃尔弗里德·佩特里（Elfride Petri）缔结了终生的婚姻。海德格尔是天主教徒，而他妻子是路德派教徒。但埃尔弗里德很快承认，"我的丈夫已经失去了他的宗教信仰，我也很难找到自己的信仰"[3]。1918年,海德格尔被派往前线，在气象站工作（但他从未亲历战斗）。1919年，海德

---

[1] 海德格尔：《早期著作》，张柯、马小虎译，商务印书馆，2015年，边码第410页。

[2] 同上，边码第407页。

[3] H. Ott, *Heidegger: A Political Life*, tr. A. Blunden (New York: Basic Books, 1993), p. 109.

格尔返回大学，举办了关于哲学与大学本质的充满激情的讲座。[1] 1919年和1920年，海德格尔的两个儿子约尔格与赫尔曼出生。[2]

在这些年中，海德格尔的阅读与思考已经得到拓展。他离开系统的、形而上学的基督教经院哲学，转向了保罗、奥古斯丁与路德的充满激情的、个人的基督教哲学与神学。他写道："[教会]体系完全排除了源始、真正具有宗教价值的经验。"[3] 除了继续对亚里士多德的深入研究，他对克尔凯郭尔、陀思妥耶夫斯基和尼采这些探讨人类极端经验的文学家和哲学家增加了兴趣。但最重要的两位思想家是他已研读多年的狄尔泰（1833—1911）和胡塞尔（1859—1938），此时他们的哲学开始对海德格尔的思想产生至关重要的影响。

狄尔泰是一位涉猎广泛的哲学家与思想史家，他尤其关注"人文科学"（比如历史学、心理学与社会学）的对象与方法。根据狄尔泰，这些学科不应该把自然科学作为模板（model），因为物理学或化学研究的是非历史的对象，而人文科学的对象——我们自身——却本质上是历史性的。

---

[1] 关于海德格尔从1915年到1930年的课程和研讨班的情况，见 Kisiel, *The Genesis of Heidegger's* Being and Time, pp.469-76。Kisiel 的这本书还提供了许多这些讲座课程的摘要。

[2] 从《海德格尔与妻书》(常晅、祁沁雯译, 2016年) 中，我们了解到，赫尔曼·海德格尔并非海德格尔的亲生子，而是他妻子婚外恋所生。《海德格尔与妻书》也显示，海德格尔本人在其一生中有诸多婚外情。——作者补注

[3] 未发表的笔记，大概写于1917年，引自 Kisiel, *The Genesis of Heidegger's* Being and Time, p.73。

在诸如《人文科学导论》(1883)这样的作品中,如海德格尔所说的那样,狄尔泰给予自己的任务是,"将'生活'的结构本身作为历史的根本现实加以考察"[1]。此外,狄尔泰不仅关注解释生命,同时也关注解释学[2]或解释理论本身。狄尔泰的很多基本概念启发了海德格尔在《存在与时间》中对于人类生存的分析。[3]

至于胡塞尔,海德格尔已经被他的作品吸引有一段时间了,但那时他并没有理解到多少。

> 只有到了我在胡塞尔的书房里拜见了他本人之后,我的迷惑才逐渐减少,我的思维的混乱才艰难地消解。胡塞尔在1916年作为李凯尔特的接替者来到弗莱堡……胡塞尔的讲课采取了对现象学的'看'的逐步训练的方式,这种'看'要求不去使用那些未经检验的哲学知识。同时也拒绝把大思想家的权威性带到谈话中来。[4]

---

[1] 海德格尔:《时间概念史导论》(欧东明译,商务印书馆,2014年),第21页。关于狄尔泰的哲学,可参考:R. A. Makkreel, *Dilthey: Philosopher of the Human Studies* (Princeton, New Jersey: Princeton University Press, 1975). 关于狄尔泰与海德格尔关系,可参考:C. Bambach, *Heidegger, Dilthey, and the Crisis of Historicism* (Ithaca, New York: Cornell University Press, 1995), esp. Chapters 4 and 5.

[2] Hermeneutics 有多种不同的中译名,除了"解释学",还有"诠释学""释义学""阐释学"等。译者在本书中将采用"解释学"这个译名。——译注

[3] Kisiel, *The Genesis of Heidegger's* Being and Time, Chapter 7.

[4] "My Way to Phenomenology", in *On Time and Being*, p. 78. (海德格尔:《海德格尔选集》,孙周兴选编,上海三联书店,1996年,第1284页。)

第二章 起点

很快,海德格尔就成为胡塞尔最信任的助手,并将在现象学运动的发展中扮演关键性角色。直到胡塞尔阅读了《存在与时间》(这本书是海德格尔题献给胡塞尔的),他才意识到他的弟子已背离他的思想有多远。

我们只能指出胡塞尔(被认为是 20 世纪最具影响力的大陆哲学家[1])思想中的少数主要观点。胡塞尔终其一生都在努力定义与详尽发展"现象学"。但现象学的基本观点很简单:现象学就是对现象进行描述。换句话说,在我们问什么是真正的存在及为什么之前,我们首先需要关注的是实际上向我们显现自身的现象,关注现象是如何展示自身的,并且去发现这些展示的方式。这种方法可以适用于一切意识经验,因为所有的意识行为都是关于向我们显现其自身,并且可以被作为现象进行研究的东西。(胡塞尔把这种意识的本质的指向性称为"意向性"。)即便我对某些不在场的东西进行意识活动,比如我的丢失的手表,手表依然向我显现自身,即作为已经失去和被渴望的对象。因此,现象学可以研究任何经验。

比如,一个现象学家面对一幅画像,他会问:关于这

---

[1] 关于胡塞尔哲学的导论性著作,可参见:J. J. Kockelmans, *Edmund Husserl's Phenomenology* (West Lafayette, Indiana: Purdue University Press, 1994). 关于现象学,可参见:H. Spiegelberg, *The Phenomenological Movement: A Historical Introduction*, 3d edn (The Hague: Martinus Nijhoff, 1982). 关于海德格尔对现象学的开端和他认为具有决定性意义的现象学问题的阐释,见他在 1925 年的讲座课程《时间概念史导论》的"准备性部分"。

个现象，是什么让它作为一个人的画像而不是作为一个活生生的人呈现出来？是什么特征使得它呈现为一件艺术作品？呈现为好的或坏的？我们也可以聚焦到对这个现象有意识的我们自身，并且问：是什么使我们的经验是作为对一部再现性艺术作品的经验？

对胡塞尔来说，现象学必须寻找现象的本质方面——必然的、普遍的结构，比如艺术的本质或表象的本质。胡塞尔多年来都希望建立一门作为这些本质的科学的现象学。这门科学将为其他科学提供基础，并且帮助西方文化摆脱相对主义、怀疑主义和历史主义的威胁。

胡塞尔至少有两个概念对海德格尔尤其重要：明见性（evidence）与范畴直观（categorial intuition）。"明见性"是胡塞尔的一个技术术语，表示一个现象向意识显示自身的状态。完美的或"充分的"明见性将是某物完全显现自身的一个条件，没有哪个方面处在隐匿之中。胡塞尔写道："最终充实代表着一个完整性的理想……这种情况的充实综合就是在确切词义上的明见性或认识……在同一个现象学事态的基础上构建起来的各种不同的真理在这里得到了完整的澄清。"[1] 对于海德格尔来说，这个关于真理就是自我显现或者无蔽的观念是非常有力量的。[2] 但他反对胡塞尔的

---

[1] E. Husserl, *Logical Investigations*, tr. A. J. Findlay (London: Routledge & Kegan Paul, 1970), p. 670 (translation modified).（胡塞尔：《逻辑研究》，倪梁康译，商务印书馆，2017年，第988—989页。）

[2] "My Way to Phenomenology", in *On Time and Being*, p. 79.（海德格尔：《海德格尔选集》，孙周兴选编，上海三联书店，1996年，第1285页。）

是，他认为只是因为我们自身具有深刻的历史性，事物才能向我们揭示它们自身，并且，透彻完美的无蔽是不可能的；真理必然伴随着非真理。

《逻辑研究》"第六研究"中的"范畴直观"的概念强烈地吸引了海德格尔以及胡塞尔的其他学生，即便胡塞尔本人在放弃"范畴直观"这个概念很久后，也是如此。我们看到，根据胡塞尔，所有意识行为都是指向可以被当作"现象"来研究的某物，向我们显示其自身的某物——换句话说，某物被我们所"直观"。有些直观的形式是感官的：我们通过视觉直观到一个苹果的"红色"。但当我们在思考"这里有一个苹果"时，我们意识到的就不仅仅是感官的对象。"这里"（而不是其他任何地方），"统一体"（"一个"苹果）以及"存在"（"有/是"）这些都是我们经验的基本概念，是无法通过感官而感知到的。因此，胡塞尔说："我能看见颜色，但是不能看见颜色的存在。我可以感觉到光滑，但不是光滑的存在。"[1] 但是诸如"存在"这种现象必须通过某种方式显示给我们。这就意味着我们必须有一种能力，即"范畴直观"的能力：经验的"范畴"方面（作为塑造我们经验对象的基本结构）能够向我们显现其自身。这开启了能够把"存在"作为现象来研究的可能性。如海德格尔所言，"存在着一些意识行为，其中观念性的合成体（比如存在）立足于自身而显示出来。而这些观念的合

---

[1] Husserl, *Logical Investigations*, p.780.（胡塞尔：《逻辑研究》，倪梁康译，商务印书馆，2017年，第1141页。

成体不是此行为的制作物，不是思想的、主体的功能"[1]。"存在"并不是我们的创造或我们筹划到世界上的东西，"存在"是一个给予我们并且可以进行研究的现象。

胡塞尔与狄尔泰似乎是两个完全不同的思想家。数学家出身的胡塞尔试图摆脱历史的特殊性，去寻找关于本质的绝对知识，而狄尔泰则对如何彻底解释历史现实感兴趣。但海德格尔报道说，当狄尔泰在70岁高龄阅读胡塞尔的《逻辑研究》时，狄尔泰认识到他与胡塞尔

> 在基本的倾向上具有一种内在的亲和性……在一封写给胡塞尔的信中，他把他们两人的工作比作从相向的两面钻探同一座山脉，通过这样的一种钻探与打通，他们彼此相会了。长达数十年以来，狄尔泰都在寻求着一门关于生活本身的基础科学……在《逻辑研究》中，他看到这门关于生活本身的科学已经曙光初现。[2]

然而，这两个哲学家依然是从相反的方向切近"生活"的，而正是关于历史的问题使得他们有如此分歧。在这点上，海德格尔选择站在狄尔泰这边，"胡塞尔提出关于历史的问题……必须被视为是不可能的，这合乎情理地引起

---

[1] *History of the Concept of Time*, p. 71.（海德格尔：《时间概念史导论》，欧东明译，商务印书馆，2014年，第106页。）

[2] 同上，p. 24.（海德格尔：《时间概念史导论》，欧东明译，商务印书馆，2014年，第32页。）

第二章　起点

了狄尔泰的惊讶"[1]。

海德格尔自己的哲学（如它现在开始出现的那样）可以被看作是狄尔泰与胡塞尔创造性的结合体。海德格尔结合了胡塞尔系统的严格性与狄尔泰对于具体生存的敏感性，发展出一种关于"历史生活"的现象学。如此，他拒绝了自己早期的"逻辑学"，而转向了这样一种观点：相比于我们朝向存在者的非理论性的敞开，理论真理是次生的，第二位的。

理论与生活

海德格尔最早的一个讲座也是他最引人注目的一个讲座，即他在1919年"战时补救学期"进行的《哲学的观念与世界观的问题》讲座——在这里，海德格尔放弃了他早期的观点，却并没有明确提及他本人曾经持有这些观点："实际上人们也把逻辑学称为理论的理论。有这种东西吗？倘若这是一种欺骗呢？"[2]

他摒弃的主要目标是他早期的"有效性"这一概念，他将在1920年代的多个文本中继续攻击它。他称这个概

---

[1] *History of the Concept of Time*, p. 119.（海德格尔：《时间概念史导论》，欧东明译，商务印书馆，2014年，第181页。）

[2] *Die Idee der Philosophie und das Weltanschauungsproblem*, in *Zur Bestimmung der Philosophie*, GA 56/57, p. 96.（海德格尔：《论哲学的规定》，孙周兴、高松译，商务印书馆，2015年，第108页。）

念是"充满着含混、混乱以及教条主义的乱团"[1]。有效命题的主要问题是它假定其是"无时间性的"命题,但我们的思想与表达却是"时间性的"。如果我们更深入一步,就会发现我们不能对在这两种模式中的存在提供一个令人满意的解释。"无时间性"与"时间性"究竟是什么意思?为什么我们要用时间来区分不同类型的存在?[2] 此外,时间性的与无时间性的领域是如何衔接的?[3](在本书第 31 页的示意图中,我们画了箭头来连接两者,但是这些箭头是什么意思?)海德格尔的结论是:全部有效性的无时间领域的观念都是臆造的,"它与中世纪关于天使的思辨一样值得怀疑"[4]。有效性与日常生存的区分是一个虚构的概念,它会导致不可解决的问题:"首先构造出这两个领域,然后构造两者之间的缺口,然后现在寻找连接它们的一个桥梁。"[5]

如果"人类是猿类的后代"这样的理论陈述不能通过其无时间性的有效命题获取它们的意义,那么其意义应该如何获得?海德格尔提出,我们必须去看理论在生活中的根基。人类的生活,在其所有的具体个体性以及历史处境

---

[1] *Logik: Die Frage nach der Wahrheit*, GA 21, p. 79.

[2] *Being and Time*, tr. J. Macquarrie & E. Robinson (New York: Harper & Row, 1962), p. 39/18.(海德格尔:《存在与时间》[中文修订第二版],陈嘉映、王庆节译,商务印书馆,2016 年,边码第 18 页。)

[3] 海德格尔:《存在与时间》,边码第 216 页。

[4] *The Basic Problems of Phenomenology*, tr. A. Hofstadter (Bloomington, Indiana: Indiana University Press, 1982), p. 215.(海德格尔:《现象学之基本问题》,丁耘译,上海译文出版社,2008 年,第 288 页。)

[5] GA 21, p. 92.

中，是理论真理的根源。比如，在一个关于进化的科学陈述对我有意义之前，我需要对人类和猿类具有某些经验。这些基本的经验并不是理论的经验：它不只是观看和记录。它还必须是与我作为个体本身有关的经验，这个经验构成了我自身生活的有意义的部分。用海德格尔的话来说，他感兴趣的是"完全具体的、历史上实际的自身，即那个在历史上具体的本己经验中可通达的自身"[1]。我对何以为人的理解并不是通过去测量与考察智人这个物种的样本，而是通过成为人本身来理解。如果我成为一个人类学家，需要测量与考察智人，那么我的理论洞见将会从我自身生活的经验中生发出来。

如果生活比理论更为基础，那么"理论的理论"最多就是一个肤浅的尝试，它没有照亮理论在生活中的根基。必然有一种非理论化的理解生活的方式。这将会是一种"非理论的科学，一种真正源始的科学，理论之物本身就是从这门科学中获得其起源的"[2]。海德格尔的目标是发展一种具体生存的现象学——或者借用海德格尔早期讲座课程的题目，就是一种"实际性的解释学"[3]。

---

[1] "Comments on Karl Jaspers's Psychology of Worldviews" (1919-21), tr. J. van Buren, in *Pathmarks*, W. McNeill (ed.) (Cambridge: Cambridge University Press, 1998), p. 26. (海德格尔：《路标》，孙周兴译，商务印书馆，2001年，第36页。)

[2] GA 56/57, p. 96. (海德格尔：《论哲学的规定》，孙周兴、高松译，商务印书馆，2015年，第109页。)

[3] *Ontologie* (*Hermeneutik der Faktizität*), GA 63. (海德格尔：《存在论[实际性的解释学]》[修订译本]，何卫平译，商务印书馆，2016年。)

我们无法讨论海德格尔早期作品对于这个话题的更多细节，但我们应该停下来思考下一个与我们一直在讨论的密切相关的方法论问题，即我们如何在没有对生活进行理论化（因此消除了生活独有的具体质地）的情况下，以哲学或现象学的方式研究生活本身？[1] 难道不是理解本身就需要理论化吗？这将意味着"非理论的科学"是荒谬的。比如，即便我们把生活描述为"完全具体的、历史上实际的"，这些概念本身难道没有理论的一般化的倾向吗？似乎生活的具体性完全是抗拒表达与理解的。

为了解决这个问题，我们必须发展一种新的、海德格尔称之为"形式显示"（formal indication）的使用概念的方式。在这种运思与言说的方式中，我们使用概念去显示某些从我们自身的经验中已经熟悉的东西。"形式显示"的概念并不抓住事物的本质，也不用完美的理论清晰性去解释事物，它们只是意指我们生活中的现象，鼓励我们以更为密切关注它的方式去生活。[2]

比如，在1919年，海德格尔宣称："在一个周围环境中

---

[1] GA 56/57, pp. 100-1.（海德格尔：《论哲学的规定》，孙周兴、高松译，商务印书馆，2015年，第112—113页。）

[2] 对此的一个很好的解释，见 *The Fundamental Concepts of Metaphysics: World, Finitude, Solitude*, tr. W. McNeill & N. Walker (Bloomington, Indiana: Indiana University Press, 1995), pp. 296-7.（《形而上学的基本概念：世界，有限性，孤独性》，赵卫国译，商务印书馆，2017年，第295—296页。）"形式显示"这个表述也被用在1920年代的其他一些文本中，包括《存在与时间》。关于详细的考察和解释，见 Kisiel, *The Genesis of Heidegger's* Being and Time, pp.48-59, 164-171。

第二章 起点

生活，对我来说处处时时都是有意义的，一切都是世界性的，'它世界化'(it worlds)……"[1] 海德格尔的听者会被"es weltet"(世界化，或正在世界化)这个短语惊住。这是什么意思？显然，它不是一个科学的陈述。它并不明确地解释任何东西。它只是试图显示某些比科学更基本的东西——我们发现我们处在一个有意义的世界中这样一个纯粹的事实。

在英语世界的哲学中，有两种哲学传统时而和平共处，时而相互争斗，但两种传统都对海德格尔所要做的事情持有敌意态度。第一个传统把哲学当作理论科学，认为在理想情况下，哲学应该像数学那样是无歧义与确定的。然而，海德格尔认为这种理论化的思考方式会歪曲他试图去思考的现象（即理论的前理论根基）。第二个传统是常识的传统：它坚持哲学应该运用日常概念，以日常语言来陈述事物。但海德格尔相信，日常语言是具有误导性的，而且也是肤浅的。我们需要去寻找日常语言的根基，并且创造性地使用它们，以显示不能直接说出的东西。比如，非人称命题"正在下雨"(it's raining)、"正在响雷"(it's thundering)可以启发"正在世界化"(it's worlding)这样的创造性短语。海德格尔的读者要准备好面对很多这样的创造，他们也需要放弃他们以前持有的关于语言与哲学的概念。

维特根斯坦在他的《逻辑哲学论》末尾写道："对于

---

[1] GA 56/57, p. 73.（海德格尔：《论哲学的规定》，孙周兴、高松译，商务印书馆，2015年，第82页。）

不可说的东西我们必须保持沉默。"[1] 在很多方面，海德格尔可能比人们预想的更接近维特根斯坦，但在这点上，海德格尔并不同意。他或许会说：那些我们不能以理论的方式言说的，我们必须形式地显示。

海德格尔从未放弃这一目标，即理解理论的真理如何源于更为基础的作为我们自身生存的核心的"无蔽"。这是解读《存在与时间》主要目标的一个方式。但在我们转入《存在与时间》这本书的创作之前，我们有必要先去了解一下1920年代初期与中期跟随海德格尔学习是怎样的场景，当时他正为他的杰作（即《存在与时间》）而奋斗。

作为老师的海德格尔

在其早期的教学生涯（1919—1923的弗莱堡大学以及1923—1928的马堡大学）中，海德格尔讲课的内容包括从现象学到新柏拉图主义的所有内容。他也举办了关于亚里士多德、阿奎那、笛卡尔、康德以及黑格尔等思想家的密集研讨班。在这里，他训练学生处理这些思想家曾经面对过的问题。瓦尔特·比梅尔[2]回忆道：

---

[1] *Tractatus Logico-Philosophicus*, tr. D. F. Pears & B. F. McGuinness (London: Routledge & Kegan Paul, 1961), p. 151. （维特根斯坦：《逻辑哲学论》，贺绍甲译，商务印书馆，2009年，第104页。）

[2] 瓦尔特·比梅尔（Walter Biemel, 1918—2015），当代德国哲学家，海德格尔学生。——译注

第二章 起点

> 有时，我们在一学期只试图阅读和理解一个哲学家著作的两三页。但就在他精心挑选的这几页著作中，他成功地把我们引导到那个哲学家思想的核心中，使得我们从中学到的东西比平时好几年学的还多。[1]

通常情况下，海德格尔会逐字逐句写下他的讲稿，其中的大部分讲稿都已经作为《海德格尔全集》的一部分出版。这些讲稿具有强烈的个人特征。海德格尔很少以第一人称提及他自己，但他的语气却非常自负。幽默是少见的，讽刺却很多。他讽刺那些在传统哲学系统中工作的人，热切地希望唤醒他的学生，关注哲学发问的急迫性。如同卡尔·洛维特[2]所观察到的那样："他像费希特一样，只有一半是学术中人，另一半甚至更大部则是一个好战分子与宣道者，知道怎样用激怒人的方式来吸引人。而驱使他的是对时代与对自己的不满。"[3]然而，海德格尔的讲座并没有降格为单纯的修辞：它们穿透艰深的文本丛林，追问真正的问题。

---

[1] W. Biemel, *Martin Heidegger: An Illustrated Study*, tr. J. L. Mehta (New York: Harcourt Brace Jovanovich, 1976), p. 8.（瓦尔特·比梅尔：《海德格尔》，刘鑫、刘英译，商务印书馆，1996年，第12页。）

[2] 卡尔·洛维特（Karl Löwith，1897—1973），德国哲学家，胡塞尔和海德格尔的学生。——译注

[3] K. Löwith, *My Life in Germany Before and After 1933: A Report*, tr. E. King (Urbana, Illinois: University of Illinois Press, 1994), p. 28.（洛维特：《纳粹上台前后我的生活回忆》，区立远译，学林出版社，2008年，第56页。译文有改动。）

在课堂上,海德格尔简直就是电光石火。伽达默尔回忆道:"他那种一语道破的思想力量,语言表述的朴素力量,发问时极端的简洁性,使像我这样一个或多或少能玩一点范畴和概念的人无地自容。"[1]

> 他给我们的则更多:一个革命性思想家全部力量的完全投入——多么天才的力量,他对自己在越加激化着的问题面前表现出来的勇敢也感到惊恐,思想的激情让他多么满足,这激情以一种无法阻挡的魅力弥漫整个讲堂……追随过海德格尔的人谁能忘记,他在学期开始的引论课上提出令人窒息的一大堆问题,以便在第二或第三次课上将这些问题完全卷进去——直到学期的最后一课才文思如乌云密布,电闪雷鸣,振聋发聩。[2]

另一个海德格尔杰出的学生洛维特提供了类似的说法:

> 海德格尔在我们同学间有个别号:"梅斯基尔希来的小魔法师"……他讲课的方法是先盖起一座思想建筑,然后又亲手把它拆掉搬走,以便将全神贯注的

---

[1] Hans-Georg Gadamer, *Philosophical Apprenticeships*, tr. R. R. Sullivan (Cambridge, Massachusetts: MIT Press, 1985), p. 19. (伽达默尔:《哲学生涯:我的回顾》,陈春文译,商务印书馆,2003年,第23页。)

[2] 同上,p. 48 (译文有改动)。(伽达默尔:《哲学生涯:我的回顾》,陈春文译,商务印书馆,2003年,第202—203页。)

第二章　起点

听众置于一个谜团之前，留在一片虚空里面。这样施展魔力的技术有时也会造成令人非常不安的结果，因为这或多或少容易吸引精神上有病态气质的人：一位女学生在听了他三年的谜语之后自杀了。[1]

一个18岁的有天赋的青年学生，汉娜·阿伦特，第一次听海德格尔讲座时就感受到了海德格尔的魅力（很幸运的是，她没有自杀）：

> 我说过，人们追从这个传闻，是为了学习思，而后人们体验到的是：思作为纯粹的活动，也就是说作为既不是受求知欲也不是受对结论的渴望驱使的活动，能够变成一种激情，这种激情与其说是控制着不如说是组织和贯穿着所有其他的能力和才华。我们已是如此习惯于理性与激情、精神与生命的古老对立，以至于一种激情的思——在其中，思与活生生的存在成为一体——的想法对我们来说是相当陌生的。[2]

对于阿伦特与海德格尔，参涉二人之间的激情比思想

---

[1] Löwith, *My Life in Germany Before and After 1933*, pp. 44—45.（洛维特：《纳粹上台前后我的生活回忆》，区立远译，学林出版社，2008年，第56页。译文有改动。）

[2] H. Arendt, "Martin Heidegger at 80", in *Heidegger and Modern Philosophy*, M. Murray (ed.) (New Haven, Connecticut: Yale University Press, 1978), p. 297.（海德格尔、阿伦特：《海德格尔与阿伦特通信集》，朱松峰译，南京大学出版社，2019年，第234页。）

更多：在 1925 年，他们有了婚外情，一直延续到 1930 年左右才结束。阿伦特对于海德格尔在 1933—1934 年的行为感到厌恶（当时海德格尔被纳粹任命为弗莱堡大学的校长）。但两人在战后恢复了友谊，并且阿伦特对海德格尔的作品在美国的翻译出版起着重要作用。她自己的哲学显示了海德格尔思想的影响。[1]

海德格尔不仅影响了他的学生，也影响了他的同事，比如重要的神学家保罗·蒂利希[2]和鲁道夫·布尔特曼[3]，他们使用了大量的海德格尔的语言来讨论宗教经验。

海德格尔个性的每个方面都与众不同——从他的思想到他的穿着。在早年，海德格尔的着装就非常特别，被他的学生称为"存在主义套装"。伽达默尔写道："它是由画家奥托·乌拜娄德（Otto Ubbelohde）设计、使农民在服装节上穿戴容易的一种新式男套装。事实上，海德格尔这身行头有点像一个农民穿上节日服装，为了产生一点有限的富丽

---

[1] 关于海德格尔与阿伦特的个人关系，可参见 E. Ettinger, *Hannah Arendt / Martin Heidegger* (New Haven, Connecticut: Yale University Press, 1995)。关于两人的思想关系，参见 D. Villa, *Heidegger and Arendt: The Fate of the Political* (Princeton, New Jersey: Princeton University Press, 1996)。（另，E. Ettinger 的书现在已经被海德格尔与阿伦特的《海德格尔与阿伦特通信集（1925—1975）》（朱松峰译，南京大学出版社，2019 年）所取代。——作者补注）

[2] 保罗·蒂利希（Paul Tillich, 1886—1965），德裔美国基督教存在主义哲学家、神学家。——译注

[3] 鲁道夫·布尔特曼（Rudolf Bultmann, 1884—1976），德国神学家，《新约》学家，"《新约》非神话化"的倡导者。——译注

堂皇的感觉而已。"[1] 洛维特则从中看到了更为危险的东西：

> 他穿着一种黑森林地区农夫的夹克，衣领颇有军服味道，翻领宽大，裤管只及于膝盖；夹克与裤子的料子都是深褐色的棉布……我们当时嘲笑这样的衣着，却没有能够看出来，这其实是一种介于传统的常服与纳粹冲锋队制服之间、过渡时期奇特的解决办法。[2]

海德格尔很自然地吸引了很多模仿者。学生们模仿海德格尔充满激情的语调，他们被称为"海德格尔化"的。[3] 海德格尔化（Heideggerization）直到今天仍在继续，尽管海德格尔总是鼓励独立的思想。似乎不希望被人跟随的哲学家总是吸引追随者。如伽达默尔说的那样，"飞蛾总是飞向有光的地方"[4]。

通往《存在与时间》

海德格尔在 1916 年的教职论文与 1927 年的《存在与

---

[1] Gadamer, *Philosophical Apprenticeships*, p. 49.（伽达默尔：《哲学生涯：我的回顾》，陈春文译，商务印书馆，2003 年，第 204 页。）

[2] Löwith, *My Life in Germany Before and After 1933*, p. 45.（洛维特：《纳粹上台前后我的生活回忆》，区立远译，学林出版社，2008 年，第 56 页。）

[3] Gadamer, *Philosophical Apprenticeships*, p. 46.

[4] 同上，p.50。

时间》之间的 11 年没有发表任何东西。胡塞尔这样形容他当时的处境：这个具有"高度原创性的人""还不想发表作品"，因为他依然"在挣扎，在寻找自己，艰苦地形成他自己独特的风格"[1]。不过，虽然海德格尔的思想还没有以文本的形式印刷出来，但他正在以紧张的节奏写作与讲课。

最近发现的海德格尔 1922 年的论文《对亚里士多德的现象学阐述：解释学处境的显示》[2]是作为计划中对亚里士多德的现象学解释的著作的一个导论。但它的主要内容并不是关于亚里士多德，而是海德格尔自己关于人类境况的观点。海德格尔把论文寄给了马堡大学的保罗·纳托普[3]。由于这篇论文，海德格尔于 1923 年在那里获得了一个教学职位。这份材料反映了海德格尔对古代哲学的重新解读将在他的哲学发展中扮演不可或缺的角色。如我在前面已经指出的那样，对于海德格尔而言，哲学的历史和思想体系总是缠绕在一起的。这篇论文的内容如同它的标题那样，显得笨拙且充满行话。但它之所以如此重要，是因为它是《存在与时间》中几个关键主题的首次表述，包括本真与非本真生存的区别，以及解构形而上学史的计划。

---

[1] 1922 年 2 月 1 日胡塞尔致纳托普的信，引自 Kisiel, *The Genesis of Heidegger's Being and Time*, pp. 248–9。

[2] "Phenomenological Interpretations with Respect to Aristotle: Indication of the Hermeneutical Situation", tr. M. Baur, *Man and World* 25, 1992, pp. 355–93.（这篇论文也被称为《纳托普报告》。——译注）

[3] 保罗·纳托普（Paul Gerhard Natorp，1854 —1924），德国哲学家和教育家，新康德主义者。纳托普也被视为柏拉图研究的权威。——译注

第二章 起点

另一个标志性文本是1924年的讲座《时间概念》[1]。它可以作为导论，为初学者了解海德格尔在关于人类生存的时间性与自然科学中的时间之间做出的区别。

根据西奥多·基西尔[2]，我们可以把《存在与时间》的创作分为三个阶段。[3] 在最后的作品中，这些阶段几乎无缝地结合在一起。海德格尔的第一个尝试（第一稿）集中在人类生存的历史特征，很显然，他从狄尔泰那里借鉴了大量内容。第二个文本（第二稿）把该书的方向定位到一般的存在问题，这使它强调了胡塞尔及其现象学。[4] 第三个文本（第三稿）集中于时间问题，此时海德格尔已经深入康德《纯粹理性批判》的研究中，因此这个文本带来了一些康德式的转折。尽管海德格尔时常被称为存在主义者，但大多数关于"生存"（Existence）的语言都只在这个最终的文本中才添加的。自从海德格尔的朋友卡尔·雅斯贝尔斯1919年的《世界观心理学》发表以来，"生存哲学"（Existenzphilosophie）就在德国存在着。但海德格尔始终不愿意把自己与这种哲学潮流联系起来。我们将在本书第五章进一步讨论这个话题。

---

[1] *The Concept of Time*, bilingual edn, tr. W. McNeill (Oxford: Blackwell, 1992). （海德格尔：《时间概念》，孙周兴译，商务印书馆，2022年。）

[2] 西奥多·基西尔（Theodore Kisiel, 1930—2021），美国著名海德格尔研究者，著有《海德格尔〈存在与时间〉的起源》（*The Genesis of Heidegger's* Being and Time）等。——译注

[3] 根据西奥多·基西尔（Theodore Kisiel）在他《海德格尔〈存在与时间〉的起源》（*The Genesis of Heidegger's* Being and Time）第311—314页总结。

[4] 这个文本作为《时间概念史导论》的讲座课程讲授。

《存在与时间》的写作是一件艰难的任务,但是"不出版就淘汰"(publish or perish)这句箴言在1920年代的德国和现在一样适用。海德格尔在出版他的作品的问题上压力越来越大。1926年1月,柏林当局拒绝马堡大学希望给予海德格尔终身教授的提议,因为"他没有太多学术成果"[1]。在1926年3月的一连串行动中,海德格尔努力完成了原计划(一共两部分)的第一部分(每部分三篇)的前两篇内容。6月,马堡大学重新申请给予海德格尔教授职位的任命——11月,柏林当局再次拒绝。与此同时,《存在与时间》已完成部分,即将付印。1927年4月,它们最终在胡塞尔主编的《哲学与现象学年鉴》中发表,同时也出版了单行本。

《存在与时间》立刻就引起了关注。此时,海德格尔的声誉远超他之前获得的信徒崇拜。他突然就获得了国际声誉,从而他的职业忧虑也就不存在了。1928年,他获得了一个现象学家所能获得的最高荣誉——他被邀请回弗莱堡大学,继承此时已经退休的胡塞尔的教授教席职位。

---

[1] "Vorschläge für die Wiederbesetzung des Ordinariates für Philosophie", Hessisches Staatsarchiv Marburg, *Akten*, Accession 1966/10, 95; quoted in Kisiel, *The Genesis of Heidegger's* Being and Time, p. 480.

第三章

《存在与时间》：导论与第一篇

第三章 《存在与时间》：导论与第一篇

在讨论海德格尔的这本巨著之前，需要做点版本学上的说明。《存在与时间》目前有两种英译本[1]。两个译本都值得推荐，因为都忠实于德语原著，而且也都包含大量有用的索引。在精读一个段落时，同时参考这两种译本是有帮助的。麦考利与罗宾逊（Macquarrie & Robinson）的译本非常著名，一般来说，也很准确与忠实于原文。它抓住了一些斯坦博（Stambaugh）的译本中没有的细微差别（比如 Zeitlichkeit 与 Temporalität 的区别，它们在麦考利与罗宾逊的译本中分别被译为"temporality" & "Temporality"）[2]。麦考利与罗宾逊在译文中添加了很多注释，这些注释对于阅读这本书有很大帮助，该译本还包含了德语－英语词汇对照表。斯坦博的译本就没有这些特征，但是她的译本通常更容易阅读，改善了一些关键词汇的翻译，改正了一些错误；同时，也包含了海德格尔在《存在与时间》自用本

---

[1] 这两种英译本为：（1）*Being and Time*, tr. J. Macquarrie & E. Robinson (New York: Harper & Row, 1962)；（2）*Being and Time*, tr. J. Stambaugh (Albany, New York: State University of New York Press, 1996). 本书所使用的中译本为：《存在与时间》（中文修订第二版），陈嘉映与王庆节译，商务印书馆，2016 年。——译注

[2]《存在与时间》的中译本将这两个术语分别译为"时间性"与"时间状态"。更多参见：《存在与时间》（中文修订第二版），边码第 19 页"中译注"。——译注

中的边注（这些边注很简洁，对于初学者用处有限）。[1] 以下我将引用麦考利与罗宾逊的译本，但是我也会注明斯坦博译本对重要概念的替代翻译。在第三、四章中，对《存在与时间》的引用将注明在括号中 [2]。它们包括两部分：首先是麦考利与罗宾逊译本的页码，然后是德语版《存在与时间》（由马克斯—尼迈耶 [Max Niemeyer] 出版社出版）的页码。马克斯—尼迈耶版的页码在两种英文版和全集版中都以边码标明。

我的评述最好能与海德格尔的原著一起阅读。当《存在与时间》的原文以及这个评述都无法阐明时，读者或许可以参考海德格尔的其他著作。讲座课程《时间概念史》[3] 和《现象学之基本问题》是与《存在与时间》关系最密切的，参考这两本书的替代性表述和额外的例子会有很大的帮助。其他关于《存在与时间》的二手文献包括 Dreyfus、Gelven、Kaelin、Kockelmans、Mulhall 和 Schmitt 等人的作品（见参考文献的"其他人的著作目录"）。

---

[1] 麦考利和罗宾逊的译本中只有几个明显错误值得注意。第 87 页，第 18–19 行，"the less one presupposes when one believes that one is making headway" 应改为 "the more one believes that one is proceeding without presuppositions"。第 247 页，第 35 行，"change and performance" 应改为 "change and permanence"。第 256 页，第 1 行，"entities are of Dasein's kind of Being" 应改为 "there are entities with Dasein's kind of Being"。

[2] 译者只在括号中注明德文版页码，即中译《存在与时间》边码，而不注明中译本页码。——译注

[3] 这个讲座课程的中译本为：《时间概念史导论》，欧东明译，商务印书馆，2014 年。——译注

问题与目标

在导论中,海德格尔想要说服我们存在问题是有意义且重要的;他希望弄清楚如何以正确的方式提出和追问这个困难的问题。因为这本书的开篇部分是不可缺少的,也是具有挑战性的,所以我们对它们的分析会比后面的章节更加详细。

《存在与时间》开始于柏拉图《智者篇》的一段话:"当你们用到'存在'这样的词,显然你们早就很熟悉这些词的意思,不过,虽然我们也曾以为我们是懂得的,现在却感到困惑不安。"(第1页)海德格尔选择这段话是要告诉我们:首先,他想要复活一个古代的问题;其次,存在的问题初看起来并不成为问题——但当我们真正地想要理解"存在"的含义时,我们很快就发现我们对此不能说什么。柏拉图、海德格尔以及我们自身所面临的挑战,是要克服我们认为自己已经理解了"存在"的自然信念。没有什么比我们的短语"有(there is/are)……"更为熟悉的东西了。但这种对存在的熟悉不是逃避哲学思想的借口——而是一个启发思想的机会。我们对存在的熟悉本身是神秘的,它要求得到仔细的考察。在这本书中,海德格尔将细致地考察我们把事物视为理所当然的倾向,以及我们抵制这个倾向的罕见时刻。他的第一个任务,就是让我们从这种把存在视为理所当然的东西的倾向走出来,唤醒我们注意到"存在的意义问题"(第1页)。

海德格尔所谓的"意义"（meaning / Sinn）是什么意思？这是一个很难的问题，直到《存在与时间》的第32节（第152页和324页），他才直接讨论这个"意义"问题。我们可以预先陈述他的观点，他认为如果某物对我们"有意义"，那么就意味着我们能够"领会"[1]它。问"什么是X的意义？"，就是试图揭示X自身，去领会它。不过，为了领会某物，我们必须有合适的背景。海德格尔把这样的背景称为"视域"（horizon）[2]。比如，在一个陌生的国家，我也许会问："那个手势是什么意思？"一个本地人解释说，这表示东西太贵了。这样我们就可以把这个手势纳入一个购物活动的视域中，这个手势也就向我揭示了自己——我也理解了它。

当事物有了"意义"，它们就以某种方式被揭示为与我们的生活有关，在我们世界中承担一个角色，给我们带来意义。这在我们以强调的方式使用"意义"这个词时尤为明显，比如当我说一个失联很久的朋友的不期而至的来访非常有意义时，这个来访变得显著起来，它向我强烈地显示其自身，因为它触及了我生命中"我是谁"这个问题的一个非常重要的维度。但严格地说，所有我们遇到的东

---

[1] Understand / verstehen 在《存在与时间》中译本中被译为"领会"，该词通常被译为"理解"，译者会根据上下文情况把它译为"理解"或"领会"。——译注

[2] Horizon 通常被译为"视野""视域""境域""地平线"等，《存在与时间》中译本译为"视野"，张汝伦的《〈存在与时间〉释义》（上海人民出版社，2014年）译为"境域"，本书选择"视域"这个译名。——译注

西在某种程度上都是有意义的。即便是我在一个角落瞥见的一片垃圾也有意义——否则我根本就无法注意到它。

如此，当我们问"存在的意义是什么？"时，我们就是在试图增强我们对于存在本身的领会（第152页）。存在在我们的生活中扮演了一个角色，但我们只晦暗地与模糊地领会到它。为了更清晰地揭示存在，我们必须把它放进一个合适的背景（context）或视域中。现在海德格尔解释《存在与时间》这个标题，"其初步目标则是对作为任何一种一般存在的领会的可能视域的时间进行阐述"（第1页）。也就是说，海德格尔提出存在要依靠时间（time）才能被我们把握：我们对存在的领会必须依赖于时间性（temporality）。当然，此时我们同样也不知道被正确领会的时间是什么——但至少海德格尔给予了我们的一个关于他的目标的大致指示。

海德格尔达成了这个目标吗？我们看《存在与时间》的最后的一句话："时间本身是否公开自己即为存在的视域？"（第437页）在数百页之后，海德格尔似乎比他一开始时更加地不确定！实际上，《存在与时间》只是一部残篇，一条死路，一条从未走出森林的"林中路"。海德格尔从来没有满意于"时间是存在的视域"这个解答。但是，一个好问题至少与一个好答案一样有价值。在通往死路的途中，我们可以在森林中发现更多东西……

第 1 节：存在之神秘

> 我曾说，在任何能按条理进行推论的人看来，我思故我在的这个命题，是最基本、最确定的。我说这话时，并不因此就否认我们必须知道什么是思想、存在和确定性……不过因为这些是最简单的概念，而且它们自身也不足以使我们认识任何存在的事物，因此，我就觉得，在这里列举它们是不恰当的。——笛卡尔[1]

> 聪明的人越是思考简单的问题（任何问题被长时间思考已经表明这个问题完全不是那么简单），这个问题对于他就越困难。——克尔凯郭尔[2]

大部分人可能都会同意笛卡尔：存在的含义是明显的，以至于没有太大的讨论价值。（"存在/生存"[exist]在海德格尔的著作中是一个技术性术语，但此刻我们把它等同于日常使用的"存在"[be]。）当我们说某物"有存在"(has Being)时，我们的意思是这个东西存在（it exists），它在那里（it is there），它是真实的（it is real），它是实在的东

---

[1] R. Descartes, *Principles of Philosophy*, in *Selected Philosophical Writings*, tr. J. Cottingham et al. (Cambridge: Cambridge University Press, 1988), p. 163 (translation modified). (笛卡尔：《哲学原理》，关文运译，商务印书馆，1959年，第4页。)

[2] S. Kierkegaard, *Concluding Unscientific Postscript to Philosophical Fragments*, vol. 1, tr.H. V. Hong & E. H. Hong (Princeton, New Jersey: Princeton University Press, 1992), p. 160.

第三章 《存在与时间》：导论与第一篇

西而不是虚无（it is an actual thing instead of nothing）。对此还能说些其他的什么呢？我们真的应该浪费时间去研究"存在的意义"吗？难道我们不应该去研究存在者、实际具体存在的东西吗？有人会坚持说，让我们把精力放在确定有什么存在以及我们能够对此知道什么的问题上。

这种成见是海德格尔在《存在与时间》第1节中所要反对的。他讨论的很多细节只有在读者了解了一些亚里士多德以及中世纪形而上学之后才能清楚。在《存在与时间》整本书中，海德格尔都假定读者与他一样受过深厚的哲学史教育。对我们而言，幸运的是，即便没有这种背景知识，也能理解海德格尔最重要的思想。不过，随着对于其他哲学家的了解的增长，对海德格尔的理解也会更多——反之亦然。

如果我们撇开传统的形而上学，那么《存在与时间》第1节最重要的内容是海德格尔认同康德的观点，即"'自明性'……是哲学家的事业"（第4页）。有人会认为，哲学家的任务是从自明的地方开始，从它那里构建，最终到达遥远与陌生的领域。但对于海德格尔，我们必须从熟悉的领域开始，而且停留在这个地方。我们越是靠近它观察，就越能意识到它是多么的让人惊讶和困难。没有什么比"存在"更显而易见——也没有什么比它更难以阐明。海德格尔希望唤起对这种自明的存在的一种惊奇甚至震惊的经验。

第1节也是开始观察"存在"这个词可以在广泛背景中使用的好地方。比如，"我是愉快的"（I am merry）这句话似乎可以被视为我们领会存在的一个例子（第4页）。这句话中，"是/存在"（am）是一个系词，连接主语"我"与修饰词"愉快的"。在当代哲学（与符号逻辑学）中，区分这种使用的"是/存在"与存在意义的"是/存在"（比如"我存在/是"断言之中）是一个老生常谈的话题。系词似乎并不蕴含存在判断：比如，如果我说"独角兽是白色的"，我并没有意指独角兽是存在的。第三种"是/存在"的用法可以在同一性判断中找到，比如"月球是地球的天然卫星"。

但是，海德格尔似乎并没有做这些区分。那么，他的计划从一开始就将处在一种毫无希望的混乱之中吗？"存在问题"是否仅仅是源于印欧语言独特性的故弄玄虚（mystification）？毕竟很多语言并没有系词。

作为回应，海德格尔可能会说，似乎看起来自明的"存在"之意义的这些区分值得重新思考。它们背后隐含着复杂的历史。我们可以以这样的方式质问这些区分，即哪怕关于独角兽的断言也能够引起我们注意到某些东西的存在（当然不是一种动物，而是一种神话、想象或者概念）。即使是一个圆方（round square）也关涉到存在（一对矛盾的概念的存在，而非一个几何图形的存在）。独角兽，圆方，最后的审判，拿破仑——为了能够讨论它们，所有这些都必须以某种意义涉及存在（existence）。[1] 存在（be）的其

---

[1] 关于系词的哲学思想史，见《现象学之基本问题》（丁耘译，上海译文出版社，2008年）第一部分第四章。海德格尔在这本书的第273页（英译本）反驳穆勒时，提到了我刚才的观点。

中一项意义"去存在"（exist）可能是所有其他"存在"（be）意义的基础。当然，眼下所有这些都仅仅是猜测，但它邀请我们去追问存在意义的问题，而不是不假思索地摒弃它。

同时，很重要的一点是，海德格尔并不仅仅对"存在"（Being / Sein）这个词进行发问。语言对于海德格尔很重要，尤其在其后期的思想中——但是，存在问题不仅仅是关于语言的问题。存在以隐晦的方式向我们显示，不仅仅在我们说"存在"这个词时，而且也包括"任何可能的把存在者作为存在者的行为中"（第4页）。汉语的主语与谓语可以不用系词连接，但一个中国制衣厂工人也能够在每句她使用的句子中理解存在，因为她说的话是关于存在者的实体、存在者、事物。"在对一个动词的每一次运用中，我们都已经思维了，并以某种方式领会了存在。"[1] 即便当这个中国女人不说话，而是在她的缝纫机上工作时，她也能理解机器、衣服以及她自己的存在。这些实体（以及无数其他实体）都是对她可用的实体，是与她有关的东西，也是在她的世界中有意义的、真实的东西。因此，虽然她 [的语言中] 并没有一个与德语 Sein（存在）精确对应的词，也从未读过阿奎那，她仍然对存在有所领会。对于她以及我们所有人，这种领会在日常活动中始终以背景的方式良好运行着——但当我们去正面思考它时，它就逃出了我们的视线。

---

[1] *The Basic Problems of Phenomenology*, p. 14.（海德格尔：《现象学之基本问题》，丁耘译，上海译文出版社，2008年，第15页。）

第 2 节：我们自身作为出发点

"这台打字机多少钱？"我在跳蚤市场发现了一台很老的打字机。我在问卖家。我在问关于这个打字机的问题。我想要找出的答案是它的价格。在我可以问这个问题之前，我必须对打字机、购买行为以及跳蚤市场有一些了解。

"存在的意义是什么？"这是一个更令人畏惧的问题。但或许这个问题也遵循普通问题的形式。首先，"任何寻求都有从它所寻求的东西方面而来的事先引导"（第5页）。在我们可以问存在问题之前，我们必须对存在有些了解。如我们所见，我们的确像海德格尔所言那样，有一种"平均的含混的存在之领会"（第6页）。尽管是粗糙与扭曲的形式，但它可以让我们去问我们的问题。

接下来，我们必须有某种被我们所问及的东西。这很简单：存在。我们也必须有某种东西是我们试图找出的。这也很简单：存在的意义。当然，如我在上面指出的，寻求存在的意义就是试图去找出能够阐明存在本身的正确背景。好像到目前为止，我们还没有取得任何实质性的进展。但在此时，海德格尔做出了一个重要的评论。关于存在的问题不是像问一个打字机那样的问题——因为存在问题不是关于任何实体的问题。"使存在者之被规定为存在者的就是这个存在；无论我们怎样讨论存在者，存在者总已经是在存在已经先被领会的基础上才得到领会的。存在者的存在本身不'是'一种存在者。"（第6页）海德格尔有时把存在与存在者的差异称为存在论差异。[1]这不容易掌握。但粗略地说，当我们问及关于存在本身的问题时，我们并不是问某个特别的东西，也不是问关于宇宙中的实体全体，我们问的是为什么所有这些东西在一开始就被视为存在者。这就使得我们的问题很不寻常。我们在问一个不是任何东西的"东西"。我们绝不能犯混淆存在与某个特定的存在者的错误：存在不是我们自身，不是宇宙，甚至也不是上帝。

还是回到我们问题的形式结构。可以预料到我们的问题还有另一个元素：我们必须问及某些东西，才能获得一个答案。很好，让我们去追问实体的存在（除此之外，还有什么?）。但是，哪个实体? 星球? 原子? 书籍? 既然存在是所有实体的特征，我们如何可能选择一个特别的实体去发问?

此刻，海德格尔做出一个至关重要的提议：我们必须通过向有能力进行发问的实体（也就是我们自身）发问来作为出发点。此时，海德格尔并没有假定已经证明了这是正确的出发点（第8页）；他将在第4节中做出更为完整的论证。但他的确有充分的理由提出，为了阐明我们正在问的问题，我们应该先阐明我们作为提问者自身的存在（第7页）。通过这个步骤，他踏上了《存在与时间》已完成部分的主要计划：阐述我们自身存在的方式。

对一些批评者而言，这个步骤令《存在与时间》表现得过于人类中心主义。其他人会乐意看到，海德格尔似乎避

---

[1] 比如，*The Basic Problems of Phenomenology*, pp. 17, 319。（海德格尔：《现象学之基本问题》，丁耘译，上海译文出版社，2008年，第19-20页。）

开了高高在上的存在论思辨来讨论人类自身的生活。但必须注意，海德格尔在这里并未放弃存在意义的一般问题，他只是认为如果我们理解我们作为发问者的自身，那么这个问题将能得到最好的理解。他并没有混淆人类与存在本身的区别——但他对我们自身感兴趣，是因为我们对于存在有某种领会（因此可以提出存在问题）。这意味着他并不关心是否构建出一个完整的人类学（研究人类这个物种的所有方面）。我们自身生存的某些方面与海德格尔的计划并不相干（第17页，第131页）。比如，关于我们对音乐的反应能力，他没有什么可说的。他可能会说，这类事情与我们理解存在没有太大的关联——尽管我们可能不同意。

现在说明一下海德格尔的某些核心术语。首先，注意他说的是研究我们自身的存在（第7页）。但更传统的说法是我们的本性，或我们的本质，而非我们的存在。实际上，我们通常会区分事物的本质（essence）与其存在（existence）。一条龙可由其本质来定义，它是巨大的、会喷火的爬行动物，而它的存在却是完全不一样的东西。但海德格尔把这些都视为关于存在的问题。当然，他非常清楚二者通常的区别，他经常称这种区别为"什么–存在"（what-Being，某物是什么）以及"如此–存在"（that-Being，某物存在的事实）之间的区别。但这是另一个需要重新思考并受到质疑的传统区别。[1] 或许"如此–存在"与"什么–存在"的区别并没

---

[1] 进一步讨论见 *The Basic Problems of Phenomenology*, pp. 77–121。（海德格尔：《现象学之基本问题》，丁耘译，上海译文出版社，2008年，第94页以下。）

有那么大。"有某物而不是什么都没有"所带来的特别的意义（即存在者的存在的意义），也许与存在者的类型（它的本质）有关。也许具有岩石本质的实体的存在的意义，与具有人类个体本质的实体的存在的意义有着非常大的区别。岩石与人类的在场存在（being present）以及在此存在（being there）可能具有不同的方式。

这把我们带至海德格尔最重要的一个术语创新——此在（Dasein）。这个词通常未被翻译。[1] 在日常德语中，这个词等同于"existence"（存在），但是从词源上，它的意思是"存在－于此"（Being-there）（斯坦博遵循海德格尔为将来翻译的指示，把这个词用连字符号隔开——Da-sein，用来强调它的词根意义）。海德格尔用这个词来指代我们自身——能够理解存在的实体。

为什么不直接使用"人"或"人类"这些词？一般来说，海德格尔为了能够以新的目光看待我们自身，无疑要避免"人"这个旧的术语，而创造一个新的用法（usage）。我们以新的方式构想我们自身，挑战千年以来的哲学、心理学与人类学的成见。那么为什么要用"此在"这个词？当他第一次引入"此在"这个词时（第7页），海德格尔没有解释为什么他要选择这个词，但随着文本的继续，他的直接或间接理由逐渐出现：

---

[1] 在英语世界，Dasein 这个词通常未被翻译，比如《存在与时间》的两个英译本都是如此处理的。在汉语世界，Dasein 一般被译为"此在"，其他译法，如"亲在""缘在""此是""如此存在"有时也被采用。——译注

（a）我们需要注意，海德格尔使用这个来指代我们的名词是一个动词不定式形式。这意味着我们的独特特征更像是一个活动或过程，这与其他所有的事物不同。

（b）能够作为我们的特征的不是随便什么活动或过程，而是一种存在方式。我们的存在形式、生存模式把我们独特地标识出来。如刚才所说，我们的生存方式与一块石头的存在方式有质的不同。正如海德格尔将很快指出的那样，"此在"（Dasein）这个词"纯粹是我们的存在方式的一个表达"（第12页）。此在的"'是什么'（本质）必须以从它怎样去是、从它的存在（existentia）来理解"（第42页）。因此，此在是"我们针对某一存在者而遴选出来的一个完全专门的关乎存在的表达，以此相对照，我们通常都是首先从存在者所具有的'内容上的是什么'来命名存在者，而却一任其特殊的存在空无规定，因为我们把存在者的存在看作是不言自明的"[1]。

（c）哪种存在方式使我们与众不同？存在-于此（Being there）。当然，一块石头也是作为处在一个空间位置在"此"（there）。但我们的"此"具有更丰富的含义：我们栖居于一个世界中，我们能够参与到一个有意义的背景中。我在今年、在这个国家爬这座山给我带来意义——但对于这座山自身，它在何处、在何时存在却没有任何区别。因为它对所有存在者都是无所谓的。我们有一个其他实体没有的

---

[1] *History of the Concept of Time*, p. 153.（海德格尔：《时间概念史导论》，欧东明译，商务印书馆，2014年，第233页。）

第三章 《存在与时间》：导论与第一篇

"此"(there)，因为对于我们而言，这个世界是可理解的。《存在与时间》的大部分内容都将探索这个现象。

（d）此外，我们"存在于此"也指的是此在"以去它的此的方式存在"（第133页）——一个奇怪的断言，只有当我们对"世界"这个概念做更多细致的了解时，我们才能理解这个奇怪断言的含义。但我们提前预示海德格尔研究的结果：我们不仅仅是偶然地出现在一个世界中，在一个"此"中——而是我们的"此"对于我们具有如此的本质性，以至于没有它，我们将是完全的虚无。反之亦然，没有我们，"此"也将是虚无。比如，如果没有1927年的德国人，那么作为包括其全部意义与结构的特有的世界的1927年德国世界将不可能是其本身。反之亦然，如果没有这个德国世界，1927年的德国人也不复是他们自身。我们的世界，乃是在其中我们能够理解我们自身、我们能够成为我们自身的背景。如何塞·奥尔特加·伊·加塞特[1]所说的，"我是我自己加上我的环境"[2]。

（e）"此在"还有另一个含义，此含义在海德格尔后期哲学中得到强调：我们就是存在的"此"，为存在的"此"[3]。

---

[1] 何塞·奥尔特加·伊·加塞特（Jose Ortega y Gasset，1883—1955），西班牙著名哲学家，存在主义者。——译注

[2] J. Ortega y Gasset, *Meditations on Quixote*, tr. E. Rugg & D. Marín (New York: W. W. Norton, 1961), p. 45.（何塞·奥尔特加·伊·加塞特：《堂吉诃德沉思录》，王军、蔡潇洁译，商务印书馆，2021年。）

[3] "Letter on Humanism", in *Basic Writings*, pp. 229, 231.（海德格尔：《路标》，孙周兴译，商务印书馆，2001年，第381页。）

换句话说，我们就是存在本身为了发生而需要的场所（site）。没有此在，其他实体也许可以继续存在，但是就没有人与它们作为实体而关联。它们的存在将完全没有意义。

总结一下：为了能够发现存在的一般意义，我们要去检视我们自身的存在方式，此在的存在方式。我们可以暂时说，此在的独特性在于其存在的方式，即此在在其世界（"此"）的方式。我们在一个"此"中的生存意味着对存在本身的一种理解——并且它让我们能够提出存在问题，正如海德格尔现在所做的那样。

在这一点上，海德格尔考虑了一个对其方法的核心的可能反驳（第7页）。我们试图通过考察此在来理解存在本身——但是，除非我们已经理解了存在一般的意义，不然我们如何去把握此在特别的存在方式？海德格尔的整个计划似乎是循环论证的。

整部《存在与时间》，海德格尔都在与这些他自己提出的反驳意见对话。这个特别的反驳是持久性的，他将在《存在与时间》第152—153页、第314—315页重新提起。实际上，这种类型的反驳是根本性的，因为它可以被用来反对任何哲学探索。在柏拉图的《美诺篇》中，不耐烦的美诺厌倦了尝试去发现美德的本质："你连它是什么都不知道，苏格拉底，又如何去寻找呢？你会把一个你根本不知道的东西当作探索的对象吗？哪怕你碰到它，你怎么知道它就是那个你不知道的东西呢？"[1] 问题在于：为了寻找某些东西，你必须已经对你正在寻找的东西有某些了解。

苏格拉底以一个神话来回答：他告诉美诺，在我们出生之前，我们就知道所有的事情了，现在我们仅仅是尝试恢复对它们的记忆。这个神话告诉我们的真理是，我们可以模糊地知道某些东西，而不是清晰地知道它。当我们进行哲学研究时，我们做的事情是，试图去得到对已经有模糊了解的某物的清晰的领会。这也正是海德格尔在追问存在的意义问题时所做的事情。因此，在对一般存在的模糊领会的基础上，我们将阐明我们对我们自身存在的领会，并且用这种理解反过来阐明我们对一般存在的领会。

尽管在第2节中，海德格尔声称他的方法"根本没有什么循环"（第7页），但他又说，尽管有循环，但这不是一个恶性循环（第153页），这时他的表述更准确些。重要的事情不是"从循环中脱身，而是依照正确的方式进入这个循环"（第153页），"跳入这个循环中"（第315页）。如果海德格尔一开始就给一般存在或者我们自身的存在一个定义，然后用这个定义去证明独断的命题，那么这个循环将会是贫乏与恶性的。相反，他将从一个对此在的存在的一般阐述开始，然后在探讨过程中，他会再次对这些阐述进行完善与重新解释。他不断地回到他之前的描述，重新解释它们，试图使它们更为准确与细致。我们因此可以把《存

---

[1] Plato, *Meno*, tr. G. M. A. Grube, 2nd edn (Indianapolis, Indiana: Hackett, 1981), p. 13 (80d). (柏拉图:《柏拉图全集》（增订版）第四卷，王晓朝译，人民出版社，2017年，第77页[80d]。)

在与时间》视为拥有一个螺旋结构的文本：每一次"圆圈"的返回都会进入一个更深的层次。

由于循环推理的问题会导向人类的理解通常如何运作的问题，我们将在海德格尔对此在的阐述更深入后重新讨论这个主题。

第3节：存在与科学

> 有一门科学，它研究作为存在的存在以及由于它自己的本性而属于它的性质。这门科学不同于任何所谓的特殊科学；因为这些其他科学中没有一门是一般地考察作为存在的存在。它们截取存在的一部分，并研究这个部分的属性。——亚里士多德[1]

哲学课程不能满足任何大学的科学要求。问科学家他们是否在他们的工作中用到哲学，你很可能会得到各种

---

[1] *Metaphysics* IV, 1. 亚里士多德：《形而上学》，李真译，2006年，上海世纪出版集团，第83页。（另外两个中译本分别为："存在着一种考察存在的存在，以及就自身而言依存于它们的东西的科学。它不同于任何一种各部类的科学，因为没有任何别的科学普遍地研究作为存在的存在，而是从存在中切取某一部分，研究这一部分的偶性。"[亚里士多德：《形而上学》，苗力田译，中国人民大学出版社，2022年，第58页。]"有一门学术，它研究'实是之所以为实是'，以及'实是由于本性所应有的禀赋'。这与任何所谓专门学术不同；那些专门学术没有一门普遍地研究实是之所以为实是。它们把实是切下一段来，研究这一段的质性。"[亚里士多德：《形而上学》，吴寿彭译，商务印书馆，2017年，第64页。]——译注)

"不"的回答。但是根据亚里士多德——以及胡塞尔和《存在与时间》中的海德格尔——哲学理所当然是科学的女王，如果哲学正确地进行了存在问题的研究的话。

是什么给予了哲学这样的特殊地位？根据海德格尔，研究某一特定领域的科学家需要预设他们所要研究的实体的存在。（我们在本来可以用"本性"或"本质"的地方用了"存在"这个词。）应该由哲学来发展基于一般存在论（对存在本身的阐述）的一个领域的特殊存在论（对一种特殊类别实体之存在的阐释）。

一位杰出的物理学家曾经在芝加哥大学做过一次演讲，在演讲中他声称物理学已经通过在越来越小的增量中测量时间而大大完善了时间概念。一个听众反驳说，尽管物理学家在测量变化上更为精确，但这并没有改变我们的时间概念，或者阐明时间的本质。这个听众问道："时间本身是什么？"物理学家坦诚地回答："我不是一个哲学家。"物理学家把时间、空间、物质以及能量的存在（并以某种方式存在）视为理所当然的东西。物理学本身并不试图阐明这些实体的存在——这个任务落在了哲学上。从这个意义上说，哲学比物理学更基础。

这同样适用于其他科学，比如研究"历史……生命……语言"（第9页）的科学。历史学把过去的存在视为理所当然，而哲学的任务在于通过一般存在的意义阐明过去存在的意义。即便神学没有假定上帝的存在，它也认为宗教经验的存在是理所当然的。文学批评假定了文学文本的存在。如此等等。（当然，文学批评家也可以追问他们研究对象的存在——但是，如果这样，他们就是在做哲学研究，而不是文学批评。这同样适合于其他研究者。）

但为什么要去费力提出存在论问题，即关于存在的问题呢？海德格尔和胡塞尔一样坚持认为，科学正在经历一场"[它们的]基本概念的危机"（第9页）。他把有能力经验这样的危机视为该领域一个健康的信号：因为这意味着研究者们不再仅仅收集数据，而是开始思考他们研究的基础方法。只有在对一般存在问题的哲学思考基础上，各门学科的研究对象（实体）才有可能充分地重新思考。这意味着存在问题远非无用的思辨。

可能有人会反驳说，科学观察自身（而非哲学活动）也可以给我们提供所需的足够概念。我们需要做的是收集更精确的信息。但是大部分科学史专家以及科学哲学家现在都认识到，收集信息的过程总是被某些预设引导着。这些预设并不会仅仅因为收集更多的事实而改变，而是需要有一场革命来改变它们。正如海德格尔所说的那样，科学家经常选择忽视他们研究的概念基础，因为"坐在火药桶上，知道那些基本概念无非是些用旧了的意见，这是不舒服的"[1]。

关于存在的哲学研究不仅能对科学家所使用的概念产

---

[1] *The Basic Problems of Phenomenology*, p. 54.（海德格尔：《现象学之基本问题》，丁耘译，上海译文出版社，2008年，第67页。）在某些方面，海德格尔的方法预示了托马斯·库恩的《科学革命的结构》。库恩认为，科学革命绝不仅仅是由新的实验数据带来的。它们牵涉到信仰危机，这种危机催生了"范式转换"，在"范式转换"中科学家开始以不同的方式进行思考和研究。

生影响，而且也能够影响到其所遵循的方法，因为科学的合适方法依赖于科学所研究的实体的存在（第10页；参考第303页）。化学的合适步骤并不是社会学的合适步骤，因为不同事物的研究需要不同的方法。坚持认为对于所有科学都有一种单一的科学方法或者单一的准确标准是错误的（而这是笛卡尔持有的观点，今天很多"硬科学"的支持者也如此坚持）。海德格尔对严格的方法论的拒斥是他著作中一以贯之的立场。[1]

当然，《存在与时间》并没有完成，海德格尔也没有为所有科学建立一个新的基础。但他的作品最终影响到了很多人对某些实体领域（包括人类、自然、艺术与神性）的基本特征的理解。

第4节：存在与人的生存

我们大部分人都不是科学家，甚至不是所有科学家都关心科学的概念基础。但在第4节中，海德格尔声称，除了科学上的存在问题的重要性（它的"存在论的优先性"）之外，它对我们还有"存在者层次上的优先性"：考虑到我们自身的实体类型，存在问题不可逃避地与所有人有关。我们必然地牵涉进存在问题中去，不管你喜不喜欢。对于

---

[1] 海德格尔的学生伽达默尔在其《真理与方法》（1960年）中发展了这个主题。

存在的哲学探索只是对我们前存在论的存在领会的"刨根问底"(第15页)。因为我们始终是与存在有一种特别关系的实体,所以如海德格尔在第2节首次提出的那样,对我们自身的追问可以很合理地作为我们研究的出发点(第14页)。

海德格尔在第4节的讨论极为重要,但它充满技术术语。所以我们首先考虑一些日常语言中人类生活的事实,然后再考察这些技术术语。

首先,我对我自己的生命负责。在每一个瞬间,我都在选择一种可能性,而放弃其他很多可能性——比如我今天去大学讲课,而不是去参军或者去商场盗窃。有时我会认真地选择,但通常我只是让我自己落入最舒适的选择中去。随着我继续生活,我就构建了一个身份(identity),我成为我自己;我定义自己为一名教授,而不是一名士兵或罪犯。这样一来,我是谁的问题对我来说就很重要。相反,昆虫与树木仅仅就是它们所是的东西。它们不可能有身份危机,因为它们不需要决定它们自己的生存。

在我的生活中,我获得了一种对于我是谁以及我的可能性是什么的领会。也许我从未把这种领会表达出来,但我的生活依然对我有意义。我也必然对我生活于其中的世界有所理解。如果我理解成为一名教授意味着什么,那么我也就理解一个大学是什么,知道怎样进入大学,以及知道在大学里可以找到什么。因此,在我成为我自己的过程中,我理解的不仅仅是我自身,而且还包括我在周围遭遇的各种事物与人:学生、同事、建筑物、书、植物、道路。

所有这些东西都对我有意义。

现在我们总结一下海德格尔在这节中使用的一些术语：

1. 存在论（ontology）是对存在的哲学研究。

2. "存在论的"（ontological）的意思是关于存在的。

3. "存在者层次的"（ontical）的意思是关于实体的某些特定事实，而没有涉及它们的存在。比如，"太阳的年龄是多少？"这是一个存在者层次上的问题，但"恒星的存在方式是什么？"是一个存在论问题。存在者层次的问题可以由实验科学来回答，而存在论问题则需要哲学来解答。

4. 生存（existence）这个词从现在开始只保留给此在的特殊的存在方式，即此在自身的存在对于自身是一个"问题"的存在方式。可以预先说明，我们之所以可以说"生存"是一个合适的称呼我们自身存在的名字，是因为我们从词源学上是"绽出的"（ek-sist）：我们绽出到将来的可能性中，绽出到一个过去的遗产中，绽出到一个当前的世界中。与岩石不同，我们并没有被当前时刻与位置包裹着——我们本质上是从我们自身中站出来的。因为我们这样做，所以其他存在者对我们有意义，而且我们自身的存在也对我们有意义。[1]《存在与时间》第一篇结尾部分以及第二篇，海德格尔将使用"生存"以及相关术语来主要地指称

---

[1] 关于此在的时间性是"绽出的"的论述，参见《存在与时间》边码第329页。在《存在与时间》中，绽出的时间性并不直接与"生存"相关联。海德格尔在《关于人道主义的书信》中讨论了"绽出的生存（ex-sistence）"。（见《路标》，孙周兴译，商务印书馆，2001年，第366—429页。）

我们存在的将来维度（第191和231页）。这是有道理的，因为如果我们没有机会选择将来可能的存在方式，那么我们的存在将不会对我们成为问题。

5. "生存论的"（existential）意指关于"生存"，即关于此在的存在方式。生存论分析是一种存在论——它是对我们自身的存在的研究。"此在是如何与其将来联系的？"是一个生存论问题的例子。

6. "生存的"或"生存状态的"（existentiell）的意思是关于一些个体此在自身的生存。比如，"我应该申请这所医学院吗？"是一个生存问题。我们都有一种对我们自身的生存状态上的理解，这种理解是从直接的生活中获得的。通常这种生存状态的理解是有缺陷的，我们只能部分地认识到它，很少能够把生存状态的理解转变为对一般人类存在的生存论的理解（换句话说，它是前存在论的）。但有一种生存状态的理解，是发展此在存在论的一个先决条件。

把这些术语用在上面的例子中，就是：因为我生存着（海德格尔意义上的），所以我的存在对于我就成为一个问题。我必须决定我的存在，我必须对我是谁的问题表明立场——我通过成为一个教授来表明此立场。为了以一个教授的身份而生存，我必须生活在一个我与各种其他实体（大学、书等）相照面的世界中。我因此有一个不仅仅对我自身存在的理解，而且还有对于在我的世界中其他所有实体的存在的理解，因为（可以说）它们也是我的生活的一部

分。我理解我以及其他实体的存在意味着什么。如海德格尔所言,

> 此在本质上就包括:存在在世界中。因而这种属于此在的对存在的领会就同样源始地关涉到对诸如"世界"这样的东西的领会以及在对世界之内可通达的存在者的存在的领会了。(第13页)

因为我们必须通过在一个世界中的行为而决定我们是谁,因此,我们此在作为"生存之领会的受托者",是一种"包含对一切非此在式的存在者的存在的领会"(第13页)的存在者。

当然,我对我自身以及其他实体的理解在一开始时是生存状态的(Existentiell)。我没有任何明确的关于存在的理论,但是我有生存以及处理其他实体的能力。这种能力包括了对存在的模糊的领会。如果我选择把这种领会明确化的话,我就能发展一种存在论,一种对存在的哲学阐述。

在第4节中,海德格尔向我们提供了非常浓缩的、他将会在后面更加详细地阐述的对现象的解释。这是他第一次走进循环,以后每一次的新循环都将会更加深入。但在这节的末尾,他至少澄清了一件事情:存在问题是植根于我们的生存之中的。

第 5、6、8 节：《存在与时间》的计划

第 5 和第 6 节详细地给出了海德格尔为《存在与时间》设定的计划。在阅读这两节之前，应该先阅读第 8 节的纲要（第 39—40 页），海德格尔在那里概述了自己的计划，他把这本书分为若干部分与若干篇。

第一部第一篇探讨的是我们如何在世界中存在，主要通过对"日常状态"（everydayness）中的此在的分析达成，因为"日常状态"是此在"首先与通常"（第 16 页）的存在方式。海德格尔无法在此时精确地解释这些术语的含义，直到第 370 页才进行解释。但粗略地说，他将对作为通常显示自身的普通的人类生存的基本样式进行描述。

尽管他将描述我们最普通、最熟悉的存在方式，但是他告诫我们，他不会依赖于我们对自身的这些普通、熟悉的解释。"此在在存在者层次上离它自己最近，但是在存在论上最远"（第 16 页），因为最平常的东西最难以抓住。（如尼采所言，"熟悉的就是习惯的！习惯的却是最难认识的。把习惯的当作问题，当作陌生的、遥远的、我们身外之物加以认识，真是相当不易啊……"[1]）

两个因素尤其让我们错误地理解我们自身（第 15 和 21 页）：

（a）此在"根据'世界'"来理解自己的存在。亦即，

---

[1] F. Nietzsche, *The Gay Science*, tr. W. Kaufmann (New York: Vintage, 1974), p. 301.（尼采：《快乐的科学》，黄明嘉译，华东师范大学出版社，2007 年，第 355 节。）

我们把自身当作是我们在周围世界中所遭遇的东西那样的东西，但实际上，此在的生存与事物的存在方式迥然不同。（这种错误的理解源自海德格尔所谓的"沉沦"的倾向。）

（b）此在被赋予，同时也负担着大量先前的自我解释。比如，我们已经学到把我们自身理解为"理性的动物""有罪的受造物""本我与超我相互斗争的自我"，或者作为"DNA进化的承载者"。这些解释与概念均难令人满意，因为它们不是基于对于存在本身的充分解释。

因此，海德格尔的"日常状态的分析"将试图从这些错误解释的源头摆脱出来，其方式是通过对我们通常的生存的非同寻常的细致考察，以及发展全新的概念去描述它，比如"在世界中存在"和"操心"。如我们很快将看到的那样，问题（b）也需要对哲学史进行一种批判性分析。

第一部第二篇将根据"时间性"（第17页）重新对"日常生存"进行解释。回忆一下，《存在与时间》有一个"螺旋"结构：海德格尔不断地重新解释这些现象是为了获得对它们更深的理解。这里，他声称时间性是此在存在的"意义"。换句话说，时间性是理解我们真正的存在的关键。

海德格尔在"时间性"这个标题下讨论的话题将不再是普通、熟悉的日常状态。这里，他将考察揭示的罕见时刻，在这些时刻，我们直面我们的死亡（mortality），并且我们有机会"本真地"做出选择。

第一部第三篇从未出版。这篇将是从考察此在到确定存在整体的意义的关键步骤。在这里,海德格尔想要表明,时间不仅仅对理解我们自身的存在至为关键,对于存在一般亦如此。换言之,我们只能根据时间性来理解存在本身。

我们可能将永远不知道《存在与时间》未出版的部分究竟起草了多少内容,尽管他似乎为之付出了漫长而艰苦的努力。但不幸的是,他认为他关于时间是存在视域的观点是完全不充分的,所以他销毁了这份原稿。[1] 但我们将在本书第四章结尾看到,《存在与时间》第三篇的一些内容可以在《存在与时间》以及1927年的讲座课程《现象学之基本问题》中找到一些暗示。

第二部分是要"摧毁"传统存在论。"摧毁"(destruction)这个词看起来有些粗暴,海德格尔其实是要进行非常细致的分析与批判。"解构"(deconstruction)这个术语或许更适合(在《存在与时间》发表40年后,德里达使得这个术语流行起来)。实际上,海德格尔自己有时会使用 Abbau(解—构或拆除)这个词。他想要的是"一个批判性的过程,在这个过程中,起初不得不采用的传统概念被拆除,直至发现这些概念所由出的源泉"[2]。

请注意,海德格尔的解构计划是按照相反的时间顺序进行的,即从康德到笛卡尔,再到亚里士多德。借用法国

---

[1] GA66, pp. 413-14.

[2] *The Basic Problems of Phenomenology*, p. 23. (海德格尔:《现象学之基本问题》,丁耘译,上海译文出版社,2008年,第26页。译文有改动。——译注)

思想家福柯（他也从海德格尔思想中受益）的术语，海德格尔想要进行一项"对传统的考古学"。我们所处的晚期现代（late-modern）是建立在近代形而上学之上的，而近代形而上学又是以中世纪与古代思想为基础的。在1930与1940年代，海德格尔对早期的古希腊思想家，即前苏格拉底哲学家产生浓厚兴趣：他挖掘得越来越深，试图寻找到另一种可以取代占据统治地位的西方传统的思想模式。

尽管《存在与时间》第二部分从未完成，但海德格尔的其他作品与讲座课程对哲学历史中的核心文本进行了非常详细的批判，包括他在《存在与时间》第6节单独挑出的内容。[1] 我们将在本书第五章考察海德格尔对于西方思想的批判的一些重点内容。

但是，为什么这种解构是必要的？在第6节中，海德格尔解释说，此在"是它的过去"（第20页）。如果对于世界我们没有一种承袭下来的解释，我们将完全不会成为此在——我们将会成为没有文化、语言与规范的动物。我们的过去在现在活跃着，过去使我们作为此在成为可能。这同样适用于哲学，"所有的哲学讨论……都是通过被传承的概念、被传承的视域和被传承的视角进行的"[2]。哲学无

---

[1] 海德格尔关于康德的最好文本是《康德与形而上学疑难》，关于笛卡尔的是《物的追问》，关于亚里士多德与时间的是《现象学之基本问题》。

[2] *The Basic Problems of Phenomenology*, p. 22.（海德格尔：《现象学之基本问题》，丁耘译，上海译文出版社，2008年，第26页。）

法被"凭空创造出来"[1]。

那么,问题不在于我们有一份哲学的遗产,而是我们通常把我们传承的解释视为不言而喻的。我们认为自己的行为与思维方式是唯一的方式,我们压制了它是有历史源头的事实。在这种理解方式中,过去被僵化为非常狭隘的一个"传统":一个严格的、不容置疑的概念结构(第21页)。

在挑战这个传统时,海德格尔并未试图完全摆脱过去——毕竟,如果他认为此在本质上是历史性的是正确的话(第20页),那么完全摆脱过去是不可能的。他也不是仅仅为了清除或拒绝传统而去考察我们传统的源头。相反,他的目的在于以积极的方式使我们的过去成为"我们自己的"(第21页)。与把我们的传统当作理所当然的东西相反,我们需要重新发现产生这个传统的"源始经验"(第22页)。只要这些经验能够被保持在"它的范围内"(第22页),即在合适的背景中得到解释,它们就会具有相当丰富的启发性内容。

一旦我们考察完海德格尔对于此在的存在分析的一些具体细节,我们就将回到他把西方哲学作为"在场形而上学"的解读。

---

[1] *History of the Concept of Time*, p. 138.(海德格尔:《时间概念史导论》,欧东明译,商务印书馆,2014年,第212页。)

第 7 节：《存在与时间》的方法

在第 7 节中，海德格尔把哲学理解为超越的、解释学的以及现象学的存在论。在后期，他更倾向于把他的工作简单地称为"思"（thinking）[1]。虽然我们可能希望他在这里把事情保持同样的简单，但他的术语并非不需要澄清。

海德格尔并没有诉诸胡塞尔，而是以词源学的方式解释现象学这个词。首先，他说希腊词 phainomenon（现象）的意思是显示自身（第 28 页）。这种解释完全是正统的。但是，我们通常在此设置了一个二分法（dichotomy），而这种二分法是海德格尔在其作品中要消除的：我们把事物显示自身的方式以及事物本身之所是区分开来——我们把现相（appearance）与实在（reality）视为完全相反的东西。这种二元论在西方形而上学中是根深蒂固的。但对于海德格尔，现象的"原初含义"并不是欺骗性的，并不仅仅是现相（appearance），而是事物真正的自我展现（self-display）。（比如，当白蚁出现在我的地下室时，它们就以害虫的形式显示出来。）当然，一些现相是有误导性的，但是误导的现相也只是特殊的自我展现的形式，即事物以它所不是的东西而显示自身（第 29 页）。（当一只昆虫像一片树叶那样出现在我的地下室时，它确实向我显示了自身，尽管它是以误导性的方式，即以树叶的方式显示给我。）关键在于，当我们考察现象时，我们并不仅仅考察表面的假象，而是

---

[1] Thinking / Denken 有时也被译为"思想"。——译注

在试图注意到作为向我们显现自身的"事情本身"(第 27 页)[1]。(海德格尔喜欢胡塞尔的这句口号,尽管他放弃了胡塞尔的大部分技术性术语。)

谈到现象学中的"学"(-logy)时,海德格尔的解释就更不拘泥于常规。在这样的常规背景下,我们通常把逻各斯(logos)翻译为"科学"或"研究"。但他对这个希腊基本词汇进行深入考察,得出结论:逻各斯(logos)本质上是使某物显现(第 33 页)。从而,去做"现象–学",也就是去使显现自身的东西显现出来——"让人从显现的东西本身那里如它从其本身所显现的那样来看它"(第 34 页)。

这种对现象学的定义看起来是一种极其复杂的重言命题。毕竟这个定义归结起来就是:揭示事物。人们可能会说,这个定义也很空洞,因为它没有说任何关于我们应该如何去揭示事物的东西。海德格尔意识到他对现象学的定义在某种意义上是简单与空洞的。"回到事情本身"这句口号是"自明的",因为这是"无论哪种科学认识都具有的原则"(第 28 页):当然我们是试图认识事情本身。但我们需要认真看待这个原则,因为这很容易让我们依赖于已有的技术与概念,而不是让事情本身拥有最后的决定权。现象学不是一门"惬意的科学,在那儿,人们于某种程度上叼着烟斗躺在沙发上直观本质"[2]——它需要承诺和严格的专注力。

---

[1] 原文为: the things themselves/die Sache selbst, 又译为"实事本身"。——译注
[2] Heidegger, *Plato's Sophist*, p. 406. (海德格尔:《柏拉图的〈智者〉》,熊林译,商务印书馆,2015 年,第 772 页。)

第三章 《存在与时间》：导论与第一篇

即便现相（appearance）与实在（reality）之间没有绝对的对立，但也存在着幻象（illusion）、错误（falsehood）与遮蔽（concealment）的严重问题。存在趋向于隐蔽自身（第35-36页）。我们通常沉浸于明显向我们展现它们自身的实体之中，因此需要做出很大的努力才能让我们把存在本身（也包括我们自身的存在）带入焦点。我们倾向于沉沦于表面的以及误导性的解释中。"此在在本质上为了明确占有即使已经揭示的东西就不得不反对假象和伪装，并一再重新确保揭示状态。"（第222页）

尽管他称现象学是他的"方法"，但海德格尔并没有具体规定有哪些步骤是现象学家必须遵循的。和所有思想家一样，他确实有他偏好的思想方法与方向。但这些并不固定为思想的技术方法。在他看来，正在研究的事情必须道出自己的方法。从这个意义上说，"现象学"是一个空的标签——但这种空无也是有益的，因为它留给我们发展适合于我们的研究对象的方法的空间。

我们能够对现象学说的是，它从根本上是描述的（第35页），而不是解释的：海德格尔将描述此在及其世界是如何显示自身的，而不是证明它们以这种方式存在，或者解释它们为什么以这种方式存在。他的"生存论分析……并不是按逻辑推论的规则来论证的"（第315页）。他并不构造一个演绎论证来为一个命题"奠基"，而是让这个现象"暴露出来"或"展示出来"（第8页）。如果有人在《存在与时间》中寻找形式化论证（和它确定的前提与结论），那么他将很难找到。

对于英语世界的哲学家而言，这是令人不安的，因为我们之中的很多人都已被训练为把哲学自身等同于生成、分析以及批判论证的过程。如果没有论证，那么我们可能会问，为什么要把海德格尔的"描述"当作有充分根据的东西加以接受？是什么使得它们优于教条主义的臆断？

但是，海德格尔并没有想要强加一个教条。他的目标是让此在"第一次使它自己成言，使有待阐述者从它自身出发来决定：它作为这样的实体提供出来的存在构建"。"存在构建"在他的解释中已经被形式显示出来了（第315页）。（关于"形式显示"的概念，见上文第42页）。他想要阐述之前从未被阐述过的生存面向（aspects）。在我们获得讨论这些现象的词汇之前，任何证明或论证都是不成熟的。海德格尔的计划因此需要一段发展新概念与词汇的漫长过程（第39页），他的读者必须在这个过程中保持耐心。但他并不想我们永久地悬置判断——他希望我们自己去判断（decide）他的描述是否充分。随着我们对《存在与时间》的吸收，我们必须不断地追问自己，他的阐述是否彻底，是否照亮了我们的生活。现象学文本中的描述的根据最终不能由文本本身来提供——它们要由读者的经验来提供，如果有的话。

现在，海德格尔关注的不是任意的现象，而是存在——用技术性的术语来说，他的现象学是存在论（第37页）。然而存在是什么？我们最初已经找到了几种构想它的方式，但我们并没有一个对这个问题的明确答案——毕竟这样的答案是《存在与时间》未能完成的目标。不过，在

第三章 《存在与时间》：导论与第一篇

第7节中，海德格尔的确给了我们一些他正在寻找的东西更多的指示。

存在是明显地与公开地显示自身的实体的隐秘的意义与根据（第35页）。不过存在并不完全地隐匿自身，它以模糊的方式显示自身。比如，描述作为实体的一只猫是相对容易的任务——我们记录它的大小、颜色、习性、行为等等。但描述一只猫的存在却较为困难。这只猫作为一只猫，或者作为一个动物而存在的意义是什么？更一般地来说，这只猫作为一种存在者，作为某物，而不是无，这意味着什么？这些存在论的问题是令人困惑的。但为了让我们能够描述在那里存在着的猫，我们必须已经对它在那里存在的意义有某种理解——我们必须已经以模糊的方式获得了对这只猫的存在的理解。海德格尔试图把"存在"从其日常的模糊性中拖曳出来，让它在现象学分析的清晰光线中"专题性地"（第31页）显示自己。

海德格尔有些隐晦地指出，在存在背后并没有隐藏更多不能显现的东西（第35–36页）。换句话说，我们的目标仅仅是让存在作为一个现象清晰地向我们显示其自身——如果再去思索"独立于向我们显现的存在本身是什么？"是没有任何意义的。因为对于海德格尔，尽管大部分的实体是独立于我们而存在的，但它们的存在却并不独立于我们而存在。（理解这一点是非常困难的，在第43c节中，海德格尔将进一步讨论。）存在必然地与我们的领会相关，因为存在是实体给我们带来的意义。存在是让我们能够与任何实体相照面的东西：因此，"唯有关于存在者之照面的解释才能够把握存在者的存在"[1]——存在并不在某个超越我们经验的隐秘的地方。比如，为了能够展现猫的存在，我需要考察动物存在的现象，这个现象提前向我显示自身，使我能够与这只猫相照面。如果我可以聚焦于这个现象并且描述它，那么我就在对猫进行现象学存在论分析。

海德格尔的现象学存在论是解释学的，即它解释存在与此在，以及对解释过程本身的审视（第37—38页）。解释（对它的定义出现在第32节中）是这样的一种行为：获得对某物的理解以及照亮该物。比如，当我学到一个关于某物很贵的手势，我就解释了这个手势。

当然，我的解释并不必然停在这里——比如，我可以研究什么可以被视为"昂贵"的。实际上，一个解释总是要不断地被修正与阐述。我们已经看到海德格尔自己遵循一种"螺旋"结构，在这个结构中，他不断地对现象进行重新解释。我们不可能安全地结束这一解释过程，从而达到对事物完美和确定的描述。在《存在与时间》的开始阶段，海德格尔的确暗示他的研究将会获得对存在意义问题的一个清晰的"回答"与确定的"概念"（第3，8，19页）。但同时他也坦承，"随着这种追问不断向前驱迫，自有一片更其源始更其浩瀚的视域开展出来,那便是或能求得'存在'是什么这一问题的答案的视域"（第26—27页）。我们

---

[1] *History of the Concept of Time*, p. 217.（海德格尔：《时间概念史导论》，欧东明译，商务印书馆，2014年，第339页。）

第三章 《存在与时间》：导论与第一篇

永远都不能把我们的研究还原为一个"漂浮无据"的命题与结果（第19，36页）。因为一旦我们这样做，解释的活动就将停止，我们的洞见也将变为平淡无奇的废话。这是海德格尔思想与写作一以贯之的方法。

主要得益于海德格尔，解释学作为一种一般哲学的方法获得了广泛的认可。现在很多思想家认为，知识不是正确命题的静态集合，而是一种对更好解释的持续探索。

在索引中检查一番，就可以发现海德格尔在《存在与时间》中多次使用了"超越的"（transcendental）一词。值得注意的是，在第7节中，他声称，"所有对存在的揭示……都是一种超越的知识"（第38页）。在第8节中，他把时间描述为"存在问题的超越的视域"（第39页）。但他从未对这个词作出非常明晰的解释。"Transcendent"，以及"transcendental"[1]这些词在经院哲学、康德与胡塞尔哲学中被以复杂而隐晦的方式使用。我们无法在这里对这些词做全面的历史回顾。但是为了能够对海德格尔使用这个词的含义做些阐明，我们必须要触及一些要点。

"超越的"字面上指的是"超出"或"超出去"。在经院哲学的形而上学中（其本身植根于亚里士多德），存在被称作"超越的"，是因为存在既不是一个实体也不是一类实体（原因我们无法在此详述）。在这个意义上，存在是超

---

[1]《存在与时间》中译者陈嘉映与王庆节在"附录一"第611-612页对这两个词做了一些说明。关于对海德格尔中的"超越"，也可参考孙周兴《后哲学的哲学问题》（商务印书馆，2009年）的第一篇第二章"超越、先验、超验：海德格尔与形而上学问题"。——译注

出所有实体"之外"的（第3，38页）。海德格尔采用了这个用法，因为对他而言，也存在着存在与存在者之间的本质区别。他寻找的是存在论的，而不仅仅是存在者层次的认识。对存在的认识可以被称作"超越的知识"（第38页）。

世界——和存在一样——也可以被称为"超越的"（第69c节）。海德格尔同时也谈到此在的"超越"（第364页）。粗略地说，此在是超出自身而达至一个超越了它的世界。但我们必须非常小心，避免把此在设想为一个在盒子里的东西，把世界视为在盒子外的东西。如我们将要看到的那样，海德格尔把此在解释为本质是"在世界中存在"，这里的"世界"不是对象的集合，而是意义与意图的整体，在其中，此在能够行动，并且可以与其他存在者照面。拥有一个世界是此在生存不可或缺的。"此在绝不是生存着，然后偶尔才实施某种逾越，而是说，生存活动就意味着源始的逾越,此在本身就是逾越。"[1] 此在的超越依赖于时间：海德格尔将声称，通过通达至当前、将来与过去，此在就超越了存在者而达到它们的存在中去。一个世界由此而被敞开，在其中存在者向此在显示自己。所有这些都包含在海德格尔的超越概念中。

我们在此必须添加一个康德的元素，因为在写作《存

---

[1] *The Metaphysical Foundations of Logic*, p. 165.（海德格尔：《从莱布尼茨出发的逻辑学的形而上学的始基》，第233页。）此在的超越性在《现象学之基本问题》《从莱布尼茨出发的逻辑学的形而上学的始基》以及《论根据的本质》中，得到了详细的讨论。

第三章 《存在与时间》：导论与第一篇

在与时间》时，海德格尔从《纯粹理性批判》中得到了启发。在这本书中，康德在研究"经验的可能性条件"时使用了"先验的"（transcendental）[1]一词。比如，我们对于"躺在太阳下会导致晒伤"的认识是如何可能的？对于这个问题，我们需要的不仅仅是感知能力，而且还需要因果范畴。范畴是一个经验可能性的条件：在我们能够对某个特定原因与结果进行任何判断之前，因果范畴必须已经存在。对于这些范畴与原则的阐述是康德所谓的"先验的知识"。

海德格尔的计划与康德类似，因为存在是我们对存在者经验的可能性条件：无论何时、以何种方式与一个实体照面，我们都必须已经对存在有所领会，它使得这种照面成为可能。比如，在生物学家能够讨论猫的消化系统之前，他们必须已经对于动物的存在以及一般存在有所领会。通过对存在的研究，海德格尔实行了一个超越的计划。

当我们说海德格尔的思想是超越的，我们的意思是：他研究此在由于其时间性是如何伸展到一个世界和存在的，从而使此在对于存在者的经验成为可能。随着我们对《存在与时间》的阐述的展开，所有这些都将变得更加清楚。

在后期，海德格尔放弃了"超越的"这一表述，因为他想要与这个词的康德主义意蕴保持距离。我们将在第五章（在那里，我们会讨论海德格尔《存在与时间》之后的思想"转向"）重新讨论这个问题。

---

[1] Transcendental 这个词在康德哲学中一般被译为"先验的"。——译注

我建议读者在熟悉了整本书之后再回到第7节的细节。但是现在，我们已经准备好了进行现象学分析，分析海德格尔在导论中已经暗示过的此在的基本结构。

第9—11节：生存与日常状态

海德格尔以一个概要作为第一篇的开始（第41页）。他非常小心地在每一个重要的关节点总结他的进展。作为读者，最好能够去关注这些重要关节点。第一篇呈现的将是一个"准备性的对此在的基础分析"，并且解释此在的存在为"在世界中存在"。这种解释的基础是对此在的日常状态的生存进行考察。在第9—11节中，海德格尔解释了为什么为了把握此在的存在，我们必须从日常状态出发。

我们想要找到此在的存在——或者通常所谓的"人的本质"。但我们从何开始？我们也许想从心理学与生物学（第10节）所揭示的事实开始。我们也许想从观察由文化人类学揭示的"原始"人类、"朴质"的此在开始（第11节）。今天，我们可能会被神经生物学或者作为交叉学科的认知科学所吸引。

但海德格尔告诫我们，由这些学科得到的结果并不是通往此在的捷径。每一个科学立场或观点都依赖于某种存在论的假设（第3节）。任何人类科学都必须预设一种对人类存在的预先理解——而且由科学提供的数据本身并不能阐明这种预先理解。我们可以积累很多关于我们自身的统计与实验结果，却仍然不能对"人类的存在是什么"有更切近的理解。

海德格尔甚至不考虑那些充满着科学思维的人想要问的很多问题。比如，此在是如何演化的？胚胎或新生儿是在何时进入此在状态的？成为此在需要在头脑中出现什么条件？其他生物可能是此在吗？我们能用电脑创造一个人工的此在吗？所有这些问题都操之过急：在我们能够理解此在存在之前，这些问题都不能有意义地被提出。对于海德格尔，存在论问题比这些存在者层次上的问题更根本。

不仅科学研究不能阐明此在的存在，而且这种科学研究很可能是在一种对一般存在未充分解释（继承自希腊哲学与基督教哲学）的基础上运作的（第48—49页）。这些科学根本上把此在作为一个事物来看待，尽管他们会试图把此在与所有其他事物区分开来（第49页）。而对于海德格尔来说，此在根本上就不是一个事物。事物是一些"什么"（whats）；它们的存在是"现成在手状态"（presence-at-hand）[1]，他们的存在论特征是"范畴"。此在是一个"谁"（who），其存在是"生存"，存在论特征被海德格尔称为"生存论性质"（existentialia）（第42，44—45页）。

---

[1] 根据《存在与时间》边码第69页"中译注"：Zuhandenheit（ready-to-hand）与 Vorhandenheit（presence-at-hand）分别被译为"上手状态、上到手头状态"与"现成性、现成在手状态"等。在张汝伦的《〈存在与时间〉释义》（上海人民出版社，2014年）中，这两个术语分别被译为"应手事物"和"现成事物"。——译注

这是什么意思？我们从事物开始。考虑一块被地质学家研究的石英。这石英是现成在手的：它被给予，它现在并且在这里实际地存在着，并且它向我们呈现了一些侧面。我们可以测量它的大小和重量（它的量 [quantity]），检查它的颜色或味道（它的质 [qualities]），并且可以一般地辨识它的怎是（how it is）。但是，石英本身却与它自身的存在没有关联：它不能操心它自己的存在，不能选择或解释它。它只是是其所是，一个石英的样本。

相反，这个地质学家就不简单地是其所是。她不仅仅是某种类型的对象或客体。如果我问她："你是谁？"她大概不会回答："我是智人的一个样本。"她可能会告诉我们，她是一个犹太裔加拿大地质学家，是两位孩子的母亲。这些不仅仅是她的属性，就像硬度与两公斤重量是一块石英的属性那样。身为加拿大人，身为母亲，以及她身份的其他维度，都不仅仅是此时此地的被给予的事实。它们属于她过去的一部分——也是她将来的一部分，因为它们敞开了她在她的世界的可能的存在方式。她能够作为一个母亲、犹太人以及地质学家而行动、思考、感受。当她实现其中一种可能性时，她就在选择成为某人（someone）——她在解释她是谁。她是谁的问题对她而言，总是一个"问题"（第42页）。她总是被赋予一个成为某人的任务，不管她喜欢与否。她可能会承认这个任务，并接受她的生存是她自己要承担的任务，或者她可能"非本真地"生存，逃避承担自己存在的重任（第42—43页）。不管哪一种方式，只要她还继续生存着，她的任务就都是她自身的。海德格尔因此说到此在的"向来我属性"（Jemeinigkeit /mineness）（第42页）。因为我的存在总是我的，它对于我总成为一个问题——对于这种特别的存在方式，海德格尔称之为"生存"。

这意味着如果我们把人类视为事物，我们将永远无法充分地理解人类。与其以质与量的方式看待这个地质学家，我们更应以她的生存论性质（existentialia）看待她——生存论性质是她作为一个必须决定她是谁的实体生存的各种维度。这些包括了她拥有的可能性，她面对本真性或非本真性存在的选择，她自身存在的"向来我属性"，等等。

所有这些维度都是此在存在方式的特征。为了理解我们自身，我们必须观察我们是如何生存的。这削弱了传统的关于事物是什么与事物存在的事实之间的区分（参见我们前面对第2节的讨论）。在此在的情况中，为了理解此在是"什么"（如果我们被允许用这个术语的话），我们必须理解此在存在这个事实的别具一格的特征。如海德格尔所写，"此在是这样的存在者：它的'是什么'恰好就是那有待于存在的东西且除此之外再也不是其他东西"[1]。"此在的'本质'在于它的生存"（第42页）。（第5章我们将讨论，这句话是否意味着海德格尔是一个"存在主义者"。）

在第54页中，海德格尔似乎认为所有的实体要么是生存的（如这个地质学家那样），要么是现成在手的（如那块石英那样）。但实际上还有其他的存在方式。一个非常

---

[1] *History of the Concept of Time*, p. 110.（海德格尔：《时间概念史导论》，欧东明译，商务印书馆，2014年，第167页。）

重要的存在方式是上手存在（readiness-to-hand），即使用之物的存在。海德格尔将很快对上手存在进行更为深入的分析。它可以被视为介于生存与现成在手之间的东西，因为，虽然使用之物明显不是人类，但它们却是构成人类世界的一部分，并且只有在联系到人类活动时才有意义。另外一个重要的存在方式是非人类的动物的存在（第49—50，58页）。海德格尔在1929—1930年的一个讲座课程中深入分析了动物的存在，这个我们将在后面进行讨论。而艺术作品以及上帝也可能有自己的存在方式。

现在摆在我们面前的问题是：我们要怎么研究此在的存在才能恰当地体现其生存性质？海德格尔认为，我们必须转到"从存在者层次上最接近"（第43页）我们的存在中去，而这就是日常状态（everydayness）。可以说，我们必须从日常生存的行为中把握我们自身的存在。这是一个具有挑战性的任务，因为一旦我们审视自身，我们就容易错误地解释自身。

一个典型的误解是，我们就像普通的观察者那样观察自己，像完全事不关己的看客那样看待自己。海德格尔的第一个任务是让我们从这样的观念中解脱出来。在日常生存中，我们并非一个观察者，而是一个参与的行动者。一旦他确定了这一点，他就可以在《存在与时间》第一篇的其余部分表明，当我们在世界中行动，我们的存在对我们来说是一个问题。我们本真地或非本真地与自己的存在相关联。这主要不是通过知识或者自我意识发生的，而是通过行动，通过能够与我们周围的存在者打交道的方式发生的。

海德格尔说日常状态是"无差别的"（undifferentiated）（第43页），这呈现出一些困难。关于"无差别的"，他的意思好像是一种既不是本真的也不是非本真的生存样式（第53页）。但他从未清楚地解释这个概念，而且他在大部分情况下都把日常状态描绘为非本真状态。这好像与他的原则"此在在分析之初恰恰不应在一种确定的生存活动的差别相中来被阐述"（第43页）相矛盾。在第63节，他声称"存在论阐释设为根据的是存在者层次上的可能性（能在的某些方式）"（第312页），他似乎放弃了这个原则。这种不一致或许反映出这样一个事实，即我们现在看到的《存在与时间》是在匆忙之下完成的（在"不出版就淘汰"的压力下）。不同的解释者会找出不同的解决这个问题的方法。[1]

第12-13节：在世界中存在与认识

"理智主义"（intellectualism）就是指这样一种学说，它认为一切经验过程都是认识的一种方式，而一切的题材，一切自然，在原则上，就要被缩减和转化，一直到最后把它界说成为等同于科学本身精炼的对象所呈现出来的特征的东西。"理智主义"的这个假设是和原始所经验到的事实背道而驰的。因为事物就是

---

[1] 比如 M. Zimmerman, *Eclipse of the Self The Development of Heidegger's Concept of Authenticity*, 2nd edn (Athens, Ohio: Ohio University Press, 1986), pp. 44-47; H. L. Dreyfus, *Being-in-the-World: A Commentary on Heidegger's* Being and Time, Division I (Cambridge, Massachusetts: MIT Press, 1991), pp. 26–47.

为我们所对待、使用、作用与运用、享受和保持的对象，它们甚至多于将被认知的事物。在它们是被认知的事物之前，它们便已经是被享有的事物。——杜威[1]

在第二章中，我们已经看到，青年海德格尔以作为杜威意义上的"理智主义者"开始，但是他后来认为"理论"是次于"生活"的，是第二位的。我们现在已经准备好了去看海德格尔是如何在他的《存在与时间》中阐述这个洞见的。在对我们的存在的解释与重新解释过程中，他将用大量不同的术语来命名这种存在。他已经使用了"生存"（existence）这个术语。现在他引入对此在存在的最重要的另一个表达方式——"在世界中存在"（Being-in-the-world）。这个术语意指我们本质上是处在一个背景（context）之中——我们在一个意义整体中拥有一个场所，在其中我们可以与其他事物与人打交道。这个背景的具体内容依不同人而不同，也依不同文化而不同。但可以一般地说，此在与世界的关系并非漠不关心——它是主动的参与。从根本上，我们不能，并且永远不可能彻底地脱离这个世界。

通过与现成在手状态相对比，海德格尔开始解释"在世界中存在"。对于现成在手的实体，比如石英，在某个地方"之中"（in）仅仅意味着在三维空间中的某个具体的位置出现（第54页）。而对于此在来说，"在之中"

---

[1] J. Dewey, *Experience and Nature*, 2nd edn (La Salle, Illinois: Open Court, 1929), p. 21.（杜威：《经验与自然》，傅统先译，江苏教育出版社，2005年，第16页。）

(being-in) 意味着栖居（dwelling），我依寓于世界中（第54页）。"在旁"（alongside）是对德语介词 bei 的不恰当翻译，bei 的意思是"在家中"，"在我朋友家里"的"在……中"（at）。斯坦博把它翻译为"同……一起"（together with）。"依寓之"（amid）也许是最好的翻译。当海德格尔说此在是依寓于世界及其实体时，他的意思是，至少在日常状态中，我们在我们的世界中依寓于事物而在家。

比如，一个巴基斯坦人在纽约开出租车，他有一个妻子和一个孩子。他的世界是围绕在他生活（包括家庭、工作与民族身份）周围的所有各种事情（问题）的集合。他处在这个世界中，是因为他的生活使这些事情（问题）对他具有意义。它们给予他行动以及成为他自己的可能性。在这个世界中，其他实体能够给他带来意义。他能理解交通、乘客、学校、政治事件，是因为他的世界给予他处理这些事情的方式。不管他喜欢与否，他自身的生存卷入这个背景之中，并且与所有和他照面的东西关联在一起——这就是他的实际性（facticity）（第56页）。他必然为他的世界之中的这些事物"操劳"（Besorgen / concern），而这是他作为"操心"（Sorge / care）的存在方式的一部分（第56—57页；这些概念将在后面得到进一步阐述）。

当然，我们经常并没有感觉到我们被我们的周围世界所包围：比如在我们感到厌倦，或者我们在做白日梦，或者我们在放松的时候。但对于海德格尔，这些是操劳的"残缺样式"（第57页）。"残缺样式"是一个典型的海德格尔概念，它很容易被人被模仿。（有人曾调侃说："《存在与时间》是极为清晰的，只是在残缺的样式中。"）像白日梦这样的例子是证明这个原则的例外情况：即使看起来是脱离的状态，也仅仅是一种更不强烈的参与形式。毕竟，如果我们考察我们的白日梦，我们会发现，白日梦是关于与我们有某种关系的世界中的事物的。即便是最漠不关心、最冷淡的个体也有他们自己的参与方式，有他们自己关心的问题。那些达到绝对的无动于衷的人不再是此在，而是进入了另外的一种存在状态，或者是涅槃，或者是植物状态。这些状态对于我们这些还在世界中栖居的人来说难以理解。

然而，也存在着一些更为深刻的时刻，在那时，我们会变得疏离于我们的世界，经验到整个世界是不舒适的、怪异的（uncanny）。在这些时刻，我们感到在这个世界中无家可归（not at home），我们甚至会感到，"不在家是更源始的现象"（第189页）。当我们谈到海德格尔对"畏"（Angst）的阐述时，我们将对这个断言做更细致的研究。现在只需注意到，即便是在这些时刻，我们为了能够成为自己，也依然必须栖居在世界中。我们可能在我们的世界中感到不自在，但我们永远无法简单地逃离这个世界。

如此，此在通过参与的、操劳的栖居而在其世界中。这种栖居主要不是认识的，它不是通过观察、信念以及知识而建构起来的。相反，认识是"在世界中存在"的一种特殊显现，它依赖于一种更基本的、非认知性的栖居。

现在我们设想笛卡尔在阅读《存在与时间》。当面对第12节中的那些断言时，笛卡尔可能会反驳：

第三章 《存在与时间》：导论与第一篇

> 但是这些断言没有一个是被证明了的！你有什么根据说你在世界中存在？而且你是如何知道这个世界是存在的？毕竟你对存在一个外部世界的信念是单纯根据于你的感知的。既然这些感知在过去被证明不可靠，你应该从怀疑是否存在着一个外部世界开始。（见笛卡尔《第一哲学沉思集》中的"第一个沉思"）

这种笛卡尔式的反驳一直萦绕在海德格尔心头。他不仅将会在第 13 节中，而且也会在第 19—21 节以及第 43a 节中对这个反驳进行回应。他的基本回答是，"认识是此在的植根于在世的一种样式。因此，首要的工作是把'在世界之中存在'作为基本建构先行加以阐释"（第 62 页）。存在问题比认识问题更深刻。存在论先于认识论。

在笛卡尔可以问他或世界是否存在之前，他必须已经理解存在是什么意思。对于笛卡尔来说，存在是一个无需解释的"非常简单的概念"。但根据海德格尔，如果我们试图去解释显而易见的东西，我们会发现，对于人来说，存在（exist）的意思就是他理解的"在世界中存在"。任何人都参与到一个世界中，参与到一个操劳与问题的领域中。信念与知识建立在这个源始的"在世界中存在"的基础之上。

设想一下，我们的出租车司机在交通高峰时段搭载一位乘客去酒店。他全神贯注地在汽车、公交车和行人的川流中前进。他在他的世界中，他栖居其中，他的任务以及他所照面的事物根据意义整体而对他产生意义。这与他相信或知道的东西没有关系，他只是简单地作为一个出租车司机的存在而"入迷其中"（第61页）。突然，他遇到一个严重的交通堵塞。此时很清楚的是，他根本无法前行。他的乘客恼怒地下了车。现在除了等待，这个司机不能做任何事情，他"从一切制作、操作等等抽手不干"（第61页）。他放弃了驾驶，思忖着导致交通堵塞的原因。他形成了一个看法：前面发生了交通事故。为了确定他是否真的知道有一个事故发生，他审视了他的看法的根据。

对海德格尔而言，这种例子显示了认识是次生于更为源始的"在世界中存在"的活动。他甚至说，"客观地"试图认识某物或盯着某物的行为本身就预设了"操劳着同世界打交道的活动发生某种残断"（第61页）。比如在出租车司机不能驾驶的情况下，认识的问题就出现了。当海德格尔在第69b节回到这个问题时，他明确地说，认识的活动不仅仅包括残断，而且包括主题化或对象化活动（第363页）。然而无论如何，有所操劳的栖居（而不是认识）依然是我们基本的生存方式。通常"我不是为了感知而感知，而是为了给我判定方向，开出道路，为了探究某个东西"[1]。甚至当我仅仅为了感知而感知时，也应该理解为是栖居的一个特殊样式，而非完全的脱离（detachment）。如果出租车司机根本就没有参与到他的世界中，那么交通堵塞这个概念对他也没有任何意义。知识的问题总是依赖于"在世界中存在"。

人们不应该得出这样的印象：海德格尔是在反对知识

---

[1] *History of the Concept of Time*, p. 30.（海德格尔：《时间概念史导论》，欧东明译，商务印书馆，2014年，第39页。）

或科学。他的敌人并不是理智（intellect）——毕竟他自己就是一个知识分子（intellectual）——而是理智主义。理智主义者（比如笛卡尔）试图首先基于认识来理解自我与世界。他们没有意识到，认识以栖居为前提。

在第13节中，海德格尔给出了对笛卡尔的基本回应。但此问题并未得到解决，我们必须再度回到这个问题。读者也许要记住下面我们可能会想到的笛卡尔对海德格尔的反驳：

> 我当然承认在我可以提出认识论问题之前，我必须（在你的意义上的）"在世界中存在"。我必须有一些操劳。但当我问这个世界是否存在时，我是在问我的操劳是否与任何真正存在的对象有关联。"在世界中存在"对你而言仅仅意味着似乎有一个外部世界存在。我的问题是：是否真正存在着一个外部世界？而显然你并没有证明有一个外部世界存在。

第14—18节：世界作为意义整体

这种笛卡尔式的反驳会帮助我们看到，海德格尔的"世界"的含义与笛卡尔的"世界"含义是非常不同的。第14—18节探讨了海德格尔称之为"世界性"（worldhood）[1]

---

[1] Worldhood / Weltlichkeit 在此译为"世界性"，在《存在与时间》中译本边码第63页的译注中，中译者提供了两种译法："世界之为世界"与"世界性"。——译注

（或世界的意义）的现象。对于很多读者而言，这几节是《存在与时间》中最有力的分析之一。

第14节构建了一些术语。"世界"指的是"为一个实际上的此在作为此在'生活''在其中'的东西"（第65页）。比如，我们的地质学家的世界是一个整体的领域或者背景，这个整体的背景组织了她作为一个科学家、一个加拿大人、一位母亲等等所有的兴趣。从这个意义上讲，一个世界就是一个人们栖居其中的意义整体（significant whole）。当我们说"希腊世界"或"运动世界"时，我们使用了这个词类似的含义。世界性指的是世界的存在，意指刻画了每个此在世界的本质结构。而带有引号的"世界"则指"现成存在于世界之内的存在者的总体"（第64页）：恒星、原子、海洋，等等。通常，当我们在进行理论思考时，我们只是从这个"世界"来思考：我们把实在看作是所有对象的集合。我们无视世界，即我们自身参与其中的意义整体。海德格尔的目标是把握这个既非常熟悉又非常难以掌握的现象。

海德格尔从分析周围世界（environment/Umwelt）来开始理解世界性。周围世界是最普通的、日常生活的世界（第66页）。在这个世界中，我们使用和制造事物。尽管海德格尔最终关注的是周围世界本身而非其中的事物，但他还是从考察他称之为用具（equipment，第68页）或上手存在者（第69页）来作为开始。如此，他的第一个问题是：在使用和制造的背景中，我们与之照面的事物的存在是什么？

在进入他的分析之前，我们必须暂停一下，去思考他在做什么以及没有做什么。从使用事物的活动入手，海德格尔似乎意指所有的人类活动最终都可以还原为某些工具的生产性操作（productive manipulation）。但并非如此，尽管他的读者经常被诱导至这种误解。在《存在与时间》出版后不久，他就不得不表达这样的抗议，"而对我来说，通过这种解释绝不是想要断言或证明，人的本质在于，他要用勺子或叉子，或乘坐有轨电车出行"[1]。有很多人类的活动并不等同于为了生产一个有用的结果而使用事物：比如，做出一个政治决定，与自己的配偶谈话，演奏大提琴，探索冰川或者学习微积分。这些活动都可能涉及使用事物，但它们不能被还原为效用（utility）。尽管有一些误导性表述，但海德格尔并不想声称所有我们做的事情都是为了一个产品，也不想声称周围世界的存在、工具性世界等同于一般世界性。[2]

海德格尔想要做的，是把周围世界作为他通往世界性的主要线索。使用和制造的活动是比学习与认知的活动更好的线索，学习与认知活动更具专业性，更缺乏"日常"的活动特征。日常生活的周围世界提供了一个绝佳机会，

---

[1] *The Fundamental Concepts of Metaphysics*, p. 177.（海德格尔：《形而上学的基本概念》，赵卫国译，商务印书馆，2017年，第263页。）

[2] 事实上，在海德格尔的著作中一个反复出现的主题是，传统存在论不知不觉地、不恰当地建立在生产活动的基础上，例如《现象学之基本问题》（中译本）第137页所提到的。这与他所说的传统存在论基于沉思活动并不必然是不一致的，因为海德格尔在《存在与时间》（第61页）中提出，对现成在手事物的沉思来源于在使用上手事物过程中的一个"残断"。海德格尔自己的作为此在存在的"在世界中存在"或"操心"的概念应该比沉思或生产更为根本（第193，364页）。

让我们认识到自己是作为一个参与者，生活于这个意义整体的世界。

当我们考察有用的东西时，我们可能倾向于把它们描述为如同现成在手的东西。我们可能发现我们以这样的术语描述一个对象："'一个连续的表面，'他最后宣称道，'它向自身折叠。它好像有'——他犹豫地说——'五个袋口（outpouchings），如果这个词使用正确的话。'"说话者在这里陈述了这个对象的真实情况，但只要他维持一种纯粹的理论态度，他就不能真正地理解这个对象。"后来一个偶然机会，他戴上了它，他惊呼道：'我的上帝，这是一只手套！'"

问题中的人叫做 P 博士，是神经学家奥利弗·萨克斯（Oliver Sacks）的一个病人。[1] P 博士不知何故丧失了联结他所看的和他所做的事情的能力。不与通常人类活动相联系的话，他的观察是正确的，但却完全是误导性的。只有在使用事物时，他才能意识到它们是什么。当我们把上手事物构想为现成在手事物时，我们就把自己置于了 P 博士那样的可悲状态。我们人为地取消了我们对现实世界的理解，把我们自身从用具的存在中隔绝开来。相反，我们必须关注用具，因为用具在使用中揭示其自身。理解上手实体的唯一方式就是去使用它们。

海德格尔偏好的用具例子是锤子，但我们在这里还是

---

[1] O. Sacks, *The Man Who Mistook His Wife for a Hat and Other Clinical Tales* (New York: Harper & Row, 1987), p. 14.

用一双在冬夜戴的手套为例来阐明他的观点与术语。

（a）我们理解手套——主要不是通过观察，而是通过使用，如我们在 P 博士的例子中看到的那样。这是一种适用于使用的事物的特殊类型的"看"（sight）。海德格尔把这种"看"称为"寻视"（Umsicht）[1]，即在周围世界中发生的"看"（第 96 页）。这种"寻视"是一种知道－如何（know-how），或者应对技能（coping skill），它们向我们揭示手套之所是。

（b）手套指向了"用具的总体"（第 68 页）：它们属于冬季衣橱的一部分，并且在我们把握和操作其他用具时，我们也依赖于它们。我们对于用具总体的理解比我们对于这个特别手套的理解更为基础（第 68-69 页）。

（c）手套的目的是在寒冷的天气中用来保护手。它们是可用的，它们有一种"为了作……"（in-order-to）（第 68 页）。它们有一种功能，即保暖：它们内在地指向了这个"工件"（work）或者"何所用"（towards-which）（第 70 页）。

（d）这只手套由天然材料制造而成（第 70 页）。它们指向了自然——自然资源的自然。（即便手套从合成纤维中制造而来，合成纤维本身也最终来源于自然材料。）手套也这样指向自然，因为它们是为了保护我们的手免受某些自然条件的影响（第 71 页）。

（e）手套指向一个使用者（第 70-71 页）——或许这手套是为了手小的人而设计的。

---

[1] 张汝伦在《〈存在与时间〉释义》中把 Umsicht 译为"统观"。——译注

（b）-（e）是 Verweisung（指引）[1]的实际例子。Verweisung 被译为"指引"(reference)。指引的现象对于理解世界性是关键的，但我们还没有准备好去定义它。就目前来说，只要把指引视为包含了一个事物指向另一个事物的各种类型的关系就足够了。

我们可以利用下面的示意图来作为海德格尔已经表达过的观点的提示。这里，椭圆代表用具的总体，而箭头则代表指引的关系。我们将很快扩充这个示意图。

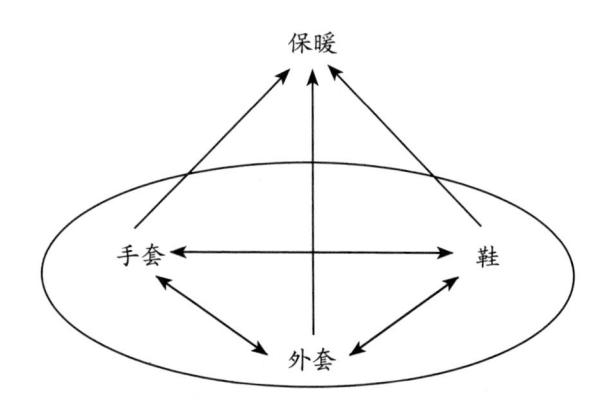

在某些时刻，指引会直接引起我们的注意（第 16 节）。这些时刻让我们不仅仅对世界中的事物（比如手套），而且对世界性本身有了更切近的理解。我戴上手套，发现指套中有洞，我对于不得不操心这个日常事物（手套）而感

---

[1] 张汝伦在《〈存在与时间〉释义》中把 Verweisung 译为"相关系统"。——译注

到厌烦。或者，我在寻找我的手套，在所有地方我都找不到它。我感到沮丧，因为我丢失的手套使我不能出去做事情。在另一个场合中，我在我的衣袋里寻找我的钥匙，但是我却感觉到有一双手套在那里；我不耐烦地试图绕过它。在这些令人厌烦的时刻，事物以现成在手结合着上到手头的方式呈现出来（破旧的手套可能开始作为一种"有五个袋口的连续表面"而出现）。这可以作为以理论态度对待实体的开始。[1] 但对于我们当下的目的来说，更重要的是，我被迫去注意到指引结构。我不能忽视这样的事实，即手套指向了一个目的，指向了作为它们的使用者的我，而且也指向了一个用具的整体——恰恰是因为手套没有很好地在这些指引中表现。（经常地，我们只有在事物出现故障或者被威胁时，才意识到我们已经拥有的事物的重要性。这一点将在《存在与时间》的后面再次出现。）

当手套丢失或者出现故障时，我就会清楚地意识到，一般来说事物应该是如何运作的。手套和我的其他衣服一样，需要能够合身并且能够正常运作，这样我才能去做我的事情。用海德格尔的术语来说，即"整个工场"，"用具的联络"（the context of equipment）[2] 向我展现出来。并且，

---

[1] 关于从这些术语来对《存在与时间》这部分做的一个详细的解释，见 Dreyfus, *Being-in-the-World*, pp. 69-83。（休伯特·L. 德雷福斯，《在世：评海德格尔的〈存在与时间〉第一篇》，朱松峰译，浙江大学出版社，2018年，边码第69—83页。）

[2] Context 一词，译者通常译为"背景"，但在《存在与时间》中译本中被译为"联络"，因此在相关地方也被译为"联络"。——译注

"世界就随着这一整体而呈报出来"(第75页)。世界因此就是指引的整体(第76页),或者指引的联络(第87页)。

当然,我们依然不知道指引具体指的是什么。再次,海德格尔在定义一个概念之前就先使用了它。然而,在读者对海德格尔感到厌烦之前,他们应该想到,当涉及基础概念时,这是解决问题的唯一方式。唯有我们已经对在定义中使用的概念有所理解时,一个概念的定义才是有效的。最基础的概念必须在对现象的关注以及逐步发展细节的描述中(而不是通过给出概念的定义)才能够形成以及传达。《存在与时间》不断地创造这样的基本概念。

如果要给出一个指引整体的粗略定义,那么我们可以说指引整体是一个意义网络,是一种意义整体。这是一个事物能够对我们有意义并且与我们的生活相切合的场域。这是一个整体的系统(overall scheme),在其中我们可以行动、制造、思考,以及存在。

单纯用效用(utility)来解释指引整体,并且把指引整体看作是有用的事物功能的集合是有吸引力的。海德格尔自己的例子也支持这种解释。但这种解释将会过于狭隘——它或许能解释周围世界(它是世界最熟悉的样式),但它并没有涵盖一般的世界性。一个世界并不仅仅是一个周围世界,而是任何一种联络(context),在这联络中,实体对于此在是可用的和有意义的。对于一些人而言,世界的重要特征也许还包括很多超越了单纯效用的指引——比如,围绕着罪、美或者真诚构建起来的指引。

标志(signs,第17节)是另一个可以察觉到指引现象的机会。标志是一种上手事物,它们的功能是给予我们"周围世界之内的一种定向"(第79页)。它们帮助我们着手去做要做的事情,因为它们让我们注意到我们在指引整体上的位置(第82页)。

我们以海德格尔自己的例子为例:汽车的指示标(第78—79页)。我正在美国驾驶着一辆车。在我到达一个十字路口时,在我面前的车的左转向灯开始闪烁。我理解到,这辆汽车在进行左转向之前,需要等待交通灯,所以我立即减速,观察我的右边,打开我自己的右转向灯,把车驾驶进右车道,超过我前面的车。

我正确地解释了左转向灯——不是通过盯着闪烁的灯光,也不是通过理论分析,而是下意识地回应(第79页)。我的称职反应包含了对于正在运作的整个指引系统的熟悉。我必须对复杂的交通规则以及驾驶技能保持自在熟悉的状态。如果指引系统不同,那么转向灯的正确的解释也将不同。比如,如果我在英国,我的行为必须考虑到汽车在道路左侧行驶的惯例。标志总是在一个整体的周围世界中运行的,标志同时也提醒我们在那个周围世界中的当下位置。

第18节比较困难,但也很重要。在这里,海德格尔试图对世界性和指引做更进一步的阐明。为此他又引进了三个新概念:因缘(involvement)[1],为何之故(for-the-sake-

---

[1] 张汝伦在《〈存在与时间〉释义》中译为"应手相关性"。——译注

of-which）以及意蕴（significance）[1]。

海德格尔捶打的例子（第84页）给予我们具体的案例来解释这些概念。一个木匠在修建房子时进行捶打。我们已经在第15节中看到，这里包含若干个指引：锤子作为用具整体的一部分；捶打的行为是为了把房子拼接起来；房子是为了抵御风吹雨打的天气。锤子的这些功能是它的因缘，它们对于作为锤子的这个存在是至关重要的。指引是在每个因缘中能够发现的连接的总称（第84页）。

我们现在冒险对指引做出一个粗略的定义：一个指引乃是帮助我们理解一个实体的目的或意义。然而，定义一个概念比专注于其所显示（indicating）的现象更为次要。我们的定义只是对海德格尔陈述的临时性的重新表述。等我们讲到海德格尔对"意义"的意义的讨论时，我们就可以重新审视这一对指引的定义。

当我们阐明了锤子所参与的功能链时，我们最终会达到"此在存在的一种可能性"，也就是为了防风避雨（第84页）。海德格尔认为所有的因缘最终都依赖于此在存在的某些可能方式。这个可能性是这些因缘的存在的理由。海德格尔称之为"为何之故"。举另外一个例子：一个经理在她的电脑键盘上打字。键盘是为了打字，打字活动是为了制作一个备忘录，备忘录是为了提高公司的效率，效率是为了利润，利润则是为了经理与其他员工的成功。"成功"是生存的诸多可能方式之一，它帮助我们定义我们自身的身

---

[1] 张汝伦在《〈存在与时间〉释义》中译为"意义全体关联"。——译注

份，帮助我们确定我们自身的存在，无论是本真的还是非本真的存在（第86页）。

这里我们应该指出，当海德格尔说所有的因缘都是为了此在存在的一种可能性之故时，他并不是说，从本质上我们都是自私的人。引导一个人生命历程的，可能是慷慨和富有同情心地活着这样一种抉择。

木匠和经理理解他们正在做的事情。他们理解他们自身的存在，以及他们正在使用的事物的存在（当然不是存在论的理解，而是实践性的理解）。海德格尔对理解分析详见第31节，但对于现在足够的是：我们的理解展开了指引。用海德格尔的术语来说，即我们"赋予"我们自身的存在的可能性和我们所使用的事物的因缘。世界性可以被描述为"这种含义的关联整体"或者意蕴（第87页）。

平心而论，海德格尔可能引入了比他实际所需更多的术语。"指引整体""因缘整体"及"含义整体"只是对于世界性这个单一现象的略有差别的不同视角。用非海德格尔术语的话来说，一个世界就是目的与意义的系统，这个系统组建我们的活动和我们的身份，且在这个系统中，实体才能对我们有意义。现在应该清楚地看到，我们的世界对于我们是谁的问题具有绝对本质的重要性，所以，海德格尔把我们自身的存在方式标识为"在世界中存在"。

现在扩大我们的示意图，我们在这里使用一般的术语而不是用一个例子来表示，并且增加了"为何之故"的维度。当然，这只是呈现海德格尔思想的一种可能的方式。

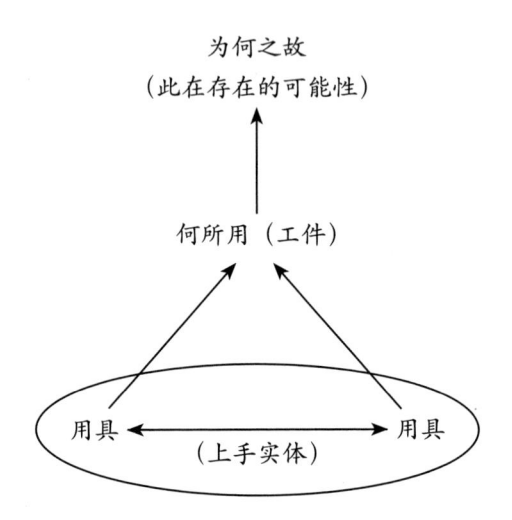

```
        为何之故
      (此在存在的可能性)
           ↑
           |
           |
      何所用(工件)
         ↗   ↖
        /     \
       /       \
    用具 ←――――――→ 用具
         (上手实体)
```

世界是指引的整体，它在这个示意图中以箭头来表示。随着我们继续前进，我们将会再次回到这个示意图，并且再次对它进行补充。

我说周围世界——使用和制作的世界——只是最熟悉的世界，而不是唯一的世界。但海德格尔却对此含糊其词。在第18节中，他是纯粹通过上手存在对意蕴和因缘进行解释的。有时，他甚至就把"上手实体"称为纯粹的"实体"。周围世界似乎就是世界本身。

然而，有几个段落却显示并非如此。比如在第82页中，海德格尔认为"原始世界"可能跟上手存在以及用具没有关系（也许无文字的文化并不从我们的有用性和制作性的范畴来理解事物）。然而，世界性不仅仅是周围世界性。海德格尔并没有给予我们很多机会来观察其他类型的世界，因为他想要强调，最普通的经验（至少在现代西方文化中）包括了使用与制作。此外，他对使用事物的活动的分析无疑是一种有效的方式，以此显示我们对自身以及周围的理解是通过在一个复杂的意蕴系统中的熟练操作来实现的——而不是通过对于对象形成信念或者知识主张来实现的。

第19—21节：贫困的笛卡尔"世界"

现在我们可以回到第12—13节结尾处我们曾经考虑过的笛卡尔对海德格尔的反驳。反驳是这样的：当然，在我有所操劳和关切的意义上，我"在世界中存在"，但这并没有回答我是否真的在一个世界中的问题。我真的被实际事物所包围吗？我的感知与实在相对应吗？还是它们只是幻象？也许在我心灵之外没有东西存在。

海德格尔的回答要到第43a节才会完整地呈现。不过我们已经准备好了对笛卡尔的观点提出一些批判性问题。笛卡尔的怀疑论初看起来是非常负责任的和谨慎的——但事实上，它们却包含了一整套未经批判的假定，即关于存在（不论作为人类还是其他存在者的存在）意味着什么的假定。其中一些假定是在笛卡尔的系统中所特有的，但我在此不会对之进行评论——熟悉笛卡尔主义细节的读者应该直接转向《存在与时间》第19—21节，不需要我进一步评论。相反，我将专注于已经成为现代世界观的一部分笛卡尔主义要素，对很多人来说，它们简直就是一些"常识"。

也许笛卡尔最基本的假定是：人类的生活（human life）是在"内部"，而不是"外部"进行的。存在着一个人类生存得以发生的一个特殊领域，我们可以称之为心灵（思维）、主体、意识、自我。在这个"主体"领域之外，（可能）存在着"外部对象"。这些物质的、物理的对象是异于我们自身的，它们没有意识或心灵，仅仅是在可度量空间中的纯粹的事物。在我的主体领域内部，我拥有感知或者感觉材料（sense data），它们似乎能够表象外部实体。然而，我不能直接地知道这些感知是否真实地摹画了外部对象。同样地，我假定了其他的心灵——如果存在着其他心灵的话——也不能直接地知道我的真实自我或者内在的个性。

当我们对"外部"对象进行断言时，我们倾向于依赖现代自然科学告诉我们的关于它们的数据。我们信任的数据是量化的事实，即科学家通过测量其尺寸、质量和运动而获得的事实。这些"客观"的事实可以通过通用的数学公式、普遍的法则来进行系统化。从而，我们认为的"真实地在外部"存在的东西是在三维空间中移动的对象的集合——或者，如果我们说得更为复杂点的话，就是在空间－时间中分布的物质与能量。

当然，我们经验中很多其他方面是不能被量化的：我们家庭关系的辛酸，摩天大楼的壮观景象，我们的爱国责任与宗教责任，甚至烹饪、清洁、散步这些小事情。但是，我们认为，这些仅是"主观"的现实。这个世界本身仅仅由粒子与能量构成，而我们的世界则包括主观的价值——

我们把这些价值投射到事物上。对于善恶、美丑的判断是"价值判断",它们仅仅反映了我们的欲望,而没有描述世界本身的事实。

这些假定的结果就是以技术的方式来解释世界。我们认为,正确的生活方式是阐明(clarify)我们自身的欲望——或者创造新的欲望——然后把我们的意志施加到外部世界中。定量科学给予我们强迫物理对象服从于我们意志的钥匙。下面的这段话是笛卡尔在1637年发表的,它预示了核聚变能源的使用。它是对现代性的非同寻常的预言:

> ……我们有可能取得一些对人生非常有益的知识,我们可以撇开经院中开讲的那些思辨哲学,凭着这些看法发现一种实践哲学,把火、水、空气、星辰以及周围一切物体的力量和作用认识得一清二楚,就像熟知什么匠人做什么活一样,然后就可以因势利导,充分利用这些力量,成为支配自然界的主人翁了。[1]

我刚刚描述的笛卡尔的假定已经在我们所熟知的"主体""客体""价值""外部"以及"内部"这些词汇中根深蒂固。今天人们的常识是三四世纪之前的哲学。

海德格尔首先通过问"我存在/是"(I am)的意义问题(这个意义对笛卡尔来说是理所当然的东西)来对这些

---

[1] R. Descartes, *Discourse on Method and Meditations on First Philosophy*, tr. D. A. Cress, 3d edn (Indianapolis: Hackett, 1993), p. 35 (*Discourse on Method*, Part VI). (笛卡尔:《谈谈方法》,商务印书馆,王太庆译,2001年,第49页。)

现代的假定提出挑战。对于海德格尔来说，成为人并不意味着成为在"主观"领域中的某个种类的东西。人的生存完全不是在一个私人领域内部的东西，而是"在世界中"存在，因此我们必须丢弃内部与外部的粗糙的二分法。我们在敞开领域中生存。甚至可以说，我们本身就是敞开领域，或者澄明（clearing/lichtung，第133页）。尽管这很难想象，但海德格尔希望我们把自身设想为一个敞开领域的事件（an event of opening），而不是在某个密闭领域中的东西。（也许我们最好不如此设想，因为设想、表-象可能只适用于现成在手的对象，而不是此在。）

有人可能会反对说：不论喜欢与否，人类的头脑是由颅骨包裹着的。当然，这是事实——而且头脑应该留在这里。但人类生存的过程不仅仅是在颅骨内部发生的。人类生存的过程是在人类身体与周围世界的存在者进行互动时发生的，在这些互动中，这些存在者在它们意义的深处揭示它们自身。如果我们与其他存在者的联系被切断，我们的结局不是回到我们的心灵内部——而是完全没有心灵。（感知剥夺实验表明，在经过一段时间无任何感知后，人将在幻觉与杂乱的思维中失去自身。他们成为此在的能力暂时会受到损害。）心灵（mind）依赖于操心——对其他存在者的操劳，这些存在者显示为是对我们有意义的东西。

从一个现代的视角看，有人可能会说，如果没有人类，那么就会没有宗教、艺术、伦理或者工场这些东西——而这表明诸如目的、美的东西是主观的价值，它们是我们心灵的投射。有人可能会说，尽管从时间顺序来看，我们与有用的用具先照面，然后再与现成在手对象照面，但这并不表明效用在存在论上比现成在手更为基本。难道效用以及一般意蕴不是人类的创造吗？

但海德格尔坚持认为，上手存在是可用的用具本身的存在方式（第71页）。他大概会同意说，如果没有此在，那么可用的用具就会不存在（也许存在着有袋口的表面，但它不再是一只手套）。然而，只要此在存在，这个东西就真实地是一只手套。这是此事物的一个事实，这个事实并不是由我的意志所创造的。意蕴是与此在关联的，但并不是此在主体性的产物，恰恰是由于意蕴对于我们的存在如此重要：它是如此根本，以至于如果没有一个意蕴系统已经在那里，我们就不能做或者制造任何东西。我们总是依赖于预先建立的目的网络，它汲取了我们共同体的既定传统；这个目的网络向我们显现在我们的世界中真正有意义的诸如手套这样的事物。当然，我们在这个世界中可以进行创新与发明——但我们不能从零开始，通过把"价值"强加给无意义的对象来创造意蕴（第98—99页）。

海德格尔偏爱的另外一个观点，进一步瓦解了主观性与客观性的简单区别：即便是事物"客观"的性质，它们的现成在手属性也只有在更大的、有意义的背景中来显示它们自身，而这个背景本身却不能由现成在手的东西来解释。比如，地质学家测量石英，发现它有10厘米长。她是正确的：石英确实有10厘米长。但如果这个石英不是呈现在她更大的世界中（即她作为一个科学家、母亲和加拿大人生存其间的世界中），那么这个事实对于她而言也就没有意义，而且她永远都不会在一开始费心去找到它。天体物理学家约翰·特劳杰（John Trauger）恰当地说道：

> 科学家做那些引起他们兴趣的事情，而吸引他们的东西不是可以用科学来找到的。比如他们对于研究行星的起源感兴趣，这并不是因为科学告诉他们要这么做，而是因为作为人类，他们发现这是有趣的。他们追寻他们认为值得他们一生去追寻的问题。[1]

为了公正地看待科学的背景，我们需要理解事物是如何变得吸引人的，以及我们如何能够在一个意义整体中建构一种值得过的人生。这个意义整体包括了人类经验领域的所有的丰富性——胡塞尔在其后期作品中所说的"生活世界"。我们无法以量化的、科学的事实，以及在其上堆砌的价值来重建一个生活世界。这个过程只是倒退，因为生活世界就是给所有事实以意义的东西（第68，98—99页）。

海德格尔的方法是整体论的（holistic）：换句话说，他强调作为整体的有意义的世界的经验比在世界中我们发现的实体的个别事实更为基本。生活世界及其意蕴对我们来说是根本性的。我们对现成在手对象的"世界"的发现只是我们从我们的经验中（根据某些条件）提取的一类狭窄的数据。笛卡尔的世界观患有理智主义近视症（intellectual myopia）：它考察了在世界中的一种特别类型

---

[1] D. Sobel, "Among Planets", *The New Yorker*, December 9, 1996, p. 90.

的实体,即现成在手的实体,但它因此就错失了世界本身,即这些实体可以呈现它们自身的更大的背景(第89页)。在某种程度上,笛卡尔主义只见树木不见森林。但这也是很自然的,因为允许事物呈现它们自身的背景本身倾向于保持在背景中,很容易被忽略。我们在处理我们的生活世界时也会感到不安——如我们将在《存在与时间》后面部分看到的那样。

如此,海德格尔挑战了我们关于自身存在和其他实体存在的现代假定。我们可以想见,他将会向我们以技术方式来处理人生的态度发起挑战。他这方面的思想在《存在与时间》中并不非常清晰,但在他后期的作品中非常重要。而且即便在《存在与时间》中,他也从来没有把我们与用具的关系描述为把我们的意志施加到事物身上——尽管我们中的大多数会倾向于用这些词汇。相反,他说到了"开放"(freeing)上手事物(第83页),以及"让某物结缘"[1](第84—85页)。在最深的层次上,我们的存在方式允让(allow)日常世界发生——我们的意志并不促使它发生。这个观点预示着他后期的"泰然任之"(Gelassenheit/releasement)这个概念,对此我们将在第五章讨论。

我们没有反驳笛卡尔的怀疑主义。但我们可以开始怀疑,笛卡尔的关切可能只有在一种狭隘的、贫困的世界观中才是正当的。这种世界观把世界无世界化(unworlds the world),它是一种试图抽掉事物对我们作为参与其中的参

---

[1] 原文为:letting something be involved。——译注

与者的所有意义，把事物还原为其可计算的面向的世界观。

第22—24节：量的空间与适合的空间

当我们听到"空间"这个词时，可能会想到外太空，一个点缀着星星的虚空，从我们身边掠过（如我们在科幻电影中看到的那样）。或者我们可能会想到解析几何中具有x，y，z轴的三维空间。但空间仅仅只是空的框架（在其中对象得以呈现），或者只是为事物分配坐标的笛卡尔坐标系吗？这些空间概念不能捕捉到身处一个不熟悉的、危险的地区的经验，也不能捕捉到在我们预期的地方找到剪刀，或感觉房间很宽敞，或戴错了手套的经验。这些经验是需要更丰富的、非量化的词汇来描述的空间经验。

在这几节中，海德格尔试图发展出这样的词汇。他将在第二篇做同样的事情。他试图把我们从纯粹数学的世界中拉出来，通往一个以适合性（appropriateness）与不适合性（inappropriateness）视角来理解的世界（第83、414页）。完整的空间不是由对象可以处于其中的点构成，而是由事物与人可以归属或不能归属的场所构成（第102、110—111页）。完整的时间不是由对象在场的瞬时（instants）构成的，而是由正确与错误的时刻（moments）构成（第414页）。在完整的时间与空间中，事物与我们有关（第106页）。

这把我们带回至海德格尔与笛卡尔世界概念的差异。从笛卡尔的视角看，适合性与不适合性的问题仅仅是主观的问题，关于世界的客观事实是量化的。但海德格尔会回应说，为了能够描述我们所生活于其中的世界，我们必须不仅仅使用数字——甚至数字本身也只有基于适合性与不适合性的世界才能对我们有意义。天文学家测定了某颗星体距离太阳几百万公里。它是正确的，但这对天文学家以及我们有意义乃是基于如下前提：我们能够把它关联于我们的生活世界——在这个生活世界中，3公里意味着一次缓慢的午后散步，而30公里则是一天的徒步旅行。

随着技术的进步，我们对于空间与时间的理解发生了变化，甚至被腐蚀了。《存在与时间》第105页对于无线电的评论反映了海德格尔对于这种进步的担忧。麦考利与罗宾逊的译本忽略了一句有趣的话，而斯坦博的译本中则包含了：无线电"正在扩展和摧毁日常周围世界"（第105页）。在一个讲座课程中，海德格尔阐述道，"通过无线电广播，今天的此在实现了一种对此在而言其意义不可低估的'周—遭'的昭显，一种特有的不断扩展的世界之拉进（Naherung）。……这种求近的疯狂无非就是时间流失的减消；但是时间流失的减消就是时间在自身面前的逃逸"[1]。在第二篇中，我们将会看到，真正地接受我们的时间性，需要我们停止仅仅从效率的角度来理解时间。如果海德格尔活得够久，经历一个传真机、手机以及互联网的世界，他一定会不寒而栗。

---

[1] *History of the Concept of Time*, p. 227.（海德格尔：《时间概念史导论》，欧东明译，商务印书馆，2014年，第354—355页。）

第 25—27 节：共在与"常人"

到目前为止，海德格尔已描述了此在（即作为能够领会存在的存在者）寓于其中的日常世界。这个世界由指引网络构成，指引网络揭示了事物的何所属以及它们如何融入我们的生活。我们也从第 4 到第 9 节中知道了此在的别具一格的特性在于其存在方式："生存"，一种此在必须为它是谁的问题（who it is）负责的存在方式。因此很自然地，现在从我们使用的用具转向作为使用者的我们，并且与海德格尔一起发问："此在在日常状态中所是者是谁？"（第114 页）

如果我们是笛卡尔主义者——我们现代很多人都是笛卡尔主义者，不论我们是否意识到——我们将很可能试图通过自我意识的内省行为去回答这个问题。"我是谁？"我问我自己。我向内寻求，发现一些我的真实自我的样式：真实的我（the real me），内在的孩童（the inner child）[1]，自我（the ego），或者自我意识的主体（the self-conscious subject）。无论我如何描述自己，我都把自己设想为某种主体，这主体与其他主体及"外部"世界相隔离。如此，我就回答了这个问题：我是我自己（I am myself）。

但对于海德格尔，这个陈述并没有阐述太多关于我的存在方式的东西。而且如果它包含了笛卡尔的假定（比如

---

[1] 似乎心理学一般把"the inner child"译为"内在小孩"。——译注

我是"内在的"、隔离于"外部"世界的东西），那么这完全是误导性的陈述。对于海德格尔，此在根本不是一种事物。另外，此在通常不是自我意识的和内省的——因此我的内省的经验会误导我关于我通常是谁的问题。在进行反思之前，当我依然沉浸在日常世界中时，我必须思考我是谁。我会发现：首先，我自身的生存本质上包括了与其他此在的关系；其次，我通常不作为我自己而生存——我像所有人那样地生存，没有人是独特的。

在第26节中，海德格尔指出，在日常的周围世界中，我总是在与其他人的关联中去经验事物（第117—118页）。手套不仅仅是我的手套，手套是我从一个商店的售货员那里购买获得的，而且时尚权威今年就推荐了这款设计的手套。如果我摩擦两个木条来生火，我是在模仿我曾经看见过的其他人的做法。总而言之，我们使用的所有用具都存在着一种社会环境（背景）。因此，即便没有其他人在周边存在，我在使用事物时也必须承认他们的重要性。我使用事物的方式，以及作为工具的事物本身，都指向了我的社会共同体。

海德格尔把我自己的"在世界中存在"的这种共同体的维度称为"共同存在"（共在，Being-with）。他称我在我的世界中与之相照面的其他人的存在为"共同此在"（Dasein-with）（第118页）。我们现在需要扩充我们的"在世界中存在"的示意图，把共在也作为我的生存的一个特征考虑在内：

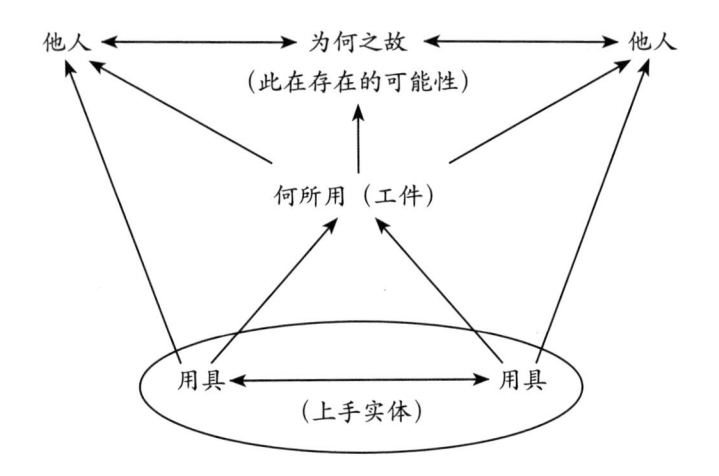

```
他人 ←――――→ 为何之故 ←――――→ 他人
          (此在存在的可能性)
   ↖         ↑         ↗
       何所用（工件）
          ↗     ↖
       用具 ←――→ 用具
          （上手实体）
```

当海德格尔说共在是此在存在的一部分时，他不是在试图去证明他人实际存在于我"之外"（第 120 页）。他不是试图反驳唯我论或者解决"他者心灵的问题"——他并不关心这个问题。他更关心的是消解如下的偏见，即在一开始就引导我们自身的生存以"内部"与"外部"进行规定的偏见。

如果他是正确的，那么人们将不可能通过孤立的内省获得自我的认识，也不可能通过忽略个人所属的文化与共同体来获得自我的认识。我们不可逃避地是社会存在者。即便是"内在的孩童"（inner child）或"高尚的野蛮人"（noble savage）这样的范畴也是文化范畴，这些概念唯有在某些共同体内占主导地位的特定共在的方式中才有意义。

在《存在与时间》第 122 页，海德格尔给予我们一些人类关系现象学（phenomenology of human relationships）的有希望的暗示——但却在刚开始时就放弃了这个计划。在这里，他区分了两种不同的共在形式，"为人代庖"（leaping in）与"做出表率"（leaping ahead）。为人代庖是一个非常常见的现象：为了他人而做某种事情，解除他人要做这种事的负担。为人代庖在所有的雇佣关系中都会发生，我们的整个经济都是基于为人代庖。但做出表率却是更为不同寻常的现象，它是本真的现象（第122、298页），因为它直接指向他人自身的生存方式，而不是指向他人关心的事物。为人代庖可以如此阐述，即老师为其学生提供已经准备好的答案。而做出表率可以如此阐述：一个老师（如海德格尔）提供其学生一些问题，鼓励他们自己去寻找问题的答案。这段话表明了海德格尔的本真性概念有一些伦理学意义（借用康德的术语来说，就是他似乎鼓励我们不是把人看作手段，而是把人看作目的本身）。我们将会在第四与第五章更为细致地考察"海德格尔伦理学"问题。

第26节提供了对海德格尔"残缺与漠然样式"概念出色的说明。对他人表露敌意，在他们面前感到害羞，或者忽略他们，这些都是共在的变式。对于海德格尔，这些不完整的人际关系是典型的日常生活（第121、125页）。甚至独处也是一种共在的样式（第120页）。这听起来似乎非常矛盾，但我们应该记住，孤独总是有着一些社会性意蕴的。如果一个人独自生活，他就必须把自己解释为是隐士、孤独者、孤单或者独立生活的人——这些对个人生存的理解只有在某些共同体的文化标准下才有意义。

第 27 节以笔力强劲而闻名。在这里，海德格尔声称，人通常并不本真地生存：人并不真正地拥有他自己的生存。相反，人作为常人（das Man）而生存。我通常和所有其他人类似地行动和理解我的世界。比如，在挑选我的衣服时，我注意不要那些不时尚的衣服——我所参考的是我对于风格与得体的理解。但这种对风格的理解并不真正是"我自己的"，它仅仅是我的共同体中的人们的穿着风格——我就是常人。

那么，我穿上与主流相异的衣服就可以远离"常人"吗？不能——因为常人比这更为隐蔽。如果我通过反文化的发型、身体标记和服饰来反抗它，我依然是根据常人来定义我的个人形象的——我依靠"常人"作为线索（一种消极的线索）来引导我应该如何行为。此外，我这样做就是在拥抱一种新的常人——反文化的常人。经常地，"不墨守成规的人"在他们自身的亚文化中是一个严格的"墨守成规者"。要想设计出一种真正个性化的着装方式，需要付出艰苦的努力——比如海德格尔的"存在主义套装"，被卡尔·洛维特认为是一种冲击"常人"的尝试。[1]

作为"常人"的生存的其他很多情况没有选择个人的衣服那么明显，而且根本不是深思熟虑和有意的。比如，"常人"指示：在两个陌生人之间，应该保持礼貌的距离。我们根据这种"距离化"（distantiality）（第 126 页）的基本形

---

[1] Löwith, *My Life in Germany Before and After 1933*, p. 45.（卡尔·洛维特：《纳粹上台前后我的生活回忆》，区立远译，学林出版社，2008 年，第 56 页。）

式来行动，尽管我们通常并未意识到它，直到我们去另外一个国家旅行，由于那里的人对礼貌距离的理解与我们不同，我们会把一些人视为是"冷漠的"或"咄咄逼人的"。

在日常状态中，"常人"主宰着我们的认识与解释，以至于"我们不是在说我们所看到的东西，相反，我们是在看到人们对于事物所说出的东西"[1]。

"常人"趋向于"较平"（level down）所有的可能性（第127页）。对于"常人"而言，一个潜在的突破性的艺术作品或者一个新的政治观念被还原为一个小新闻——我们只对之好奇一分钟的东西，直到我们感到厌倦而去寻找下一个。

看起来海德格尔在妖魔化"常人"，并且对于公共生活持有完全敌对的态度。但是如果此在的存在本质上包括了共在，那么此在就从存在论上不可能不依靠一些共享的、公共的规范准则来生存。为什么海德格尔说得好像存在着比"常人"更好的选择方案呢？

其实在第27节中，海德格尔模糊了两种现象的区别：（a）"常人"作为一个生存论性质，即我们存在的基本的和必然的特征；（b）"常人"作为生存状态的条件，在其中人从（a）意义上非本真地与"常人"关联。在第129页中，海德格尔终于做出了这种区分：他称（a）为"常人"（the "they"），（b）为"常人自己"（the they-self）。"常人"是恒定的：我总是熟悉于一系列我归属其中的文化的社会预

---

[1] *History of the Concept of Time*, p. 56.（海德格尔：《时间概念史导论》，欧东明译，商务印书馆，2014年，第80页。）

期和解释。当我以"常人自己"来生存时——如我大多数时间那样的生存——我简单地接受了这些预期与解释,并且让我的世界由它们来构造。但对我来说,也有可能作为本真自我来生存(第129页)。在这个情况下,我与我的文化一起协作来完成我作为我自己的任务。

值得注意的是,"常人在本质上是一种生存论上的东西,本真的自己存在是常人的一种生存变式"(第130页,与第267页比较)。最本真和最原创的艺术作品、政治决定和个人选择依赖于个人所属文化的一系列的可能性。比如,海德格尔的套装并不来自火星——它表达了海德格尔自己对于一些德国传统的化用(appropriation)。我们永远都不能简单地把我们从"常人"的世界中脱离出来(第169、179、299、383页)。本真性并不需要丢弃我们自身的传统——这也是不可能的——而是明确地、果决地追求由这个传统敞开的可能性。

对于海德格尔来说,自我——不论是本真的还是非本真的——不是任何类型的事物。它不是我们存在的硬核,不是某个在我们的整个生命中保持不动、一成不变的生存论的桃核(existential peachpit)。相反,自我是一种生存状态的可能性,一种生存方式(第117、317页)。如果我们的语言允许,那么最好把自我从一个代词变为一个副词。不是说"我在穿衣服"(I'm dressing),而是说"以我的方式穿衣服"(dressing minely)——或者"以不是我的方式穿衣服"(dressing unminely),根据海德格尔,这即是社会规范。

那么，似乎常人自己和本真自我都是"常人"（作为一个生存论状态）的生存层次上的变式。但海德格尔在这本书的后面做出了一个对这种解释表示怀疑的断言："常人自己……是本真自我的生存上的一个变式"（第317页）。或许这仅仅是微不足道的不一致之处，我们可以通过对海德格尔的一些不稳定的术语进行系统化来解决这样的不一致性。（比如，也许可以比海德格尔自己更为清晰地区别本真自我 [the authentic Self] 与本真自我存在 [authentic Being-one's-Self]，前者意指生存论层次的，而后者意指生存状态的可能性。）但是，或许这个问题指出了必然的生存论性质与生存可能性的区别本身的不稳定性。这个区别强烈地带有传统形而上学对本质谓词（必然性）与偶性谓词（仅仅是可能的）的区分的遗迹。比如，一朵花的植物性对于花而言是本质性的，但是它的红色（redness）却是偶然的：没有红色，它依然可以继续是一朵花，但是如果没有了植物性（planthood），那么花也就停止了存在。类似地，如果此在终止其本真的生存，它依然会是此在；但是如果没有共在，那么此在就不成为此在。但是，如果"（此在的）这些性质总是此在去存在的种种可能方式，并且仅此而已"（第42页），那么这种传统（与常识）的对于必然属性与偶然属性的区分真的能够应用到此在上吗？无论《存在与时间》在这点上是否不一致，我们将会看到，在海德格尔后期的作品中，此在存在的必然或本质特征的出现要少得多。此在本身成了人类的一种可能性，并且海德格尔尝试发展一种非传统的本质概念，即作为"本质展开"（essential unfolding）[1] 的本质概念。

除了这些概念上的问题，读者可能会反驳说，海德格尔对于日常状态的自我的描述是非常局限的。他似乎忽略了各种不同的赋予我们是谁的因素：天资（talents）、性格（character）、家庭历史（family history）、性征（sexuality），等等。尽管海德格尔将对本真的自我谈论很多，但是他从未用这些个体心理学的因素来填充他对于日常状态自我的描述。他可能会说，这些因素与此在（即我们作为能够理解存在的实体的身份）并没有相关性——但这个断言是有争议的。最可能的是，海德格尔之所以忽略了这些心理学范畴，是因为他警惕着这些心理学范畴背后的形而上学假定。尤其是，他希望避开这样的假定：人的生活主要是在一个私人的"心理"空间中进行的，即此在作为可以独立于周围文化的灵魂（psyche）。对于海德格尔而言，所有的人之可能性，以及所有我们对这些可能性描述的词汇，都是由我们的文化（我们的"常人"）提供给我们的。

第 28 节："在之中"的基本特征

我们在第 12 节看到，此在的"在世界中存在"并不仅仅如同一个事物处在世界中那样存在，而是栖居于世界中。

---

[1] 德语原文为 wesen，在《哲学论稿（从本有而来）》中译本中（孙周兴译，商务印书馆，2012），wesen 被译为"本质现身"，而非"本质展开"(essential unfolding)，在此暂时先按照英译文译为"本质展开"。——译注

世界并不仅仅是此在碰巧在其中的地方——世界是此在存在不可分离的部分。如果某人是一个快乐的中国乡下养猪人，那么这意味着他的世界将作为一个有趣的、快乐的世界向他绽放出来。这个养猪人的世界是一个围绕与中国农村有关的事物而组建的世界，也是一个许多重要指引都涉及照料猪的世界。他是事物向他显示其自身的方式。因此，海德格尔可以说，"此在是它的展开状态"（第133页）——它是它自己的世界，或者是"此"，"澄明"。（"澄明"将会成为海德格尔后期喜欢的一个词。）现在，我们将更为细致地考察我们是如何栖居在我们的世界、我们是如何"在此"。

第一篇第五章承担了这个任务，海德格尔将区分"在之中"如下的结构特征：

1. "现身情态"。德语 Befindlichkeit 这个词指的是：我们的情绪是我们发现我们在世界中的方式。没有理想的英语对应词[1]，但是我们使用 attunement（现身情态）去趋近海德格尔的意思。人的现身情态展开了人的被抛状态：现身情态是我们发现自身被抛入世界中的方式。拥有一个现身情态，因此就涉及拥有一个过去，因为我总是发现我自己已经以某种方式与世界调谐。海德格尔将聚焦在怕（第

---

[1] Befindlichkeit 在陈嘉映与王庆节的《存在与时间》中译本中被译为"现身情态"或"现身"。在《存在与时间》边码134页的中译注释中解释如下："Befindlichkeit 来自动词 befinden。Befinden 一般有情绪感受、存在和认识三个方面的含义。这里，我们将它译为'现身情态'或'现身'，力求表明其'此情此景的切身感受状态'以及这种状态'现出自身'的含义。"Befindlichkeit 这个词的其他中译包括"处身性""处身情境""生存情态"等。——译注

30节）与畏（第40节）来作为现身情态的特别有趣的例子。

2."领会"。这是我们做人、做事以及在世界中活动的基本能力。这是使我们能够与存在者打交道的基本的"知道–如何"（know-how）。领会涉及筹划到将来，它为我们敞开了可能性。海德格尔将会表明，领会比对事物的理论断言更为源始。

3."话语"。这是把世界转为可认识的、可传达的含义整体（patterns of meaning）[1]的分环勾连。它同时涉及现身情态与领会（第133页）。被情绪敞开和被领会所把握的世界最后被话语所组建。话语使语言成为可能。

4."沉沦"。这是一种沉浸于在当前世界中所照面的实体的倾向。沉沦是典型的日常状态。沉沦是被抛状态的通常的显现方式。它拥有其自身的、肤浅的领会和话语形式。

所有这些"在之中"的特征与拥有一个过去、拥有一个当前和拥有一个将来的整体系统相符合。我们从把我们调谐到世界的过去中被抛出来；我们根据我们筹划到将来的可能性来领会世界；我们沉沦到世界中，为在世界内呈现的实体所吸引。海德格尔将从"操心""时间性"和"历史性"的角度理解这个总体结构。我们可以开始理解为什

---

[1] 关于 patterns of meaning 的译名，似可译为"意义模式"。不过在《存在与时间》关于"话语"的章节（第34节）中，有如下内容："话语是可理解性的分环勾连（Artikulation /articulation）。……我们现在把话语的分环勾连中分成环节的东西本身称作含义整体（Bedeutungsganze）。含义整体可以分解为种种含义；可分环勾连的东西得以分环勾连，就是含义。"（边码第161页）——译注

么他的这本书的标题是《存在与时间》。

到目前为止，我的简要解释仅仅是初步性的草绘，需要添加更可信的细节。海德格尔将提供更多概念的细节和一些具有说服力的例子，我的主要关切是补充更多的例子。

第 29—30 节：现身情态

我们中的一些人比其他人对于情绪的意义更为敏感。那些对于情绪更不敏感的人倾向于认为，情绪使我们与实在分离。一种愉快的情绪以愉悦的方式扭曲了实在，通过"玫瑰色眼镜"来看待实体。嫉妒是一副"青色的眼镜"，以较不愉快的方式歪曲世界。但是客观的思想者——人们假设——将摘下这些主观的心理"眼镜"，而观察事情本身的样子：既不是好的也不是坏的，不是丑的也不是美的，而仅仅是一套铁的事实。

然而，对海德格尔来说，情绪是开展着的。它们比理论命题更为源始地向我们显示事物。比如，害怕的情绪（第30节）并没有切断我们与事物的联系——相反，害怕揭示了某个东西是一种威胁。类似地，"我们倾向于说爱情是盲目的……但是爱情恰好造成了明见"[1]。

如果可以使用1960年代的语言，那么我们会说，一

---

[1] *History of the Concept of Time*, p. 296.（海德格尔：《时间概念史导论》，欧东明译，商务印书馆，2014年，第464页。）

个情境（situation）会发出其自身独特的振动，通过我们的情绪，我们可以与之相调谐（共谐）。一个在挤满人的房间里感受到"不好的氛围"的人，他将以一种特别的方式处身于此房间，他会注意到其他人不会注意到的东西，还可能对这个情境有很好的理解（他可能识别出人群处在一种的愤怒情绪中）。而另一个处在不好情绪中的人，也许就不能抓到这些氛围，因此可能会完全意识不到此一情境的意义，即便她可以列举关于这房间里人的几百个事实。

因此，并不是所有的情绪都具有同等的展开能力。有人可能会陷入非本真或不适当的情绪中。在这种情况下，情绪依然显示事物，但却是以非常受限的方式显示它们。这就是为什么我们需要获得对我们情绪的一些控制（第136页）。我们的目标不是从情绪中完全脱离，而是找到正确的情绪。（人们可能希望海德格尔关于如何做到这点说得更多。）

对于情绪的另外一些谈论方式可以对现身情态进行更多的阐明。我的朋友问我："最近怎么样？"（How's it going?）我回答："一般。"——这里的"它"（it）是什么？它不是任何特别的东西，而是一般的事情、生活，或者如海德格尔所说的"整体的在世界中存在"（第137页）。我总是以某种方式被我的整个处境所调谐。这是我在此的方式——或者，更准确地说，这是我的"此"（第139页）的方式。

当然，有时"它"（it）更为特别：比如，我可能回答说，我对于某些特别的事件感到愤怒或伤心。这些情绪（mood或emotion）是关于我生活的个体化的特征。海德格尔说，敞开作为整体的"在世界中存在"的情绪（比如我们将看到的畏），比关于具体事物的情绪（比如害怕）更为重要，也更具揭示性。

我也可能这样回答我的朋友："哦，我今天从早晨就没来由地心情不好。"这句话也是具有揭示性的，因为它指出了一个事实，即现身情态包含了一个过去。我发现我已经以一种别具一格的方式（在这个例子中是错误的方式）被抛入这个世界中。我没来由地心情不好不仅仅是已经过去的事件，它也是我正在承担着的负担（第134页）。用海德格尔的术语，我们的被抛不仅是一个"事实性"（factuality），而且是一个"实际性"（facticity）（第135页）。一个实际性的实体每天都会面对这样的任务：成为它已所是和选择它能所是。（这个任务在不同寻常的情绪中表现得尤为明显，在这样的情绪中，我们会对我们必须成为我们自己这样的事情而感到奇怪。"为什么我是这个特别的人？"我问我自己，"为什么我在此地存在？又为什么在此刻存在？"）

既然承受生存的负担是很困难的，那么大多数的情绪是非本真的、逃避的，也就不奇怪了。比如，我们沮丧烦躁（depressed irritability）的情绪可能更多是"掩盖"我们的周围世界而不是展开它（第136页）：我不是采取明确的行动回应我的处境，而是无效地憎恨它。即便我对"没来由地心情不好"的评论也是既有误导性又是有揭示性的。我倾向于把我的情绪看作是任性的、无意义的东西，这样我就使情绪更加缺乏展开性。

因为我们总是以某种方式被抛到这个世界中，我们就不可能没有情绪。一个很"酷"的青少年在他面无表情的脸上戴着太阳镜是处在一种无聊的冷漠情绪中（或者，他处在一种想要无聊的情绪中，因为他相信无聊是成熟的标志）。记录着亚原子粒子轨迹的"客观"的科学家处在一种着迷或者闲暇好奇的情绪中（第138页）。没有现身情态的人将完全不成为人本身，因为这样的实体没有什么办法生存在世界中。我们永远不能摆脱我们的被抛状态，永远不能摆脱我们的过去。因此"总是已经"（always already）这个海德格尔的双副词遍布于《存在与时间》中。

经常地，西方哲学家试图从"主观的"情绪或情感中逃离出来，单靠理性的力量寻找"客观的"清晰性与确定性。如果海德格尔是正确的，那么这是一种非本真的对于个人被抛状态与实际性的逃离——它渴望一个没有过去的状态。比如，笛卡尔在一个没有"任何担忧或激情"的时刻使自己退却到"一个火炉小房间"里，在这里，他在思考，根据一个人自己的计划来创造一切将比依靠传统来创造更好。[1] 他的结论是，"我们的判断要想一尘不染，十分可靠，就像一生下来就完全运用理性、只受理性指导一样，那简直不可能"[2]。当他从他的人造子宫中出来，他决定仅仅通过理性来构建他自己的真理系统。但是，海德格尔指出，所有系统都依赖于过去——包括自己对于世界的前-理性

---

[1] Descartes, *Discourse on Method*, pp. 6–7. （笛卡尔：《谈谈方法》，王太庆译，第11页。）

[2] 同上，pp. 8。（笛卡尔：《谈谈方法》，王太庆译，第12页。）

的熟悉以及数千年的文化与哲学传统。没有任何方式能够从零开始建立真理。一生下来就能完全使用理性的观念是荒谬的，因为推理预设了一个对世界的预先的揭示，这种揭示主要通过现身情态来实现。

接受海德格尔的分析有一个必须付出的代价。尽管他恢复了情绪，恢复了它们的意义及其展开性的力量，他却切断了我们获得绝对知识或整体知识的可能性：既然此在是被抛的以及是实际性的，我们总是从某个特定的视角来经验世界。我们永远不能保证我们找到了一个最终的以及最好的视角。我们将不得不问，这是否使我们处于一种极端的怀疑主义和相对主义之中——这是笛卡尔最担心的命运。

第31—33节：领会、解释与命题

由于我们的现身情态，我们发现我们被调谐在世界之中，被安置在世界之中。在这个世界中，各种实体通过无数的方式向我们展现它们自身。我们知道：这是一家非常好的餐馆，冬季的夜晚很冷，流浪狗很危险，地球绕着太阳转。丰富多彩的宇宙是怎样对我们变得透彻的？我们是如何理解我们自身和我们周围事物的？

我们可能被诱导到以考察我们的断言作为开始：比如"地球围绕着太阳转"这样的断言。我们可以研究这个陈述是如何与一个系统（比如一个天文学理论）的其他命题相融贯的。我们可以构建和思考我们可以从中建立和证实这个命题的科学方法。我们甚至可以从这个命题的内容中抽象出来，从形式上看它，只是把它当作一个声称关于某些东西的命题。我们可以构建一个形式的逻辑系统，这个逻辑系统可以规定一个命题是如何从其他命题中导出的。这些总体的目标涵盖了很多当今的哲学家探讨的问题。

当然，《存在与时间》并未提出任何这样的"理论的理论"。这不是说逻辑学是错误的，或者说科学哲学没有价值——而是在海德格尔看来，还有更为根本的问题需要去追问。命题对于领会的本质而言，并不是一个很好的线索，因为我们在构建事物的命题之前，必须已经对它们有所领会。我们在世界中的因缘不能被还原为一套命题。（一个这样的还原论的极端例子是维特根斯坦的《逻辑哲学论》，在那里，世界被定义为"一切发生的事情"，而"事情"被理解为可以在命题中得以表达的东西。维特根斯坦后期的思想则更接近海德格尔。）

比所有断言（命题）更为根本的是，我们从一开始就具有在世界中做事的能力。可以说，我们通过采取一个立场来领会——即通过采纳一些生存与行动的方式来领会。为此，我们必须能胜任我们正在做的事情——我们必须能做，并且能够胜任。海德格尔告诉我们，他的术语 Verstehen（领会／理解）"意在返回到" Vorstehen（词源学上意为"站立在前"），意思是熟练的管理[1]。根据海德格尔

---

[1] *The Basic Problems of Phenomenology*, p. 276.（海德格尔：《现象学之基本问题》，丁耘译，上海译文出版社，2008年，第378页。）

之前对于世界性的分析,其意思是我们通过让事物在我们自身存在的一种可能性中结缘而展开事物(第84页)。为了成为一个穿着得体的冬季步行者,我操劳着保护我的身体不受寒冷的侵袭,为此我戴上了手套。在我戴上手套时,我就展开了它们。它们明白无误地作为这种别具一格的上手事物而向我揭示自身。我同样根据我能够胜任的其他领域的可能性展开其他存在者。我理解(领会)到,我能够在这个餐馆里获得美味的食物。我理解(领会)到,我可能被一只流浪狗咬伤。海德格尔提出,根据可能性,我们同样展开现成在手事物——尽管他在这方面并没有说得很清楚(第144—145页)。

一旦我展开了手套,如果我愿意,我就可以形成一个关于它们的命题,比如"这手套很暖和",但是通常并不需要这么做。我们不需要假定:在我可以与手套发生关联之前,我必须有一个这样的命题首先储存在我的头脑中,如同一只鸟在它可以飞翔之前也不需要形成关于空气动力学的观点。我们并没有储存引导我们生活的几万亿个命题的数据库。已定向的生活首先出现,它使得在特别情形中的命题的形成得以可能。(比如,我可能对我妻子说"这手套很暖和"来表达我对她在我生日时赠予我手套的感谢。)

因此,在31—33节中,海德格尔专注于拥有可能性、"筹划"可行的存在方式的"领会"。(海德格尔已经讨论了我们的被抛状态,现在他在讨论硬币的另一面——我们的抛掷 [throwing],我们的筹划 [projecting]。借用他后期的《哲学论稿(从本有而来)》的一个术语,此在就是一个"被抛的抛者"[thrown thrower][1]——既拥有一个过去也拥有一个将来的人。）

由于我们对可能性的筹划，我们对事物才有所领会（理解）。当我们更强烈地致力于一种可能性，并且把这可能性用来更进一步揭示存在者时，我们就是在解释。解释可以产生命题。

现在让我们更仔细地考察一下作为与一种可能性有关联的领会。如果拥有可能性对于我们的生存至关重要，那么我们绝不能被还原为我们实际上的在某时某刻之所是，即我们当下的特征。我不仅仅是我所是——我也是我所不是（第145页）。这听起来很矛盾。但思考一下，在我们的日常经验中，我们通过询问某个人的工作来了解这个人。她回答："我是一个雕塑家。"这是什么意思？在这个时刻，她并不在做雕塑，因此这个陈述并不是指她当下的特征。她在过去做过雕塑，但她过去也可能做过无数件别的将来还会再做或者不再做的事情。"我是一个雕塑家"的陈述（如果它确实是一个有揭示性的命题）的意思是，雕塑的可能性对于她而言是一个重要的可能性。主要通过雕塑，她理解她自身和她的世界。她是作为一个雕塑家来通达事物的。这是一个比任何她可能做的计划或者她设想她自己将来的图景更为根本的东西（第145页）。这些计划与图景本身仅仅是她基本的"雕塑家式地"生存的一个特殊的显现。她的这个身份是由她有能力做雕塑而形成的。一般来说，

---

[1] 此术语见《哲学论稿（从本有而来）》第17节"哲学的必然性"。——译注

我们的存在就是一种"能在"（Seinkönnen）[1]（第143—144页）。"就其存在而言，这一我本身向来所是的此在是由此而得到规定的——对于这种存在，我们可以这样说道：我是，这就是说，我能。"[2]

海德格尔在《存在与时间》第146页简要地提到了本真领会与非本真领会的区别。仍以我们的雕塑家来说明。她也许非本真地沉迷在她的世界中，并且以这种方式来理解她自己：她也许沉浸在她的雕塑中，并且把她自己仅仅理解为制作雕塑作品的工具。但如果她本真地领会她自己，那么她就会以相反的方式通达世界：她是为了创造性地生存而进行雕塑的。（当然，这并不意味她不关心她的雕像，相反，她明确地选择把她自己融入雕塑的制作中。）

在我们为自己筹划可能性时——不管是本真地还是非本真地筹划——我们已经同步地在它们自身的可能性中展开着其他实体了（第144—145页），甚至我们领会了存在本身（第147页）（这个关键性的论断从未在《存在与时间》中得到充分的阐述，但在本书第四章的末尾，我们将进一步地讨论它）。从广义上说，我们"看见"（see）存在和存在者。海德格尔把这个"看"（sight）与"纯粹直观"对立起来（第147页）。在纯粹直观的哲学理想中（胡塞尔称之为"充分的明见性"），事物以纯粹的在场呈现：一个被完

---

[1] Seinkönnen 被英译为 ability to be、can-be、potentiality-for-Being、potentiality of being 等。——译注

[2] *History of the Concept of Time*, p.298.（海德格尔：《时间概念史导论》，欧东明译，商务印书馆，2014年，第467页。）

全揭示、完全给予的现象。对于很多思想家来说，纯粹直观的模型是一种清晰的感知（如太阳光照的直接给予），或是一种关于真理的清晰的认识（如对毕达哥拉斯定理的一个洞见时刻）。海德格尔认为这样的直观不可能发生在被抛与筹划的背景之外。用时间性的语言来说，当前唯有拥有一个过去与将来才有可能。如果我没有筹划成为某个人的可能性，并且如果我没有以某些方式被调谐、被抛到世界中，那么我就不可能对太阳或者毕达哥拉斯定理有直观。我将完全被封闭，对我而言没有东西存在，因为我将完全不会有"此"。

海德格尔对于直观的评论暗示着他对西方思想的整体批判。自古希腊以来，我们关于知识的理想就是无背景的直观——一种从周围世界中解脱出来的注视（第61、138、171、358页）。伴随着这种理想的是关于一般存在者的概念，即一般存在者是可以在直观中通达的存在类型：现成在手存在（第147页）。海德格尔与这种在场的形而上学相对抗，要求我们认识到关于现成在手对象的直觉只是一种有限的、衍生的领会模式。这种认知以放弃我们对于完全与完美理解的希望——纯粹的在场——为代价。我们永远不能摆脱我们情绪的约束和我们自己独特的可能性的限制，即便其中一些生存方式比其他方式更具揭示性。

我们可以做的就是追求一种可行的可能性，利用它把我们的领会展开为一种成形的解释（第32节）。再一次，海德格尔聚焦在实践生活中，因为这是生存的最日常的类型。在日常生活中，我们可能通过改善某物的方式来解释它（第148页）。比如我花了一下午来打理花园。我后院的花园符合我对园艺活动的可能性的理解,这也就是我把这个花园"作为"花园的原因。我现在以我预先的领会来工作,我以某种特定的预期和目标来通达花园,并想办法改善它。我注意到花园中有些杂草,我把它们"作为"杂草来看待——连根拔起。我把一些蔬菜"作为"成熟的蔬菜来收获。我把一些植物"作为"需要浇水的植物来灌溉。基于我对于园艺活动的预先领会,我把花园的组成部分"作为"一些需要以不同方式来处理的物件来解释。这些"作为"的整体就建构了解释。(第149页)

如果我缺乏对于园艺活动的预先的理解,我就不能以这种方式解释花园。为了解释它,我必须已经对于一个处境筹划了可能性。因此,一个"解释从来不是对先行给定的东西所做的无前提的把握"(第150页)。一个解释总是由先行具有(fore-having)、先行视见(fore-sight)和先行掌握(fore-conception)所引导(第150页)。这些表述的含义相当含混,但要点在于,在我们能够解释某物之前,我们必须已经在多种方式上对它有了某种"把握"。

海德格尔强调,若缺少这所有的"作为"(as-es),我们就不可能经验任何东西。海德格尔喜欢的例子是噪声(第163—164页)。我们总是把噪声看作是某种事物的声音,我们总是把一种颜色看作是某种事物的颜色。我们并不经验未经处理的、未经解释的感觉材料——这些都是沉迷于纯粹直觉可能性的哲学家的发明。与通常的说法相反,现代自然科学并不基于无前提的观察,而是基于一套特别的前提(第362页)。没有任何知识或经验是没有偏见(预先判断)的。

那么，海德格尔是一个怀疑论者，认为我们不可能知道任何东西，因为我们被禁锢在我们特定的偏见中吗？还是说，他是一个极端的相对主义者，认为所有的解释都同样正确？实际上，他两者都不是。毕竟对于一个极端的相对主义或者怀疑论者来说，如此做是没有意义的：写作一本书试图说服我们他对此在的解释是正确的。他写道："解释可以从有待解释的存在者自身汲取属于这个存在者的概念方式，但也可以迫使这个存在者进入另一些概念，虽然按照这个存在者的存在方式来说，这些概念同这个存在者是相反的。"（第150页）我们永远不能允许我们的假设"以偶发奇想和流俗之见的方式出现，而是要从事情本身清理出来这些先行结构"（第153页）。海德格尔相信客观性——但客观性并不意味着完全没有偏见与视角。相反，真正的客观性包括愿意根据自己的发现来修正自己的观点。负责任的解释者根据这些假设来通达事物，而且也会调整这些通达事物的假设。如我们在前面看到的那样，解释是一个循环过程——但这个解释学循环并非一个导向空无的恶性循环（第152—153页）。它可以澄清和深化我们的理解。

然而没有任何理解是绝对的，即没有任何理解是独立于偏见与筹划的，因此"相对主义和怀疑主义的理论源于一部分得到证实的、对绝对主义和独断论颠倒真理概念的反对"[1]。绝对主义者和独断主义者把解释理解为仅仅是构

---

[1] *The Basic Problems of Phenomenology*, p. 222.（海德格尔：《现象学之基本问题》，丁耘译，上海译文出版社，2008年，第298页。）

造一些完美、正确的命题系统的途径。但实际上，解释是一个开放的、不断进行的过程，只要这个过程继续进行，那么它就比任何静态的系统能够提供更多洞见。一旦解释停滞，它就变为仅仅是僵化的概念集合，而非一种愿意修改其前提的思想方式。

我们现在已经准备好去探索意义的现象（第 151–152 页）。当一个事物可以向我们通达时，这个事物"就具有意义"。意义是赋予我们通达事物的背景（context）。因为这个背景从我们自身的有能力筹划可能性而来，我们可以说意义是"此在的一个生存论性质"（第 151 页）。比如我对于园艺活动的熟悉作为一种可能性提供了一个意义领域，在这个意义领域中，我可以去做关于我的花园的事情。植物与土地因此对我而言"有意义"，即我理解它们，并可以解释它们。它们作为我自身生存可能性的相关者而向我揭示。

在我们对第 14–18 节的讨论中，我们临时性地定义了指引就是帮助我们理解一个实体的目的或意义。海德格尔对"意义"的解释让我们可以改进这个定义：一个指引就是一个我们能够筹划，并让我们与一个作为某物的实体照面的可能性。比如，如果我说我花园的一株植物指引向可以提供我食物的工件（work），这相当于说我能够把它作为一种可能的食物而通达它并且与之照面。

如果世界是指引的整体（第 76 页），那么世界就是可能性的整体——我们所熟悉的选择的综合体，它使我们能够以一种胜任的方式通达存在者。世界是一个意义领域，在其中我们可以进行生存的各种活动。一般存在者以及存在本身由此而对我们"有意义"：我们理解实体和存在，我们甚至可以开始构建一个解释，其中我们可以明确地追问存在的意义问题。

人们不应该得到这样的印象，即我们通过一些意志的行为创造了作为可能性整体的世界。相反，海德格尔可能会说，我们是在最早的童年时期就已经进入世界，我们通过学习如何参与到一个共同体中而成为完整的此在。这个共同体向我们呈现诸多机会的领域，并且我们通过筹划特定的可能性来学习如何栖居于这个世界。没有哪个个体的此在可以创造整个意义网络，我们做的大多数选择都不是刻意的意志行为，而是非反思的技能练习。

第33节探讨了使得解释可以形成命题的某些特别的情形。海德格尔用他喜欢的例子即沉重的锤子来说明；我已经用过手套的例子了，这里增加一个园艺活动的例子。我在花园除杂草的时候，也许头脑中没有任何命题。我可能仅仅拔掉蒲公英的根，而这就构成了对蒲公英作为杂草的解释。但我也有机会形成一个命题。一个儿童问我："你为什么拔掉那美丽的花朵？"我回答："因为它是一棵杂草。"我现在与这个儿童共享我关于这棵植物的观点，即蒲公英是对我所种植的植物有害的东西（见《存在与时间》第154—155页中海德格尔关于命题的三个特征的论述）。

如果我愿意，我现在就可以写下一句话："蒲公英是杂草。"我甚至可以用符号逻辑学对这句话进行形式化：$(\forall x)(D(x) \rightarrow W(x))$（译回英语就是：对于任何一个对象x，这是一个真命题：如果x属于蒲公英植物的类，那么它就同样属于杂草的类)。我开始把这株带花植物当作是某种事物,而且蒲公英性以及杂草性是它的属性。我现在把这蒲公英当作是现成在手实体。但我不应该忘记这个事实,即在我将蒲公英对象化和对之形成一个命题之前,蒲公英已经对我有意义了。海德格尔指责传统形而上学和逻辑学把断言或命题(狭窄意义上的逻各斯 [logos])作为起点,并且视其为意义和真理之家(第154、165页)。他们把断言或命题当作"漂浮无据"(free-floating,这个表述在海德格尔那里总是贬义的)的东西(第156页),而不是将其根基置于"在世界中存在"。这种批判也适用于海德格尔早年的观点,因为他自己曾经归属于这种他现在强烈批判的有效性的理论。任何从命题开始的理论(包括符号逻辑学,第159页)都完全无法把握意义的本质。

海德格尔对于逻辑学的批判是他作品中经常出现的主题,而且这也是他一些讲座课程的出发点。[1] 他并没有否认逻辑学内部的任何理论的正确性,而是认为逻辑学这门学科(作为一种关于狭义命题的逻各斯理论)是不能阐明哲学的最根本的问题的:什么是意义?什么是真理?什么是存在?这些问题只能通过考察逻各斯的更为源始的意义才能通达——逻各斯即这样一个过程,通过逻各斯,世界才能敞开,实体才能向我们揭示。

虽然海德格尔并不觉得可以随意犯逻辑谬误,但他

---

[1] See GA 21, *The Metaphysical Foundations of Logic*, and *Basic Questions of Philosophy: Selected "Problems" of "Logic"*, tr. R. Rojcewicz & A. Schuwer (Bloomington, Indiana: Indiana University Press, 1994).

的确认为逻辑学规则对我们如何说话、如何阅读或者如何写作并没有很大的启发性价值。尽管我们也可以把他本人的文本作为一组命题加以分析，但他经常强调，更为重要的是关注到他作品中的问题和思想——他的命题的背景。"要点不在于聆听一系列的命题，而是跟随显现的进程。"[1] 如果我们关注一个文本的过去和未来，我们就可以参与到发展适合所讨论的事物的概念进程。如果我们仅仅把文本降格为一些命题，那么我们自身的偏见就可能依然在隐匿中。如果我们只是把文本归结为一些命题，那么我们自己的成见就依然没有被扰动。

> 一切来自源头的现象学命题作为告知性的陈述都处于走向遮蔽的可能性之中。当这些命题凭借一种空洞的前理解传递下去之时，它们就会丧失牢靠的根基而变成一种漂浮无根的名号。[2]

---

[1] "Time and Being", in *On Time and Being*, p. 2. (海德格尔:《面向思的事情》，陈小文、孙周兴译，2014 年，第 5 页。)

[2] *History of the Concept of Time*, p. 87. Cf. *Being and Time*, pp. 60–61/36. (海德格尔:《时间概念史导论》，欧东明译，商务印书馆，2014 年，第 131 页。参阅《存在与时间》，边码第 36 页。)

第34节：话语

一些哲学家从命题开始思考语言问题，比如"蒲公英是杂草"。显然，海德格尔并不这样。首先，命题只是语言的众多使用或者（如分析哲学家经常称谓的那样）"言语行为"（speech acts）（第162页）之一：比如，人们也可以发布命令"清除杂草！"或者问"那是杂草吗？"更为重要的是，言语行为与词汇以及语法（所有这些都是语言的元素）都是基于此在存在的一个本质特征——这个特征被海德格尔称为"话语"（Rede/discourse）。除非我们掌握了我们如何作为话语的实体而生存，否则我们将永远无法理解这种话语性的显现（比如词语、句子与语言）的本质。

现身情态与领会总是共同一起来揭示世界，赋予它可理解性（intelligibility）。海德格尔将话语（相当含糊地）描述为对这种可理解性的表达与分环勾连（articulation）（第161页）。这不是说海德格尔想把话语等同于言辞（speaking），相反，他把话语视为含义整体向我们显现的基本方式。这是语言的存在论前提条件，它自然地导向语言，"言词吸取含义而生长"（第161页）。作为拥有话语的实体，我能够注意到世界是如何被分环勾连的，即世界是如何包含分环勾连和关节的，这分环勾连在含义整体中对世界进行分化与结合。比如，当我走进我的花园时，我可能处在一种焦虑的情绪（现身情态）之中，它对我是可理解的，因为我有能力做园艺工作（领会）。这个花园现在向我显现为一套令人厌烦的、紧急的任务——这些任务落入一个含义整体之中（话语）。话语使得我可以用语言来向他人分享我的处境。我可以说："我的花园现在杂草丛生了！"这样花园就向他人显现了。我可以向他人揭示这个花园，是因为作为此在，我被话语所规定，我可以处理含义整体。

因此，海德格尔不把语言理解为一种私人的、主观领域之间的桥梁（第162页）就不奇怪了。我们已经"在外面"，已经和他人一起共在于一个有意义的世界整体中。沟通仅仅使我们的共同经验更为清楚明确。

海德格尔对聆听与缄默（第163–165页）的讨论，旨在更多地阐明话语是作为此在生存的一部分。因为我拥有话语，当别人告诉我关于我的花园的事情时，我就可以对此予以关注，或者我能够拒绝告诉别人我正在那里做什么。与言辞一样，聆听与缄默依赖于作为有能力处理含义整体的话语。海德格尔的"本真地保持沉默"（第165页）的概念被证明将在第二篇他关于良知的解释中起重要作用。

语言在《存在与时间》中是一个偶尔出现的主题，但是在海德格尔后期的作品中，语言将成为其主要的主题。在1947年的《关于人道主义的书信》中，他甚至写道，"语言是存在之家"。我们将在本书第五章讨论这句话。

第35–38节：沉沦

谁能告诉我们，我们的好奇心每一天有多少次被最琐碎、最微不足道的东西所吸引？谁能告诉我们多久失足（give way）一次？……的确这些景象使我赞颂你创造的所有的一切及其你给予这一切的秩序，但是当我起初观看它们时，我并没有想到对你的称赞。快速从沉沦中站起来是一回事，而不再次沉沦又是另一回事。——奥古斯丁《忏悔录》[1]

尽管海德格尔竭力把他的作品去神学化（de-theologize），但"沉沦"（falling）这一概念和名称无疑在很大程度上归于他的基督教背景。当然，这并不必然是一个缺陷——它可能显示出基督教的成长背景能够促使人们去关注一种非常真实与普遍的人类境况。

沉沦是日常"在世界中存在"的运动或方向。日常状态的此在以常人自我的方式生存，为其当下的事情所裹挟，其理解是肤浅与传统的。海德格尔对沉沦的分析显示了"在之中"的基本结构（现身情态、领会与话语）在日常状态中是如何表现的。

沉沦可以用通常经验来描述：我发现自己在一个书店的杂志书架前面。几百种的彩色期刊吸引了我的注意。我翻阅关于明星八卦的杂志，然后看一下电脑杂志，然后又好奇地去看了看今天报纸的内容与标题。我被这些东西所吸引，沉迷其中，但却是以浮光掠影的方式浏览这些东西——我并没有对某一本深入阅读，因为我已经在准备看

---

[1] St. Augustine, *Confessions*, tr. R. S. Pine-Coffin (Harmondsworth: Penguin, 1961), p. 243.（奥古斯丁：《忏悔录》，周士良译，1996年，221页，译文稍有改动。）

下一本了。也许我站在书架前有一个小时。最后我感到有些恍惚。我猛然回过神来，记起我为什么在这里，然后去做我自己的事情。尽管我跟上了人们谈论的最新话题的节奏，但是我对于自己浪费时间感到厌恶、烦躁。我感到我没有从中学到任何有价值的东西。

对于海德格尔来说，所有日常的行为都像我在杂志书架前的行为。我们被常人所说的、所做的、所相信的事情引导着。在我们热切希望赶上潮流之时，我们完全没有时间去探索我们自身的东西。我们以按部就班的生活、稍纵即逝的兴趣来逃避我们面临的明确抉择：关于我们自身是谁，以及我们做什么的问题的抉择。

正如对"常人"的讨论那样，海德格尔似乎在这些章节中对日常状态持指责态度，尽管他声称他并未做任何道德判断（第167、176页）。这样的声称是有争议的。一些读者相信海德格尔说的话，但另一些人认为，这仅仅是他用严肃的存在论事实的外衣来包装他个人的道德观点的方式。这个问题是一个让我们重思关于事实判断与价值判断二分法的很好的机会。也许日常生存确实是肤浅的、含混的以及逃避的。这些话也许不仅仅表达不赞同的意见，它们也可能描述现实（reality）。如果我们以反对的方式回应这样的现实，或许是因为有不同的生存方式（即本真的生存）的牵引，海德格尔将在《存在与时间》的第二篇讨论这个话题。

不论如何，他会坚持，虽然我们有时会抵抗与克服沉沦，但沉沦本身却是人类境况中的永恒趋向。此外，任何暂时的克服沉沦的对事物的本真把握，都必须从日常的肤浅性和含混中发展出来——它不能简单地跳出日常状态，从而达到一种纯粹的意识状态，而完全不受我们日常态度和判断的污染（第169，179页）。

沉沦之所以如此普遍，是因为它是被抛状态的直接结果（第179页）。正如海德格尔在第169页所说，"情况从不会是：有一个此在不受公众的解释方式的触动与引诱，被摆到一个自在'世界'的自由国土之前，以便它能只看到同它照面的东西"。如果我们能够直接面对实在，而没有过去的包袱，那么我们将不会不断地返回到习惯、舒适、循规蹈矩的状态中。但我们总是被抛到一个由过去提供给我们习惯以及"常人"的世界。没有过去的人是一个没有世界的人——而且实际上将不成为人本身。我们既定的、舒适的存在方式是我们解释所有东西的基础。通常，我们简单地接受这些被给予的基础，并沉浸于生活的直接操劳中——简言之，我们是沉沦的。并且这种沉沦是必然的——因为如果我们不断地挑战我们的习惯，那么我们将会瘫痪（paralyzed）。如果没有任何持存的基础提供给我们去解释，我们就永远在"无意义的深渊"（第152页）的边缘蹒跚。

第39-42节：畏与操心

沉沦是我们普通的日常生活必然的生存样式。但并非所有的时刻都是普通的、日常的。一个例子就是畏（Angst）

的情绪。海德格尔对于畏的分析显示了直面人类境况是多么令人不安，他现在给予这个人类境况一个新的名字，即"操心"。

畏的主题与到目前为止《存在与时间》第一篇聚焦于日常状态有所不同。畏是罕见的，日常状态的视角倾向于把它贬低为无意义的混乱状态时刻。但是如果日常状态的沉沦加剧了对世界和我们自身的肤浅的解释，那么任何深刻的、富有意义的经验都必须是非同寻常的和不协调的（jarring）。实际上，我们倾向于通过紧紧抓住日常状态的麻木的吸引力而避免这样不惬意的经验。从这个意义上说，沉沦是具有诱惑性的（第 177 页）。不仅沉沦对于我们的日常生活、工作是必要的，而且当我们有机会获得一种非同寻常的、深刻的，但却令人不安的经验时，我们也倾向于沉迷在沉沦中。

畏不是唯一的具有深刻启示性的情绪，在 1929 年的《形而上学是什么？》中，海德格尔提到了对我们所爱之人的当前在场的愉快情绪。[1] 在 1935 年的《形而上学导论》的开篇中，他谈到了狂喜和无聊的情绪。[2] 1928—1929 年的《形而上学的基本概念》中甚至包括了 100 页的对无聊（boredom）的分析。（海德格尔是试图在他不幸的学生中

---

[1] "What is Metaphysics?" in *Basic Writings*, p. 99.（海德格尔：《路标》，孙周兴译，商务印书馆，2001 年，第 127 页。）

[2] *An Introduction to Metaphysics*, tr. R. Manheim (New Haven, Connecticut: Yale University Press, 1959), p. 1.（海德格尔：《形而上学导论》（新译本），王庆节译，商务印书馆，2015 年，第 2 页。）

第三章 《存在与时间》：导论与第一篇

唤起这种情绪吗？）所有这些经验都可能唤醒我们意识到"有存在者而不是什么都没有"所带来的意义。

不过，海德格尔最为著名的描述是畏（Angst），这也是他在《存在与时间》中选择进行阐述的情绪。（克尔凯郭尔是第一个详细考察这个现象的思想家，参见其发表在1844年的《恐惧的概念》[1]。一些人选择把 Angst 翻译为"恐惧"[dread]。自从1950年代存在主义风靡以来，这个德语词 Angst 已经广为人知，以至于几乎成为一个英语词汇。斯坦博的译本没有对此翻译，而是保留了原文 Angst。）但什么是畏？不同于害怕，畏不是关于任何特别事物的畏（第186页），而是一种关于我的整体在世界中存在的一般化的情绪（第188页）。在畏中，具体的实体和它们的意义对我们而言似乎不再相关，它们变得无关紧要，没有意义（第186页）。如海德格尔在《形而上学是什么？》中提到的那样，存在者在畏中"溜走了"[2]。这种情绪在任何时刻都可能侵袭我。也许当我忙碌于在我的花园中除草时，我的活动突然间变得无意义。我知道我是为了维护这个花园而除草，而我维护花园是为了消遣和食物，而消遣和食物

---

[1] 克尔凯郭尔与海德格尔对于"Angst"的理解与分析有相同之处，也有差异。陈嘉映与王庆节的《存在与时间》译本将其译为单音节词"畏"。在京不特翻译的克尔凯郭尔著作中，将其译为"恐惧"，见克尔凯郭尔：《畏惧与颤栗·恐惧的概念·致死的疾病》，京不特译，中国社会科学出版社，2013年。麦考利与罗宾逊的英译本《存在与时间》则把 Angst 译为"Anxiety"。Anxiety 通常被译为"焦虑"。——译注

[2] "What is Metaphysics?" p. 101.（海德格尔：《路标》，孙周兴译，商务印书馆，2001年，第129页。）

构成了我通常的人生的一部分，但这个作为整体的人生本身却似乎变得无意义。我想知道，"所有这一切的意义是什么？""我在这里干什么？""我是谁？"日常生存的安全感（在其中，人生的意义似乎是牢固的和显而易见的）被打碎了。畏就是无意义的迷乱时刻——但这个"无意义"并不是琐碎意义上的无意义，而是意义遭遇严重危机的无意义。

我通常在我的世界中寓于存在者而在家；如我们在第12节看到的那样，海德格尔甚至以栖居（dwelling）来解释在之中（being-in）（第54页）。但在畏中，我感到疏离、茫然失所与不安定（第188–189页）。海德格尔甚至告诉我们，相比于普通、日常的栖居，"不在家状态必须被认为是更为源始的现象"（第189页）。对此我们该如何理解？

首先，我们必须指出，当一个人感到无家可归时，他不会是仅仅因为存在于某个特定的地点而返回到（"在"某个地方的）现成在手实体的存在方式。无家可归也不是说他完全停止"在世界中存在"。畏是"在世界中存在"的一种特别的存在方式，而且唯有此在才能经验它。

其次，在畏中，在日常生活中栖居的很熟悉的意义和功能并没有简单地消失。实际上，通过变为一个问题，它们以非同寻常的力量侵袭人。把熟悉的东西置于不熟悉的光照中，畏给予我们掌握自己的人生以及明确地、果决地栖居于世界的机会。畏显示了一个原则，这个原则我们在上手事物的功能停止时也可以看到（第16节）：当事物对我们不顺手时，我们意识到它们的重要性。

但为什么无家可归状态比在家状态更为源始？当海德

格尔做出这个断言时，他似乎是在说，我们永不可能为我们的世界寻找到一个可以依靠的不可动摇的根基。世界是意义的组织结构（tissue），它是脆弱的、不确定的，需要不断重新解释。不论看起来我们的信仰是多么的坚固，或者我们的生活是多么的惬意，我们总是被暴露在畏的可能性中。实际上，这种可能性使我们与单纯的动物不同。鸟没有感受疏离的能力，因为它的目标与需求根据其本性已经固定下来。即便在一个不熟悉或者恐怖的环境中，鸟也总是依赖于直接可用的方式来试图与这种环境打交道。鸟不能从其本能的对事物的理解中退出来，不能把它自身当成一个问题。这意味着动物比我们更牢固地被系于它们的"家"中。

但矛盾的是，我们同时也能够比任何动物都更为强烈地栖居。我们有能力挑战我们自己的解释，重新肯定或者修改它们；通过这种方式，我们从我们的过去中建立起我们自己未来的家。此在历史性地栖居着。在《存在与时间》第二篇以及他后期的著作中，海德格尔非常明确地希望唤醒我们自身的历史性。如果我们是本真地历史性的，我们就不会沉溺在我们世界的舒适之中，我们将迎接畏的无家可归状态，把它作为重新安置和回到我们在家状态的机会。

畏的令人不安的经验还能够对我们的存在说点什么？在第41节中，海德格尔把畏视为此在的三个相互关联的方面的一个指示，它们共同归属于"操心"。

首先，如海德格尔已经在第9节中声称的那样，我自身的生存对我而言是一个问题：我被指派了一个成为某人的任务，而且我与向我敞开的可能性打交道的方式将规定我之所是。尽管我可能想要如此，但我的身份不能奠基于我在日常中与之打交道的事物。我的花园、工作或者社会地位不能定义我人生的目的，我必须通过选择一些可能的生存方式来找到我的目的（第188、343页）。此在"一向只是它所已经选择成的东西"[1]。既然畏揭示了这种选择我是谁的任务，它就会促进一种转变。我可能很快就卸掉畏而返回到日常状态中，但这种经验也可能发展成为我人生转折点的危机。我可能不再去维护我的花园，而是选择去成为一个社会工作者、诗人或者企业家。我也可能选择保留我的身份——但我通过这种方式真正地选择了这个身份，而不是仅仅让它被动地发生。海德格尔把我们需要决定我们自身的身份称为此在的生存论性质（第191页，与第231页比较），或者此在的先行于自身的存在（Being-ahead-of-itself）（第192页）。如果使用《存在与时间》第二篇的术语，我们可以把这个维度看作为我们拥有一个将来。

第二，我并不是纯粹的可能性。我已经有一个生活了。我已经熟悉于一个已建立的身份和世界——畏会质疑的那个世界。无论我如何理解自己，我都不能完全地与世界脱离——因此我必须根据我已经所是来生存。我的存在的这个特征就是实际性、被抛状态或者已经在世界中存在（第192页）。再次使用第二篇的术语，我们可以把这个维度看

---

[1] *The Basic Problems of Phenomenology*, p. 278.（海德格尔：《现象学之基本问题》，丁耘译，上海译文出版社，2008年，第379页。）

作我们拥有一个过去的维度。

第三，畏可以帮助我们意识到，我通常情况下是消散于我的日常事务中的，而对于我的生存论性质与我的实际性视而不见。从我的畏的疏离状态中，我可以认识到，我通常是在我视为理所当然的世界中在家的。寓于世界内存在者的在家存在，就是我们拥有一个当前的通常的方式。

生存的这三个维度在之前的分析中对我们而言并不陌生。但海德格尔希望畏的经验会帮助我们看到这三个维度是如何统一为单一的结构："先行于自身已经在世界中存在就是寓于（世界内照面的存在者）的存在。"（第192页）

为什么海德格尔使用"操心"这个词来描述这个结构？"操心"（德语Sorge，拉丁语cura，英语care）通常指管理或照看事物，或者指忧虑与担忧。[1] 但是因为"在世界中存在本质上是操心"（第193页），操心甚至在我们通常称为"无忧无虑"（carefree）或"不担忧"（careless）的情况下也会显现出来：我在先于我自身、已经在世界中、寓于世界内存在者中存在，甚至当我在白日梦中，在消遣活动中，在鲁莽的驾驶中，或者在沉静的冥想中，也是如此。这使得海德格尔选择的用词有些令人困惑。然而，在对"在世界中存在"的描述中，我们已经用到了"操心"这个词来指我们存在的一些本质性的特征：最重要的是，我不能不操心我们自身的存在，也不能不操心其他实体的存在，

---

[1] 当然，"操心"通常也意指作为爱或感情参与的关心。但海德格尔的"操心"甚至在我们通常认为是"漠不关心"的时候也会显示出，比如当我很冷漠地对待一个人时。——作者补注

因为我们是存在者对我们有意义的此在，它们给我们带来意义。如我们所见的那样，甚至畏也没有把我们从世界中隔离开来——实际上，畏让世界对我们而言成为一个急迫的问题。尽管海德格尔并没有直接说，但他的"操心"的语言却暗中批评了所有超然无执的哲学（all philosophies of detachment）。他坚持认为没有任何方式能够让我们不植根于一个过去以及面向一个将来。人类不可能成为无时间的、无空间的、完全冷漠的人。尽管在快乐与放松的时刻，或者在冷静的、科学的客观性的时刻，"无忧无虑"并不必然是错误的。但如果我们认为这些时刻能够从时间性网络（我们自身就在这时间性网络中被我们的存在所构成）中脱离出来，那么我们就是在自我欺骗。

第43—44节：实在与真理

在给我们描绘了日常生存以及把生存解释为操心之后，海德格尔用《存在与时间》第一篇的最后两节来处理关于此在与实在和真理关系的一些基本问题。

在第43a节中，海德格尔直接面对从一开始就尾随他的问题：所谓的"外部世界"的问题。之前在第19—21节讨论笛卡尔主义时，我们提出了这样的质疑，即这个问题唯有在人们接受了某些前提的情况下才是让人信服的。如果人们预设了主体是在内在领域中的某个特别的东西，而其他东西仅仅只是些被测量与操纵的对象，那么提出我们是否能够通达这些"外部"对象的问题就合理了。但如海德格尔坚持的那样，如果事实证明笛卡尔主义的预设扭曲了我们的存在本身，那么笛卡尔主义对外部世界的怀疑就也将证明是错误的。在我们问我们可以知道什么之前，我们必须先追问我们存在的方式。因为我存在先于我思（I am before I think，第211页），因此存在论就先于认识论。

此时，海德格尔已经提供了足够多的此在存在论，以表明他拒绝接受笛卡尔主义的预设。因为此在发现它自身参与到一个世界中，即参与到一个意义与目的的系统之中，因此，此在有一种特别的存在方式，即操心。因此，"世界本质上是随着此在的存在展开的"（第203页）。如果我把自己理解为一个工厂工人，那么我就理解了工厂工作的世界：我能够处理诸如生产与薪酬等问题。我自身的身份不能简单地与我在工作中的操劳与问题领域相分离。

海德格尔现在补充了一个这样的关键观点："'世界'随着世界的展开也总是已经被揭示了。"（第203页）回忆一下，带有引号的"世界"指的是"现成存在于世界之内的存在者的总体"（第64页）。而这就是笛卡尔对于世界的理解。那么海德格尔的观点是，在我的生活过程之中，事物向我揭示出来。如果我作为一个工厂工人而生存，那么工厂建筑物自身对我而言必须是现成可用的，并且其他实体，比如机器、原料和我的同事也一并是现成可用的。（所有这些存在者都是"可以现成在手的"：在某些特别的场景下，它们仅仅呈现为单纯的对象，尽管在通常情况下，它们不仅仅作为现成在手的对象存在。）简而言之，我能够通达超出我之外的存在者，对我自身的存在方式是具有本质重要性的。"世界内存在者一向已经随着此在在世而展开了。"（第207页）

读者必须自己决定这些论断是否合理，或者它们是否只是些单纯的命题。我是否仍然不得不怀疑我可能是在梦中的工厂，或者我是否精神错乱，或者被邪恶的魔鬼欺骗了？无论如何，海德格尔并没有证明实体业已揭示给我们——他认为这种对证明的要求是误导性的（第205-206页）。他不是通过提供一个证明来回应怀疑论对外部世界证明的要求，而是以拒绝玩怀疑论的游戏来回应，并且他试图治疗我们一开始在这个游戏中就有的误导性态度。他写道（很像维特根斯坦风格的句子），"也许，最终消除那些众多的虚浮不实的问题，减少这种问题的数量而增进那种朝向实事本身的开路性的探索，恰好就是哲学的课题研究的任务所在"[1]。海德格尔把哲学的伪问题归结为沉沦（第206页），即日常状态倾向于逃避真正的急迫的问题：我是谁？我应该做什么？

海德格尔认为存在者的揭示状态对于人类生存具有根本的重要性，以至于揭示状态先于任何可以被证明或反证的东西。正如他将在第44节中进一步说明的那样，否定揭示状态就是否定人自身的存在——这是一种"自杀"的行为（第229页）。

---

[1] *History of the Concept of Time*, p. 162.（海德格尔：《时间概念史导论》，欧东明译，商务印书馆，2014年，第247页。）

在第43b和第43c节中,海德格尔讨论了实在的存在论。我们通常使用"实在"来作为一般存在者的同义词,但对于海德格尔,"真实的"(real)存在者是一种特别类型的实体:现成在手的事物(第211页)。这些事物的存在就是它们的"实在性"(词源学上,"实在性"(realitas)的意思就是"事物性"[thinghood])。现成在手的事物不仅仅与我们关联,而且也是自在存在的:它们拥有独立于我们的属性。因此,对于实在的研究必须研究独立性与自在性(in-itself-ness)。

海德格尔认为,为了能够理解这些实在的性质,我们必须从解释我们自身的存在方式(即操心,第211页)开始。这似乎非常矛盾。因为如果真实的实体是独立于我们的,那我们如何能够通过转向我们自身而理解它们的存在?

海德格尔的回答值得认真阅读:"存在(而非存在者)依赖于存在之领会,这就是说,实在(而非实在的东西)依赖于操心。"(第212页)若此在从地球上消失,其他东西将会继续存在。上手存在的实体可能不会继续存在——如果没有使用者,一个用具就不再是一个用具。然而,其他动物会继续存在,石头也会继续是现成在手事物,等等。但存在将不会继续被给予。如果我们回忆一下,"存在者总已经是在存在已先被领会的基础上才得到领会的……存在者的存在本身不'是'一种存在者"(第6页),那么这个断言就不会那么奇怪了。存在可以被描述为实体之存在的意义——或者存在是实体能够作为实体而显现的背景——或者存在是有实体而不是虚无所带来的意义。但实体唯对于人才有意谓,才能显现,才具有意义。如果实体不能给人带来意义，那么存在就不能够发生，或者就不能够被给予任何人。

请注意，这是双向的：存在依赖于此在，但是此在也依赖于存在，因为此在是本质上能够领会存在的实体。如海德格尔所说的那样，"存在却只有在某种存在者的领会中才'存在'——而存在之领会之类的东西原本就属于这种存在者的存在"（第183页）。

对于实在的问题，这意味着实在（作为存在的一种类型）依赖于人类的理解（领会）。真实的事物是独立于我们的，但实在的意义却依赖于我们。人们不能这样错误地理解：海德格尔认为我们可以任意地决定实在的意义。相反，他是说，为了理解实在的意义，我们必须察看事物是如何在人类生活的背景中作为实在的东西而呈现它们自身的。

比如，我们的地质学家正在研究的一块石英是无可否认地真实存在的。在她研究之前，石英就已真实存在，并在她研究之后，石英还会继续真实存在。现在，这块矿石对这个地质学家来说是如何有"实在"的意义？它在她的生活中是如何被揭示为实在的？石英是实在的而非不实在的是如何给她带来意义的？根据海德格尔，除非我们研究了这个地质学家的生存是如何根植于一个过去、筹划向一个将来以及沉沦至当前的，否则我们不能回答这些问题。正是由于这个操心的结构，她在世界中存在——一个有许多操劳的世界，包括她的家庭、宗教和职业。在她的世界中，一些事物以这样的方式向她呈现它们自身，即这种方式使得她可以以地质学的方法来研究这些事物的某些特定方面。实在是一种刻画事物的这些方面的存在。现在，若缺乏事物可以从一开始就向我们呈现的背景——这个背景就是操心——那么无论石英还是任何其他东西都不能向这个地质学家呈现它们自身。尽管我们有些超前，但我们可以说，操心（它本质上是时间性的）提供了给予实在以意义的背景。这是海德格尔在《存在与时间》中提出的总体观点的一个特殊例子：时间提供了赋予所有存在模式以意义的背景。

在第44节中，海德格尔继续研究什么是与此在相关的，而什么不与此在相关。这节的主题是真理。传统上，真理与存在有关，并且真理可以被理解为某种"对应"（correspondence）或"符合"（agreement），不论是事物与命题的符合或对应，还是事物与心理判断的符合或对应。

第44a节回顾了一些观点（包括海德格尔在青年时期所接受的"有效性"理论），得出如下结论："符合"是一个最不清晰的概念（第218页）。"揭示"的概念更为有帮助（第218页）——如真理在希腊语aletheia所表达的那样，从词源学上，aletheia的意思是"无蔽"。用海德格尔自己的例子来说：我说一幅画挂斜了。然后我观察这幅画，确定这个陈述是真的。通常对于这个事件的解释是：我发现在我对这幅画的心理表象与这幅画本身之间有一种对应关系。海德格尔则以这种方式来思考它：当我确定了我的陈述是真的，我就在确定它揭示了这幅画。换言之，我的陈述帮助这幅画以倾斜的方式显示自身。这种方法帮助我们避免笛卡尔主义的内在主体（inner subject）与外在对象（outer objects）的对立，而且也帮助我们聚焦于海德格尔所认为的本质性方面：事物向我们展现自身的事实。[1]

聚焦于事物显现自身的事实的一个优点是：它自然而然地导向了这样的一个问题，即事物显现自身是如何可能的。如我们所知，海德格尔的回答是，我们自身的存在，操心，使得这成为可能。唯因此在借由操心已源始地"展开"和敞开，事物才能被"揭示"。根据海德格尔在《存在与时间》第 221—222 页中讨论的操心的维度，此在"在真理中"（第 221 页）。

但此在也同样"在非真理中"（第 222 页），因为沉沦形成了平庸的、肤浅的对于世界的解释。在我们的沉沦中，我们陷入我们与之打交道的特定存在者中，而这些存在者的意义就变为肤浅与黯淡。例如，我可能非常专注于打扫房间，以至于当我整理我的德加[2]的画时，我下意识地把它当作只是一件漂亮的装饰品，而没有意识到它真正的艺术力量。我对这件艺术作品存在的日常理解确实揭示了这幅画，但却是以贫乏的方式揭示它。换句话说，这个实体向我显示自身，但却是以极为局限和误导的方式向我显现的。构成我们生存的一部分的无蔽也伴随着遮蔽。在《存在与时间》第二篇中，我们将看到本真的生存能够刷新我们的领会，同时"与假象和伪装抗争"（第 222 页）。然而，为真理而战不可能一劳永逸地获得胜利，沉沦是我们存在

---

[1] 关于翻译的说明：海德格尔从未说过在判断中有"表象内容"（第 217、218 页）。"was gemeint wird" 应译为"意思是什么"（what is meant）。海德格尔总是避免把意义限制在私人的主观领域（如在一个心灵中）。

[2] 埃德加·德加（Edgar Degas, 1834—1917），法国印象派画家。——译注

的永恒的倾向。

如果说我们同时在真理中又在非真理中显得很奇怪，那么考虑一下，这个论断甚至可以应用到陈述中。一个陈述可以既具启发性，又有误导性。"我的德加的画是颜料和布料，正如我旧沙发上的座套。"这个陈述显示了绘画与家具之间真实的类似性，但这里主要表达的却是拒绝承认这幅画作为艺术作品的独特性。这个陈述同时具有揭示性和遮蔽性。P博士对于手套作为"有五个袋口的连续表面"的描述是另一个例子：它是准确的，但是它却错失了本质性的东西。在海德格尔后期的作品中，他喜欢说"正确的，但却不真"这样的陈述。也就是说，它们的确揭示了某些东西，但它们并没有照亮最为重要的东西——甚至助长了一种遮蔽至关重要之物的态度。如果我们把这个原则从狭义的陈述领域扩展到所有的人类实践行为，我们就能看出，尽管在我们活动时存在者总是向我们显现自身，但是它们通常以肤浅的方式来显现。

《存在与时间》第223—225页解释了作为符合的真理的传统理解的来源。一旦操心向我们揭示事物本身，我们就能够做出光照性的断言来与其他人分享这些揭示。我们可能就因此被误导，认为这些光照（illumination）或真理是以某种方式被包括在命题中的，而实际上基本的光照是先于并且是使得这些命题成为可能的东西。真理因此就变为了一个现成在手命题与一个现成在手事态之间的一个现成在手的关系。在某种程度上，这可能正确的，即说真命题与事物"相对应"，或真命题与事物处在和谐之中——但在我们认识到是源始的光照使得这些对应成为可能之前，我们将永远不能理解这种和谐。

很多哲学家把真理的对应理论与融贯理论相对照：我们的信念越是形成一个一致的系统，它们作为一个整体就越真实。海德格尔会反对这种理论，因为这种理论依然聚焦在作为真理载体的信念中。信念与命题都是基于更为根本的现象：操心。

如果真理是光照，那么真理则是与此在相关的（第227页）。海德格尔在这里的论断与他前面关于存在是与此在相关的观点非常类似。如果我们始终记住真理就是无蔽，那么他的论断就与常识更为接近了。海德格尔以牛顿为例子（第226—227页），我们则用爱因斯坦为例子。如果爱因斯坦的断言 $E=mc^2$ 是正确的，那么在这个公式中表达的能量、质量以及光速的关系就是先于爱因斯坦的，并且只要宇宙继续存在，这个关系也会继续存在。爱因斯坦确实没有创造出这种关系，他只是发现了它，并且试图在他的命题中证实它（参考第227页）。然而，$E=mc^2$ 这个公式也确实是由爱因斯坦所创造的，而且在爱因斯坦表达与解释它之前，它就是不真的，也就是没有被照亮。如果没有人类能够解释这个公式，那么它将不再具有启发性（illuminating）。唯有人被唤醒（或者被误导），一个命题才具有启发性（或误导性）。总而言之：没有此在，可以有存在者，但是如果没有此在，真理与存在就不能够发生。

关于"作为无蔽的真理"的主题我们可以说很多，而且这也是海德格尔后期著作中偏爱的一个主题。事物向我们显现其自身这个简单的事实,将会成为惊异与困惑的无穷无尽的源泉。

我们已经到达《存在与时间》第一篇的结尾。海德格尔到目前为止获得了什么?通过聚焦于我们的日常实践活动,他发展了对此在的存在方式丰富的解释。此在总是处于一个相互连接的可能性的领域,即世界。此在总是以某种方式与世界相调谐,并且能够在这个领域中追求各种不同的机会。此在也是一个具有共同社会规范与预期的共同体的成员。此在通过参与到其共同体与世界,构建了对于它而言重要的东西。通过这种方式,我们探索我们周围的存在者,与此同时我们构建了我们的个人身份。这种对人类生存的解释与笛卡尔的刻画(Cartesian picture)迥然不同,但是后者却依然统治着科学与常识。对于笛卡尔来说,我是一种有意识的事物,通过我的知觉和判断与物质材料进行(可能)的连接。对于海德格尔,我完全不是一个事物,而是在世界中的参与者。在参与世界的过程中,实践(做事的方式)比知觉与判断更为根本。

第四章

《存在与时间》：第二篇与其后

第四章　《存在与时间》：第二篇与其后

在第一篇结尾，海德格尔似乎已经给出了关于我们存在的全面解释。他以生存、"在世界中存在"以及操心来构思此在。他描述了操心的诸要素以及它们的相互联系。他描述了我们与之照面的诸多实体种类。然而，在第45节，他指出他还没有考察本真的生存——这意味着此在自身的深度并没有被探索。在第一篇中对于本真性的暗示已经指出，本真性是这样一种存在方式，在其中，此在是其真正的自身；在这种存在方式中，我们不是简单地消散于沉沦状态以及常人自己中，而是透彻地、完整地生活。为了能够更深入地理解我们的存在，尤其是为了理解我们的时间性，我们需要考虑此在的本真性。

因此，第二篇将研究与本真性有关的众多现象，比如死亡、良知以及决心。本真的生存将照亮（illuminate）我们的时间性，然后海德格尔重新用时间性来解释日常状态。如果我们想要回答此在如何能够理解一般存在的问题，我们就需要描述此在的这些关键方面。

从现在开始，我对《存在与时间》的分析将更加简洁，因为我假定读者已经对海德格尔的语言与概念有了一定的了解，也因为我在第一篇的解释已经预示了第二篇中的一些主要观点。

第46-53节：直面死亡[1]

如果你知道这是你生命中的最后一天，你会去做什么？寻找快乐？抢劫邻居？与家人在一起？祈祷？写诗？阅读海德格尔？

对这个问题的回答显示了很多关于你是谁的问题——你最关心的是什么，以及你真正想要如何生活。死亡的确定性在某种意义上是一个解脱：它使我们从琐事中解脱出来。如果我们每一天都想象这是我们的最后一天，我们将不会浪费时间于空洞的姿态（empty gestures），我们每个人都将聚焦在成为我们自身的任务中。意识到死亡即将来临使得人的生命闪现在人的眼前：在这个时刻，人们将自己的人生故事作为一个整体来回顾，总结成功与失败，根据自己选择成为谁来判断自己曾经是谁。当我们意识到生命的脆弱时，我们也就意识到了其意义。死亡使人直面自身。

当然，我们并不把每一天都当作最后一天那样生活。如果我们知道我们将在未来几个小时死亡，我们可能会感到诸事未竟的巨大促迫，并且希望我们曾经更认真地过好我们的生活。在日常生存中，我们通常忽略了死亡的可能

---

[1] 原文为Facing up to mortality。Mortality通常是指我们生命的有限性，我们死亡的必然性，我们是作为必有一死的人。为了简洁起见，译者把它译为"死亡"，而不是译为"有死性""必有一死""死亡的必然性"等。后面的death，译者也将把它译为"死亡"。Mortality指的更多是人的必然的属性或特征，而death更多是一种状态与事实。——译注

性，我们告诉自己思考死亡是"病态的"。不过，每一刻依然可能是我们的最后一刻，而日常的意识会阻止我们去获得面对这个事实的益处。

只要读者把直面死亡的现象铭记于心，他们就会跟上海德格尔在《存在与时间》第46—53节的细致分析。他开始于一个难题（第46节）：如果只要此在在其生存中拥有向其敞开的将来的可能性，那么我们怎么能把它作为一个整体来把握？说某人本质上是一个雕塑家（而不是别的什么），等于取消了她选择自己将来成为什么样的人的自由。即便她继续选择成为一个雕塑家，她也不仅仅是个雕塑家——更为重要的是，她是一个选择者（chooser）。不过，由于她是一个选择者，她就似乎无法作为一个整体的、已完成的实体而被把握。一般地，如果不取消此在的自由的话，我们似乎永远无法把它规定为一个整体。当然，死亡好像是此在及其可能性的终结。那么，当我们死亡时，我们成为整体了吗？但是，如果说只有当我们不再存在时，我们才是完整的，那就显得很奇怪。

显然，这些问题需要我们去分析"整体"（whole）是什么意思。事实证明，不同的实体种类有不同的作为整体以及到达其终结的存在方式（第48节）。此在作为整体的存在方式是独特的。它既不是消除其可能性，也不是它们的实现——它是一种拥有可能性的特定方式，在其中，这些可能性是有限的。此在的可能性总是被生存的不可能的可能性所限制——这就是海德格尔说的"死亡"的意思（第250、262页）。

"死亡"(death)这个词让人很难将海德格尔正在讨论的现象与他所谓的"完结"(demise)——人类身体功能的终止的实际事件——的现象区分开来。"死亡必然性"(mortality)这个词可能比"死亡"(death)这个词更有帮助——实际上在他后期的著作中,海德格尔更愿意称我们为"终有一死的人"(mortals)[1]。"死亡必然性"是人类的一个持续的境况,不是一个一次性的事件。死亡是必然地归属于我们自身的一种可能性,它不是一个实际的发生。这就是海德格尔的主题。[2]

听起来有些奇怪,海德格尔声称我的死亡是我"最本己"的可能性(第250页):换句话说,归根结底,使我的生命归属于我自身的是这样赤裸裸的事实,即在直面我的可能的不存在时,是我自己去生活,是我自己去做。所有其他的可能性我都可以自由地选择不去做,而且其他人可能和我做得一样好。但我的死亡是我必须独自面对的必然的可能性:没人能替我去面对死亡(第240页)。

海德格尔说,他关于死亡的论述并不否定后世(afterlife)的可能性(第247-248页)。"只要我未曾对此在的结构加以探询,只要我未曾对死亡的'是什么'加以规定,那么

---

[1] 比如,见 "Building Dwelling Thinking" and "The Thing", both in *Poetry, Language, Thought*。(海德格尔《思·语言·诗》中的《建筑、居住、思想》和《物》这两篇论文。)

[2] 读者或许可以参考如下对海德格尔死亡观点的批判,并自行决定这些批判是否是基于对死亡与完结的混淆:萨特《存在与虚无》的第四卷第一章;P. Edwards, *Heidegger on Death: A Critical Evaluation* (La Salle, Illinois: Hegeler Institute, 1979)。

我甚至就没有资格去追问：在此在的死亡之后会有什么东西出现。"[1] 如果在这点上要追问，海德格尔可能解释如下：如果有一个后世等待着我们，并且如果我们在后世中继续作为此在存在，那么我们依然要面对死亡的可能性，而且彼岸仍然是一个海德格尔意义上的世界。另一方面，如果我们在后世成为真正的不死者，那么死亡将不再成为我们的可能性，我们将进入一个完全不同的存在状态，我们也将不再是此在。一个实体，若其可能性总是必须保持敞开，被确保有一个将来，并且根本上不受死亡的威胁，这个实体将不再是此在。这样的实体将会有完全不同的行为与理解方式。

海德格尔称死亡是"确定的"（第256—258页）。"'因为我将死，所以我是我自身'，这一确定性乃是此在本身的根本的确定性且是一个关于此在的真切的断言，与之相对照，cogito sum（我思故我在）则仅仅只是貌似这样的一种断言。"[2] 即便这个断言，也没有否认后世的存在。回忆一下，"死亡"意味着必死性（"death" means mortality）——一种可能性。那么，声称死亡是确定的，其含义是我们的不存在确定是可能的。这个断言没有初看起来的那么强词夺理：死亡不仅仅是遥远的不能被消除的可能性，而是每时每刻都悬在我们头上的必然的一种可能性（第258页）。

---

[1] *History of the Concept of Time*, p. 314.（海德格尔：《时间概念史导论》，欧东明译，商务印书馆，2014年，第494页。）

[2] 同上，pp. 316–17.（海德格尔：《时间概念史导论》，欧东明译，商务印书馆，2014年，第497–498页。）

海德格尔明确表明了死亡必须被理解为一种属于所有人类生命的可能性,随后他描绘了一种本真地回应死亡的方式(第53节),他称之为"vorlaufen"(第262页)。这个词字面上的意思是"向前跑"(running forwards),或许"直面"(facing up)这个词比"预期"(anticipation)这个翻译更好。[1] 本真的生存包含了直面死亡——不是担心完结何时到来,而是接受人的可能性的有限性的事实,并且根据这种有限性来进行选择。如我们看到的那样,意识到每个时刻都可能是人的最后时刻,就能把人从日常琐事和"常人"的消散中解脱出来。

海德格尔称畏是关于死亡的畏(第251、266页)。让我们回到我们对畏的时刻的描述,以便理解死亡是如何包括到畏中的。我在我的花园里除草,我感到我的活动突然

---

[1] Vorlaufen 在《存在与时间》中译本中被译为"先行"。关于这个词,张汝伦在其《〈存在与时间〉释义》第三卷(上海人民出版社,2012年,第818页脚注)中阐释如下:"Vorlaufen 是个不太好译的海德格尔的术语。它的字面意思是"跑在前面"和"向前跑"。但这不是海德格尔在《存在与时间》中使用它的意思。海德格尔最早是在1924年的《时间的概念》中谈到此在的 Vorlaufen 现象,说当此在持续 vorlaufen,它存在已经过去的某种可能性(即后来讲的"死亡"),它就真正生存着,并且本己地与自己在一起存在。在1925年的《时间概念的历史》中,Vorlaufen 就指对此在的向死存在。在《存在与时间》中,它指本己理解之可能性的存在论条件。《存在与时间》两个英译本都把这个词译为 anticipate(预期),这种译法一来容易使人误解 Vorlaufen 是一种心理行为;二来完全没有表现它是本己理解的存在论条件。实际上海德格尔用这个术语是要表示此在生存条件的有限性(它必死)和它生存(理解)的开放性,以及它的时间性结构中未来的维度。将它译为"先行"也不很理想,基本上也不能使人看出上述这些意思,但至少留下了根据上下文推想的余地。总之,它和海德格尔的许多概念一样,基本上只可意会,不可言传。——译注

间无意义了。"所有这些有什么意义？""我是谁？"我问道。我从我作为园丁以及花园作为我的世界的一部分中疏离而去。实际上，我对于我在世界中的所有角色都感到不自在，对所有的东西我都没有兴趣：所有东西似乎都是无意义的。还剩下什么东西吗？只剩下这样的赤裸裸的真理（the naked truth），即我发现自己处于一个被迫让自己有所作为的境地。但这正是我在直面死亡时所意识到的东西：当我接受了我的可能性既不是无限的也不是得到保证的事实时，我就意识到选择一种可能性，以及我被这种可能性所定义的重要性。当我感到这可能是我生命中的最后一刻，我必然会问我自己我的一生是什么以及我是谁的问题。我真的想要作为一个园丁（或雕塑家、政治家、牧师）而生存与死亡吗？在畏中，我直面自己的死亡，因为我感到了我生命的脆弱性，以及对所有东西的意义进行决定的必要性。

第 54—60 节：承担疚责与责任

海德格尔不是一个能够轻易满足的人：他说，到目前为止，他还没有呈现我们可以真正地获得本真性的证据。良知（conscience）的现象提供了更多他需要的"见证"（第267页）。（在这几节中，他采用了很多的法律术语。）

和通常一样，读者必须带着他们自己的经验来进入海德格尔的分析。他们必须关注到海德格尔在使用"良知的呼声"这个术语时所具有的特殊感受。比如，我们说一个税务律师为了一个案件的细节很晚都在工作，他试图把他客户需要缴纳的税费降到最低。他感到越来越不安，他开始感觉到一种错误。他的良知在扰乱他。

现在，对这种感受有很多种可能的解释。他正在做的事情是非法的吗？他是在害怕法律？也许是这样，但可以肯定，一个人的良知也会为合法的行为所烦扰。他是在破坏一些道德准则吗？如果是如此，他是如何知道这些准则的？是上帝在提醒他注意这些黄金法则（the golden rule）吗，就像一个基督徒可能会这样说？或者如一位康德主义者说的那样，是他自己的理性在提醒他绝对律令（the categorical imperative）？或者如一位社会生物学家相信的那样，是他的本能在告诉他，他的行为在进化论上是不适合的？

所有这些解释的共同特征是：它们都假定了良知的呼声是为了回应对正确的东西的某些违背。良知告诉我们在这种情况中，我是有罪责的（guilty）。但海德格尔认为这样的道德判断是相对肤浅的（第283、286、288页）。根据海德格尔，良知可以在任何时刻被呼唤出来，而且总是有理由——因为"作为其存在是操心的实体……它们的存在的根据处就是有罪责的"（第286页）。我们本质上总是有罪责的，因为罪责并不是关于我们所做的或未做的事情，而是关于操心的两个不可避免的特征。我们已经与它们照面，但现在海德格尔要把它们放在一个新的视角上进行分析。

我们通常把罪责与引起我们不应该引起的事情联系起来，或者与没有引起我们应该引起的事情联系起来。从这个日常的罪责概念出发,海德格尔提取出"不之状态的根据的存在"[1]的形式化概念(第283页)。换句话说,罪责既包含了一些根据,也包含了一些否定性(negativity),或者不性(not-ness)。这种一般意义上的罪责概念可以从我们拥有一个过去(我将称之为"疚责"的罪责维度)和我们拥有一个将来(我将称之为"责任"的罪责维度)中发现。

我是有疚责的(indebted),因为我有一个必须作为我生存的根基(foundation)的过去,而这个过去是我无法控制的(第284页)。我并不把我自己带入这个世界,我现在也不能改变我的过去,但我必须与我的过去合作以便成为我自己(作为某个人)。在我们的律师的例子中,他必须接受这样的事实:他在这个时间、这个地点,作为一个税务律师的经验与习惯发现他自身。无论将来他会成为什么人,他都必须以某种方式基于他的过去。如果声称他可以全新地创造他自身,并且完全地控制他的整个生存,那么就是非本真的。

我是有责任的(responsible),因为在我的过去的根基上,我筹划一些可能性而不是其他的可能性(第285页)。也就是,我不能在一个时刻具有所有的可能性,而是被迫必须选择一种通达世界的方式,而排除其他所有的方式。如果这个税务律师继续当一个律师,他将排除其他职业与人生的可能性。认为他没有其他选择或者他可以拥有完全不做选择的奢侈,这也是非本真的。

---

[1] 原文为 Being-the-basis of a nullity。——译注

由此，海德格尔的罪责概念向我们提供了一种新的看待我们存在的过去与将来维度的方式。现在总结一下我们应用于这两个维度的各种概念可能是有益的。

过去	将来
被抛状态	筹划
现身情态	领会
实际性	生存论性质
已经在世界中存在	先行于自身存在
疚责	责任
	能在

海德格尔声称，我们需要一个特殊的洞见时刻（良知的呼声），来提醒我们生存的这些方面，因为日常生存消散于当前状态中，逃避对罪责的承认。因此，在良知的呼声中，作为操心的此在静默地呼唤着作为沉沦的"常人"的此在，提醒非本真的此在注意到疚责与责任是操心本身的一部分。（第277页）

当然，我们不能认为这两种此在是两种不同的人或事物——比如说小天使（a little angel）与小恶魔（a little devil）。本真与非本真的自我并非相互独立的实体，而是一个单一实体存在的不同方式（第117、317页）。良知的呼声是两种不同方式的争执。人们也必须小心，不能把良知解释为从一个"外部"世界退却到个人本身的"内在"自我中。对于海德格尔，自我并没有离开其"在世界中存在"的存在。本真的生存并不是一种从这个世界的逃离，而是一种在其中的生存方式（第273、298页）。

生存的本真形态包括"选择去选择"（第268、270页）。某种意义上，我们总是在选择，因为我们总是在筹划可能性。但我们并不总是在选择去选择，经常地，我们从责任的负担中逃避，使得我们的选择看起来是由我们的社会地位、命运、法律、种族或其他力量决定的。比如，这个律师可能告诉自己，他必须帮助他的客户支付更少的税，因为这是他作为税务律师的工作。这个态度掩盖了这样一个事实，即他的职业是他已选择的，并且是他正在继续选择的一种生存的可能性。良知要求我们承担我们的罪责。它要求我们根据我们自身做出我们的行动，从而本真地生存。

承担罪责，就像直面死亡一样与畏联系在一起（第277页）。只要我们认为我们可以通过完全控制自己来否定疚责，或者认为我们的生活已经提前被安排好了从而不需要我们做出困难的选择来否认责任，那么这个世界就会让我们感到非常舒适和安全。当我们认识到我们的罪责——我们作为"不得不如它所是的和所能是的那样存在"（第276页）来生存的事实——我们生活的意义看起来就非常脆弱。这就是人在畏中体验到的东西。

当一个人承担罪责时，他就下了决心（第60节）。决心（Entschlossenheit/resoluteness）是展开状态的一种特别的突出样式（第297页）。决心透彻地敞开了世界，甚至允许与他人形成本真关系——尽管海德格尔令人遗憾地对此所谈甚少（第298页）。

为什么决心是如此具有照亮性？回忆一下，世界是由作为一种指引—关系的领域而构成的。尤其是，我们根据适合于它们的目的网络来理解上手实体，而目的最终是为了此在存在的可能性（第84页）。那么，很自然地，当我们明确地认识到通过决心选择引导我们生活的可能性时，整个世界就变得更为明晰（第298页）。海德格尔所称的"处境"（situation）就向我们敞开（第299页）。处境是在"此"以及栖居于当前的本真存在方式。在处境中，人们不再作为沉沦的常人自己而生存，而是把握住人们的被抛状态，并以明确的选择来解释它。

比如，这个税务律师可能平时沉浸于他的日常工作中。他肤浅地理解他的人生，即仅仅以作为一个合格律师"必须要做什么"的方式来理解他的人生。良知能够提醒他：他有责任在自己现有身份的基础上有所作为。现在，他可能为他的人生选择一个非常不同的方向——或者他可能继续选择成为一个律师。在每一种选择中，无论哪种情况，他都对自己是谁、什么是对他真正重要的东西，以及他在这个世界上需要做什么，有了更清楚的认识；他已经进入"处境"之中。

我们不能高估了决心的力量。就确保将来的本真性而言，决心不能"解决"任何问题。我们时刻都有返回到非决心的倾向（第299页），因此决心必须不断地进行重新确定与捍卫。（如我们所有人都知道的，仅在新年元旦那天有决心是不够的。）

海德格尔同样提醒我们，"决心也仍是指向常人及其世界的"（第299页）。我永远无法为我的生活创造一套全新的意义；我必须从现有的对生活的解释中汲取营养，而这些解释都是经过"常人"过滤的（第130、169、383页）。不管我选择成为一个律师、一个神秘主义者，还是一个化学家，这些都是由我的文化常识——"常人"——提供给我对这些选择意义的原初的理解。本真的生存获取一种由"常人"提供的可能性，并且把这些可能性化为己有。

最后需要澄清一点：决心不是生硬的固执（第307—308页）。一个本真的人可以自由地改变她的想法——但她如此做，是因为她清晰地把握了与她要选择成为谁的相关处境，并非因为一时的突发奇想、怯弱或者社会压力。

毫无疑问，海德格尔对于良知与罪责的解释很不寻常。我把判断留给读者：海德格尔是否成功表明了日常意义下的良知是他意义上的良知的肤浅展现（第59节）。一个更普遍的问题是：他的本真性概念是否太过于形式化和空洞？一些批评家反驳说，本真性的概念没有给我们任何的指导线索。在海德格尔的学生中流传着一个笑话："我已经下定决心，只是不知道为了什么。"[1] 海德格尔的良知概念通过保持缄默来言说（第273、296页）。海德格尔的伦理学（如果有这样的东西的话），似乎并没有给予我们任何标准。感到良知不安的税务律师可能下决心继续当一个律师，或者下决心把他的所有钱分给穷人，或者下决心侵吞一笔钱，然后逃到巴哈马群岛。海德格尔给予我们的最高的规则仅

---

[1] Löwith, *My Life in Germany Before and After 1933*, p. 30.（洛维特：《纳粹上台前后我的生活回忆》，区立远译，学林出版社，2008年，第39页。）

仅是：选择！但是，如果没有任何选择的指导准则，那么我们不是以任意的非理性主义结束吗？

海德格尔的反驳是：这种对指导准则的要求是试图把生活变成一个整齐的、可计算的、有退款保证的商业活动。若我们的良知提供我们这样整齐、明确的规则，那么它将会"对生存否定掉了去行动的可能性"（第294页）。换句话说，真正的决定涉及在独特的处境下采取一种冒险。对于海德格尔，规则在"自由生存"上没有权威性。相反，我们可以从英雄或者榜样中获得灵感：我们能够敬畏"生存可重演的诸种可能性"（第391页）。但海德格尔认为，试图将生存的某种特定可能性设定为人生的普遍、客观的目标，是"对人类生存的误解"[1]。

在某些地方，海德格尔的确暗示了某些类型的生存可能性比其他可能性更为本真，他似乎因此通向了一种伦理学。我们在第26节看到他区分了本真的"做出表率"与非本真的"为人代庖"。在其他地方，他还区分了友谊的不同类型：

> 一种友谊可以不再和不首先通过一种有决断的且进而彼此赋予自由的在世界上的相互扶持而存在，而是通过不断地和先行地窥探他人将倾向于如何去对待人们所说的友谊，通过不断地检验他人是否成为了朋

---

[1] *The Metaphysical Foundations of Logic*, p. 185.（海德格尔：《从莱布尼茨出发的逻辑学的形而上学始基》，赵卫国译，西北大学出版社，2015年，第260页。）

友而存在。[1]

当然，每次海德格尔在做出这样的论述时，他都会很快补充说，这些论述并不是道德说教或者宗教布道。他对个人选择进行规定的惧怕阻止了他对于人类关系现象学的探索，这是非常遗憾的。

关于海德格尔的伦理学（或者缺乏伦理学）是一个很困难的问题，值得所有读者去思考——尤其考虑到（很多人坚持认为）海德格尔自己在1930年代所做的政治决定。我们将在下一章讨论他的政治行为的问题。

第63节：生存的真理作为生存论真理的基础

《存在与时间》第二篇的第三章非常复杂。海德格尔结合了他对于死亡与罪责的分析，以此为开始来研究"先行的决心"的可能性——换句话说，一种直面死亡的对罪责的承担（第62节）。然后他对他的一般方法进行了重要的反思（第63节）。在第64节中，他分析了自我性（Selbstheit/selfhood）的本质；在第65—66节，他引进了时间性的概念。总而言之，通过对自我可能以最本真的方式来生存的考察，海德格尔在这一章建立了自我的基础性的时间性本质。第

---

[1] *History of the Concept of Time*, p. 280.（海德格尔：《时间概念史导论》，欧东明译，商务印书馆，2014年，第438页。）

63节证明了这个过程的合理性。我们将稍微离开文本内容，而从方法论问题开始。

第63节谈到了一个大多数读者都能够感觉到的疑惑：海德格尔似乎要从他自己个人理想的"本真"生存来阐述此在。似乎从《存在与时间》第1页开始，他就在努力实现这一理想。那么难道整本书仅仅只是在宣传他个人的偏好，并且把这种偏好冒充为对于全体人类都有效的方式吗？

在某种程度上，这个反对基于这样一个观念，即人们应该在远离所有的预设和偏见的基础上进行科学的研究。但我们已经看到，对于海德格尔而言，这是一个非常错误的观点。所有的理解都依赖于提前筹划某些可能性（第150页）。这不是一个恶性的循环，而是富有成果的循环（第152、315页）。如果我们尽可能少地对此在进行"预设"，那么我们将以人为的空洞的此在概念结束。相反，我们应该从我们已经拥有的对此在的丰富理解作为开始，并且利用这个理解指引我们进一步的研究。

但是，这里还存在着到目前为止海德格尔并没有完全解决的问题的一个维度。如果他是在试图把握此在存在本身——用旧式语言来说，就是人类的本质——那么为什么他给予"本真"生存这样的优先地位，而本真生存仅仅只是人类存在的一个可能样式？毕竟，我们想要获得水的本质，那么把冰作为我们的主要样式会是错误的。相反，我们应该找到所有形式（固态、液态、气态的水）的水的共同特征，而不是赋予其中某个特征以优先性。

但海德格尔可能会说，水是现成在手的实体，而此在

第四章 《存在与时间》：第二篇与其后

是一个生存着的实体：它的存在对于它本身是一个问题，而且，通过采取一些特定的存在方式，它始终为它自己决定它之所是。这意味着我们总是根据一个特定的生存可能性来理解生存。我永远不能从把我作为人类物种的一个样本的理解来作为开始。我从把自己理解为这个儿子、这个丈夫、这个老师、这个美国人作为开始——这并非一种理论的理解，而是一种通达世界、生活的方式。这种生活的方式给予我关于我自身、他人或者我周围的事物的一种洞见。如果我对人类本质进行哲学思考，我必须在这个洞见的基础上进行。"生存论分析的存在论真理是根据于源始的生存的真理成形的。"（第316页）

这意味着什么，这又不意味着什么？海德格尔肯定不是说，我们永远不能发现关于此在的广泛适用的真理：一个人可以挑战和深化个人的自我理解，直到它揭示出人类生存的基本结构。他不会同意现在一些学术群体所信奉的立场，即认为我们只能充当我们实际性的特定角度（比如作为有色人种的女同性恋者）的代言人来说话。海德格尔也并不是说所有生存层次上的出发点都是一样好的。一些生存理解的形式相对而言更为肤浅，而那些肤浅地理解他们自身和他们生活的人在解释此在的时候会遇到障碍。海德格尔要说的是，除了从他们所拥有的特定的生活处境出发来理解外（尽管这种理解可能是有局限性和有缺陷的），哲学家没有其他的出发点。存在论必须从"存在者层次的可能性"（第312页）出发。这就是为什么海德格尔选择了一种他在生存层次上熟悉的可能性（作为本真的生存的可能性）来作为他关于此在存在的主要线索。

海德格尔在此节的观点似乎与他在第 9 节中的观点相矛盾，在那里，他说此在不应"根据一些具体的可能生存的观念来构建"（第 43 页）。似乎很明确的是，从《存在与时间》第一篇开始，他就倾向于把日常状态解释为非本真的，也就是说，他从本真性的生存层次的可能性来构建日常状态。

那么海德格尔是在呼唤我们去本真地生存吗？他认为这种个人的转换（从非本真性到本真性的转换）是理解《存在与时间》的先决条件吗？关于这个问题，不同的研究者的观点存在着分歧。[1] 从我的观点看，回答是肯定的。因为生活的一些方式比其他方式更为深刻，因此很明确地，哲学家必须尽可能深刻地生活。海德格尔早在 1919 年就说"真正的洞见"需要"本真的个人生活"[2]。他始终如一地坚持理论的正确性依赖于一种更为基础的属于我们"在世界中存在"的解蔽。这就意味着，真理的探求者（比如哲学文本的作者与读者）必须不仅要构建正确的理论，而且还要以正确的方式生活。

但如果海德格尔是错误的，如果他所说的"本真性"

---

[1] Zimmerman 在 *Eclipse of the Self* 中认为，海德格尔要求他的读者进行生存层次上的转变；M. Gelvenin 则持相反观点，参见 *A Commentary on Heidegger's* Being and Time, 2nd edn (DeKalb, Illinois: Northern Illinois University Press, 1989)。

[2] Oskar Becker 对海德格尔的讲座课程《论哲学的规定》所做的笔记，引自 Kisiel, *The Genesis of Heidegger's* Being and Time, p. 17。课程结束时的这些话没有包括在全集版中（在 GA 56/57）。

并非正确的生活方式呢？如果其他的生存方式更深刻呢？有人可能会担心他在强加错误的理想给他的读者。但幸运的是，他对于他的发现并不是教条主义的。他并没有声称他已经证明了某些不容置疑的东西，他只是首次阐明了一些现象。那么，我们可以"根据我们自己来决定"（第315页）他的解释有多大的启发性。如他在《存在与时间》结尾中所说的那样，他的道路"仅仅是我们可以采纳的其中一条道路"——但"这条道路是不是唯一的道路乃至是不是正确的道路，那要等待走上以后才能断定"（第437页）。此外，他声称并不对我们应该选择如何生活做出一个"裁断"（第312页）。当然，海德格尔显然认为本真的生存是比日常状态的生存更为深刻和更少欺骗——但如果我们愿意，我们有欺骗自己的自由。另外，他并没有规定任何我们应该选择的行为。实际上，如我们刚才看到的那样，一些批评家反对海德格尔的这种非常不确定的决心概念。海德格尔的本真性概念对一些人来说过于丰富，而对其他人而言又太过稀薄。

第62、64、65节：时间性作为此在存在的关键

现在我们理解了为什么海德格尔用一种特别的可能性即本真的生存作为一般此在存在的线索。我们可以看到他如何使用"先行的决心"来作为时间性的线索，而时间性被他称为是理解此在的"最后"的基础（第304页）。

在第 62 节中，海德格尔通过显示决心与死亡的关联性来完善对本真性的描述。（这不是他对本真性的最后分析，他最完整的呈现将出现在第 74 节中。）他认为，因为决心是对于罪责的一个承认，而且因为罪责的将来维度包括了向死存在，决心在其最完善的形式中必须包括先行（直面死亡）（第 305—306 页）。比如，有人可能下决心选择成为一名律师——他可能把筹划成为一名律师的可能性当作他人生的重要可能性。但这种可能性是其他人也可以共有的，它不能最终定义作为个体的一个人。如我们所看到的，我的"最本己"的可能性是没有更多可能性的可能性：死亡。没人能够代替或者分担我自己的死亡。一个人的死亡是他本己的死亡，这是作为"职业、地位或年龄"（第 239 页）的个人所不能够代替的。因此，绝对的决心不是仅仅从一个公开的选项中选择一种，比如选择成为一名律师，而是在面对死亡时选择个人自身最根本的生存可能性。

先行的决心不应该与任何形式的对死亡的崇拜或者与一些自杀的倾向相混淆。先行的决心仅仅意味着人们接受我们作为人类的基本境况：我们必须为我们自己构建一些东西（或成为某人），然而这种人生的筹划有一些重要的限制。首先，人们所构建的人生（life）必须基于他们的实际性，基于他们的已所是（who one already is）。其次，个人的人生将排除无限的其他的人生可能性（这些可能性是这个人可能会去选择的）。再次，个人的人生在任何时刻都容易被终止。当我们在完全认识到这些限制的情况下进行选择时，我们就会采取本真的、明确的立场（stances）。这种人生方式不是病态的，而是坦荡之乐（soberly joyful）（第310页）。先行的决心的一个非常好的例子是在柏拉图《斐多篇》（*Phaedo*）中对苏格拉底生命最后一天的描述。苏格拉底——他展现了本真性的很多方面——的死亡如同他的生存，激励其他人去勇敢、宁静和坚定地思考。

如海德格尔在第64节所解释的那样，采取坚定的立场是仅有的我们能够完成持续常驻（constancy）[1]的方式（第322页）。我们并不拥有一个根基性的、持久的灵魂或自我：此在在其人生中与任何现成在手没有关联，就是因为此在的存在方式不是现成在手的。此在的存在是操心，操心所承认的常驻类型是先行的决心，或者持驻于自身（steadfastness）。我们倾向于把我们自己思考为拥有一个不变的、像事物那样的自我，这是因为沉沦引导我们把自己当作与我们在世界中相照面的事物一样的存在（第321-322页）。

一些哲学家喜欢问这样的问题，即一个人在经历了各种变化之后，如果有什么是保持不变的，那么将会是什么？如果我的头脑被移植到另外一个人的身体中，我会是同样的那个人吗？如果我患有失忆症呢？但是海德格尔从未问过这样的问题。他可能会说，如果没有一种我们的存在方式的存在论，那么这些所谓的个体身份的问题就不能真正地被探索。在我们讨论这样的存在论之前，我们很可能会

---

[1] 关于"常驻"及其相关词语的翻译和理解，可参看陈嘉映与王庆节在其中译《存在与时间》第322页（边码）中的"中译注"。——译注

假定，相同性（sameness）或同一性（identity）[1]意味着某种保持不变的东西的持续在场。然而对于人类而言，同一性只能意味着采取一种立场——本真地选择一种可能的生存方式。

其他哲学家（如康德）以及宗教（如佛教）都质疑或者否定像事物那样的自我（thinglike self）的存在可能。但海德格尔强调的是，除了认识到我们不是现成在手的实体，我们还必须分析我们的存在，也就是操心。

分析后我们发现，操心的"意义"是时间性。换言之，时间性是使得操心成为可能和可理解的背景（第65节）。我们甚至可以说，"此在自身……是时间"[2]。我们现在抵达了海德格尔《存在与时间》这本书的一个关键点。

我们已经预见到海德格尔会使用时间性术语来描述此在的存在：拥有一个将来、拥有一个过去，等等。现在我们必须问这些术语真正的含义是什么。我们通常把时间思考为一条时间线——在直线上的时刻或点的序列。我们在一个时刻、在当前中生存，但我们一直在不断走向下一个时刻；在我们身后是绵延无限的过去时刻，在我们前面的是绵延无限的将来时刻。然而，海德格尔很快就指责这种日常的对于时间的理解是沉沦的另一种表现形式。那么适用于此

---

[1] Identity 有多种含义，通常被译为"身份""同一性""一致""相同"。译者根据不同的上下文选择相应的译名。——译注

[2] *History of the Concept of Time*, p. 197.（海德格尔：《时间概念史导论》，欧东明译，商务印书馆，2014年，第306页。）

在自身的存在的"将来""曾在"[1]"当前"的含义是什么呢？

将来的意思是，"此在借以在最本己的能在中来到自身的那个'来'"（第325页）。这是我们的时间性的最为重要的维度。这是我们必须选择成为我们自己的条件。我们已经探索了这种条件的多重的面向，包括其有限性：将来是有限的，因为它受限于死亡。

曾在意味着被抛——已经在世界中存在。海德格尔说将来在某种方式上是曾在的来源（第326页）。如果从日常理解的时间（即作为时间线的时间）来看，这个断言没有任何意义，但在此在的生存中却是有意义的。我的能在并不是没有被曾在所约束，我已经是某个人，我永远都不能消除我的曾在。但反过来，我的曾在唯有从我对将来的筹划中才获得意义。以一个出生于贫困家庭中的女性为例：只要出生于贫困家庭的这个事实进入她的将来，那么它就是她人生中的一部分，是她是谁的一部分。她可能追求成为一个证券经纪人的可能性，那么她可能就把她的曾在解释为她正在成为的角色的剥夺。相反，如果她追求成为一名小说家的可能性，那么她的曾在将被揭示为故事的源泉。我们的人生总是一种这样的过程，即把我们的曾在用来服

---

[1] 原文为"past"。在前面译者把它译为"过去"，但在这节关于时间性的内容里，我们按照《存在与时间》中译本，将其译为"曾在"（das Gewesen）。实际上，在麦奎利与罗宾逊的英译本《存在与时间》中（这是作者主要参考的译本），das Gewesen被译为"having been"（中译本为"曾在"，张汝伦在其《〈存在与时间〉释义》中译为"已是"），而把Vergangenheit译为"过去"（past）。但作者在本书中并未进行这样的区分。——译注

务于我们的将来之所是。如海德格尔在其他地方所说的那样，"我们是我们的过去；我们将是我们根据我们过去而加以占有和掌控的，要紧的是我们如何做"[1]。"过去的现实性在于其可能性，本身向来只能被展示为对活生生的问题之回答，在'我们能够做些什么'的意义上，给我们提出一种将来的当前。"[2]

当前的意思是"使[实体]当前化"（第326页）；这是使我们周围的事物能够向我们呈现它们自身、向我们解蔽它们自身的过程。这种实体的当前化只能发生在一个世界之中，而世界只能根据曾在与将来而敞开。对于那个追求成为小说家并把她自己的曾在作为故事源泉的女人而言，世界作为一个充满着艺术家、读者、出版社等的场所而被敞开。她的将来与曾在使她的当前成为可能。

海德格尔把我们的时间性称为"绽出的"（ecstatical）[3]，站出（第329页）。这个术语提供了与现成在手实体的时间性一种非常有用的对比。一块石英也有一个过去，但它并不像我们那样从它当前站出来到其曾在中：这块矿石的过去并不是它需要决定去有所作为的东西。它也不站出来

---

[1] *Plato's Sophist*, p. 158.（海德格尔：《柏拉图的〈智者〉》，熊林译，商务印书馆，2015年，第312页。）

[2] *The Metaphysical Foundations of Logic*, p. 72.（海德格尔：《从莱布尼茨出发的逻辑学的形而上学始基》，赵卫国译，西北大学出版社，2015年，第101页。）

[3] 关于这个词，可参看《存在与时间》中译本329页（边码）的"英译注"。——译注

到其将来中：它的将来与它此时此刻的状态没有关系。它并不需要做出任何的选择——它的存在对于它并不是一个问题。甚至它的当前也不是如我们的当前那样对我们是当前的：对于这块石英来说，没有什么可以为自己解蔽的。现成在手的实体被禁锢在一种其过去、将来和当前对它们没有任何意义的状态中。然而，我们却筹划到一个将来中，从一个曾在中被抛出，并且因此在一个当前的世界中（其中事物给我们带来意义）。

我们也可以把我们的绽出的存在方式与动物的存在方式进行对比。对于海德格尔而言，此在的分析必须是第一位的，然后我们才能理解作为不是此在的低等动物（第49、247页）。在 1929—1930 年的讲座课程《形而上学的基本概念》中，他说尽管动物并不是完全无世界的，但它们的世界是贫困的。与绽出到曾在、将来和当前相反，动物仅仅在本能的"环"（ring）中行动。[1] 比如，一只猫的贫困的世界是关于觅食、捕猎、交配机会的闭集（closed set）。因为猫的存在并不是如我们的存在那样对它成为一个问题，猫不能与其环境的意义相抗争，也不能在这个环境中做出自由的选择，或者基于它所曾是而选择它要成为什么。因此，一只猫不能超越自己的本能，不能被暴露在"存在着某物而不是什么都没有"所带来的意义中。它可以与具有诱惑或者具有威胁的存在者相照面，但它不能真正与

---

[1] *The Fundamental Concepts of Metaphysics*, p. 255.（海德格尔：《形而上学的基本概念》，赵卫国译，商务印书馆，2017 年，第 366 页。）

作为存在者的存在者相照面。不过，关于此在是如何从低等生命形式演化而来的问题，海德格尔并没有提供任何提示。一些批评家因此发现他夸大了我们与其他生物的区别。然而，不能否认的是，他在这个讲座课程中对于动物存在的分析是丰富的和引人入胜的。这些讲座课程也同样以它们使用大量的关于动物行为的科学发现而引人注目，因为在其他地方，海德格尔声称科学数据与哲学没有相关性。

海德格尔称时间性为绽出的，并不是说时间性真的把我们带出了我们自己，或者使我们可以从我们自己中站出来，因为这会意味着，在原则上我们能够留在我们自己里面。"三个维度的出离之整体并不集中于本身不出离、不出位的、现存的某个东西中，不是出位之开始和终结之结合的中心。"[1] 此在本质上是"在外的"（outside）。这使得设想一种非现成在手事物尤为艰难，也更难融入到我们传统的概念之中。

第66-71节：从时间性的角度重新解释日常状态

接下来，海德格尔在《存在与时间》中对于他的循环的或者螺旋式的解释学理论做出了一个更全面的阐述。回忆一下：一个解释必须从一个初步的、一般的关于某物的

---

[1] *The Metaphysical Foundations of Logic*, p. 207.（海德格尔：《从莱布尼茨出发的逻辑学的形而上学始基》，赵卫国译，西北大学出版社，2015年，第289页。）

观念出发，这个一般的观念能够引导我们获得洞见，该洞见将导致一个修正的一般观念，以此类推（第152—153页）。这意味着在早期阶段的解释总需要在后来的过程中重新进行解释。因此很自然地，海德格尔回到了第一篇的主题，竭力从时间性的角度对这些主题进行重新解释。他甚至提醒我们，一旦我们获得"关于一般存在的观念"（第333页）——计划中的第三篇——我们还将把先前的分析再重复一次。人们会好奇这些解释是否有终点。

海德格尔仅仅是在使事情变得困难吗？某种程度上确实如此。他想把他所说的自明性的残余痕迹清除掉，并唤醒我们去注意日常经验的神秘的、成问题的特征（第332、333、371页）。我们必须让自己摆脱将经验还原为常识性的陈词滥调的习惯，并且把我们自身训练成能够被普通事物唤起惊异的人。然后我们就进入了寓于熟悉领域中的陌生领域。

《存在与时间》第66—71节值得认真阅读：它们提供了对第一篇有用的回顾，以新的视角来阐述第一篇中的结论，并在此过程中阐明了时间性的概念。不过，这里我将不提供完整的概述，因为这些节的大部分主题并非新的，我也假设读者现在已经在某种程度上熟悉了海德格尔的语言。（第69c节中的"视域图式"[horizontal schema]的新概念将在本章末尾进行讨论。）虽然我在此不提供详细的指南，但我将给予一个具体的事例，然后使用这几节中一些重要的概念来对这个事例进行分析。

假设一个汽车修理工在维修一个变速器。他的注意力集中在做好这个熟悉的工作。如海德格尔喜欢说的那样(第119、126页),他是他之所为,他把他自己定义为一个修理工。这并不是说他在想,"我是一个修理工",而只是说,他行动,恰如一个修理工那样行动,他并不对这个修理工的角色进行发问,也并不明确地选择它。他集中注意力在他的工作中,并且只关心他是否能够成功地维修好这个变速器。

突然,这个修理工感到一阵胸痛。虽然胸痛只持续了一小会儿,但他已经被惊醒。这个惊恐的经历成为畏发生的条件与时机。他不仅仅在害怕死亡,而是在直面他自身的死亡时畏。他想到:他的生命是他自己的,并且在每一时刻他的生命都是由他自己来为自己做出选择。他想到:他的职业并不定义他。相反,他定义了他的职业对于他有什么意义:这个工作是他用来支撑其家庭的收入来源,而对家庭的支撑之所以对于他有意义,是因为他选择成为一个好男人。在这个时刻,他想到"所有的一切意味着什么"这个问题,并且重新确定它。当他回到维修的工作时,他选择如此做是因为一个选择,而不仅仅是日常工作。

我们现在用第二篇第四章的时间性术语来分析这些事件。(《存在与时间》第336—339页引进了这些词汇,而在第350页进行了一个总结。)

	曾在	当前	将来
非本真的:	遗忘	当前化	期备
本真的:	重演	当下即是	先行

当这个修理工非本真地沉浸在他的工作时，他就遗忘了他的被抛状态。他恰好被抛入这个处境以及他独特的曾在，这个事实对于他而言并不重要——他并没有注意到它，而是简单地像个向来就是天生的维修工那样地行动。他已经沉沦到当前的周围世界中，仅仅关心他与之打交道的当前化的事物。他拿起工具和零件，操作它们，导出结果。他留意着这些上手实体，确保它们为工作做好了准备；他只记挂着那些他完成工作所必需的东西（海德格尔在《存在与时间》第 339 页称之为"滞留"[retaining]）。他期备着他工作的结果。他与将来的关系仅仅是等待他的工作的结果。他如此专注于他正在做的事情，以至于他简直就像一只猫专注于试图捕获一只鸟。（当然，他不应该为此受到责备。只有当我们把我们所有日常的事情视为理所当然，而不是对之发问时，这些事情才能进展得更为顺利。如果没有非本真性，那么日常状态就不能正常运行。唯有当畏来临，我们却顽固地抵抗这种畏时，我们才难辞其咎。）

当这个修理工经验了畏，他就与时间性更深层次的绽出样式发生了关联。他现在先行到他的死亡：也就是，他在经验他的有限的可能性。他现在能够重演他的选择，即拾起他之前的生活，重新解释它，重新确认它。（他并不需要重申他要成为一名维修工的选择，他也可以选择去"重演"一些在他的文化中其他可行的可能性，但这些可能性之前被他忽略了。我们将很快对重演的概念进行更为充分的考察。)在本真的当下即是（moment of vision）[1] 中，他看到了他的当前的处境，并理解了它是如何构成了他生活一部分的。修理店并不仅仅是他的工作场所，它是他创造他人生故事的舞台。

我们的例子并不是在阐述对世界的理论态度，它是第69b节的主题。一个理论思想家致力于理解现成在手实体如何呈现它们自身（第363页）。如果这种献身致力是本真的，那么它就包含了去选择科学地生存的一种决心。因此我们可以说，"科学发源于本真的生存"（第363页）。但理论化态度的危险在于，我们可能把一般存在等同于现成在手的存在。如此，这种在场形而上学就阻止了我们理解其他的存在方式，包括我们自身与我们的将来与曾在的关系。

人们不能得出这种印象，即时间性的三种绽出样式是相互独立的。无论本真还是非本真的生存，所有这三种绽出样式都总是一起运作的（第350页）。通过把我们带到它们的"视域"（第365页），它们就敞开了一个世界，敞明了一个"此"（第351页）。但在非本真性中，曾在与将来都从属于当前，而在本真性中，当前从其曾在和将来中获得了一种全新的、深层的意义。如我们将要看到的那样，当重演把我们带向作为我们的遗产的曾在，并且当先行把我们带向作为我们命运的将来时，"此"向我们最彻底地敞开。

---

[1] 德语原文为 Augenblick，张汝伦在《〈存在与时间〉释义》中译为"瞬间"。——译注

第四章 《存在与时间》：第二篇与其后

第72—77节：历史、遗产与命运

到目前为止，海德格尔对于历史所言甚少，但他认为历史对我们的存在至关重要。事实上，这也正是海德格尔在《存在与时间》中没有更早地引入这个主题的原因；为了能够理解它，我们首先必须详细解释不那么深刻的现象。在《存在与时间》第二篇的第五章中，他已经做好了这样的准备，即向我们呈现他视野中的我们生存的历史性特征，以及他对本真生存的最热忱的描述。[1]

海德格尔并不太关注作为学术研究的历史学，即研究战争、条约、政治运动等的历史学。实际上，他并不太关注战争和其他历史事件本身。他的主要关注点在于人类生存本身的根本的历史性本性。海德格尔称之为 Geschichtlichkeit，历史性（historicity）[2]。正是由于我们的历史性，过去的事件与事物才能以这样的方式对我们有意义，我们从而能对其进行科学的研究。此外，即便我们不是历史学家，我们也可以本真地是历史性的（第396页）。

---

[1] 《存在与时间》的这章很明确地归功于狄尔泰，如海德格尔在第77节中开头说的那样。

[2] 关于"历史性"这个术语，《存在与时间》中译本边码第375页"中译注"说明如下："本书中，海德格尔明确区分 Historie 和 Geschichte 这两个同义词。Geschichte 用来专称实际发生的历史，我们译为'历史'；Historie 用来指对历史的记载、反省与研究，我们译为'历史学'。与此相应，geschichtlich 和 historisch 分别译为'历史上的'和'具有历史学性质的'或'历史学'的。"——译注

历史性可以被称为"此在在生死之间的途程"（第373、375页）。我们可能会说，由于我们的历史性，我们的生活才能形成故事与剧情——它们在我们从出生到死亡的路途中展开。（其他动物有被生物学所研究的生活类型，但人类的生活却需要传记的研究。）我们也可以根据海德格尔已经阐述过的时间性来描述历史性；实际上，对历史性的解释"只是对时间性更为具体的研究"（第382页）。

我们已经看到，我们在筹划一个将来的同时也从曾在中被抛出来，并且进入当前。海德格尔现在明确指出，我们筹划的可能性必须从作为遗产（heritage）的曾在来汲取（第383页）。我不能简单地创造一个完全由我自己梦想出来的人生计划。我可能的筹划来源于在一个共同体中我与他人共享的遗产，也就是我所处在的文化积累了数千年的可能的自我解释的财富。由于我的遗产，我拥有可以根据诸多存在的可能性来指引我的人生的选项，比如作为一个保守主义者，或一个革命者。包括这些人生在内的各种人生是由我的文化中作为可能的榜样的人提供给我的。本真的生存总是"重演"一些被传承的可能性（第385页）。因此，过去是能进行本真生存的机会的仓库："所有'好东西'都是一个遗产，'好'的性质在于使本真的生存成为可能。"（第383页）过去的对象与事件能够对我们有意义，并且可以被历史学家研究，只是因为过去依然与我们共在，并且作为我们的遗产。因此，虽然听起来有些奇怪，但是可能性是历史学家真正关心的事情（第394—395页）。

海德格尔并不是说我必须对别人在过去所做之事亦步

亦趋——实际上这是不可能的。他的"重演"（Wiederholung / repetiton）概念并不是指模仿过去，而是自由地和创造性地占用它（第383页）。比如，如果我选择毕加索作为我们的"榜样"，这并不是说我要去经历一个蓝色时期、粉色时期和一个立体主义时期。相反，我把毕加索的生存方式作为我自身生活的模型与参考点。再次，那些说"模仿基督"的基督教徒并不是指人们应该到处宣称自己是上帝之子，而是说耶稣的人生应该被作为一个启发，这个启发可以适用于个人本身的周围世界。海德格尔声称，强烈地关心自己的过去并深入其中并不必然地使一个人成为保守主义者；实际上，它却使真正的革命成为可能。这也正是海德格尔自己在尝试"解构"西方形而上学时所做的事情。

有人可能会问，若我们想去占有一个不是我们自身的传统，会如何？一个西方人可能想成为一个禅宗佛教徒（Zen Buddhist），或者成为一个非洲萨满（shaman）——为什么不呢？海德格尔可能会反驳说，若这些可能性对于西方人是敞开的，那也是因为他们在某种程度上联系于他们自身的文化；在西方人的遗产中必然有某些东西敞开了（至少在开始时）一条道路，使得西方人参与到一种日本或非洲传统成为可能。他可能会把今天的"多元文化主义"视为肤浅的和非本真的：

> 可能有这样的意见抬头：对最陌生的那些文化的领会，以及这些文化和本己文化的"综合"能使此在对自己本身有巨细无遗的而且才是真实的阐明。多方

探求的好奇与迄无宁静的一切皆知假充为一种包罗万象的此在之领会。（第178页）

海德格尔可能会坚持说，欧洲人必然是欧洲中心主义的，因为他们的选择必须在欧洲文化的基础上做出，至少在开始时是如此。（比如，当一个西方人支持反欧洲中心论的观点时，通常就不知不觉地服务于西方正义和平等的概念。）海德格尔自己终其一生都专注于通过解构西方的主流思想传统来找回西方思想中被隐藏的可能性。然而，这并不意味着他否定东方思想；相反，他以谨慎的、饶有兴趣的尊重来对待它。[1]

海德格尔的遗产概念使很多批评者感到难受，他们认

---

[1] 参见：海德格尔，《从一次关于语言的对话而来：在一位日本人与一位探问者之间》，载于《在通向语言的途中》（孙周兴译，商务印书馆，2020年）。*Heidegger and Asian Thought*, G. Parkes (ed.), (Honolulu, Hawaii: University of Hawaii Press, 1987); H. W. Petzet, *Encounters and Dialogues with Martin Heidegger, 1929–1976*, tr. P. Emad & K. Maly (Chicago, Illinois: University of Chicago Press, 1993), Chapter 7; and R. May, *Heidegger's Hidden Sources: East Asian Influences on His Work*, tr. with a complementary essay by G. Parkes (London: Routledge, 1996). R. May 表明，海德格尔对中国和日本的思想的了解是通过翻译和二手资料获得的，这些资料中的文字与海德格尔自己的著作（尤其是他后期的论文）中的文字有一些密切的相似之处。R. May 的结论是，东亚思想对海德格尔的哲学产生了决定性的影响，而海德格尔试图掩盖这种影响。不过，更安全的说法是，海德格尔在东方思想中发现了与他自己的思想很多的相似之处，但他不想对一个他并没有深入理解以及无法阅读其原文的传统提出主张。（马琳的《海德格尔论东西方对话》[中国人民大学出版社，2010年]也细致地考察了海德格尔对亚洲思想[包括印度、中国、日本思想]的立场与态度。——译注）

第四章 《存在与时间》：第二篇与其后

为这个概念是沙文主义的（chauvinistic）[1]、危险的，尤其是考虑到海德格尔在1930年代卷入其中的民族主义政治。不过，其他人则说唯有海德格尔的思想才能解构一切形式的沙文主义。在下一章，我们将重新审视这些对海德格尔哲学的政治含义的惊人的不同解释。

除了遗产外，在《存在与时间》第74节中，另外两个重要的概念是命运（fate）与天命（destiny）。通常我们使用这些词语来指某些超出我们控制范围的东西（"这只是命运"）。但海德格尔却不希望取消自由。另一方面，他并不相信我们有如此的自由，即能够从零开始创造出我们自身，并且为我们的生活创造出全新的意义的自由。"命运"和"天命"这两个词意指我们的自由必须承受的负担，也意指我们选择的有限性。"命运"是本真决心的另一个表达，"此在在这种原始发生中自由地面对死亡，而且借一种继承下来的、然而又是选择出来的可能性把自己传承给自己"（第384页）。我们是自由的，但我们的自由必然是受到限制的；我们的可能性必须从我们的遗产中汲取，并且我们总是直面没有更多可能性的可能性（即死亡）。如果读者理解这里的"有限的自由"（第383页），那么他们将能够跟上海德格尔对命运的讨论的步伐。

天命是一个共同体的"演历"（historizing）（第384页），即一个群体汲取共同遗产以及实践共同命运的方式。一个

---

[1] 沙文主义（法语:Chauvinisme;英语:Chauvinism）原指极端的、不合理的、过分的爱国主义或民族主义。现在一般指"认为自己的群体或人民优越于其他群体或人民的非理性信念"。——译注

共同体并非一个个独立个体的集合。我们共享着情绪、操劳和决定，我们的历史倾向于遵循"代代相传"（这是海德格尔从狄尔泰那里借用的一个概念）的运动。比如，1960年代的那代人共享了一套确定的可能性与问题，尽管他们意见不一，选择不同。对于海德格尔，天命通过"传达"与"斗争"来呈现自身。当我们在理解我们所直面的问题，并与这些问题的不同解释角力时，一个共同的决定和方向就涌现出来。尽管海德格尔很少在《存在与时间》中谈论天命，但天命是其后期思想中一个非常重要的现象。

为什么我们不以遗产与命运的方式来思考历史，而是把历史作为事件的序列——"一个接着一个的事情"？可以预计的是，海德格尔把这种常见的理解归之于沉沦（第75节）。消散于世界中，我们阅读新闻报道中的事物，并且把它们放在我们称之为"历史"的时间线之中。这种事件序列的意义或是肤浅的，或是完全不存在——它是由一个蠢人叙说的故事，毫无意义，或者我们就把它置于平庸的、简单的由当下的"常人"提供的解释之中。海德格尔希望我们去关注世界是如何源始地通过我们与我们的将来和过去的关系而向我们敞开的。这种过去与将来、出生与死亡的相互作用是历史的真正起源。一旦我们认识到这点，我们就能通过决心的选择来发现事件中更深层次的意义，而不是沉沦于当前之中。

海德格尔的历史性概念对历史主义和历史相对主义提出了一系列微妙的问题。他很少直接谈论这些问题，但它们很值得思考。海德格尔有时被称为一个"历史主义者"。

这个标签的价值要根据这个词的确切含义来确定。[1] 如果这个术语用于海德格尔的意思是不存在与一个历史时期无关的真理，那么这个标签是正确的。在不同的年代，对于不同的民族和国家，"此"（Da/there）以不同的方式敞开，因为他们基于不同的遗产做出不同的选择：事物在不同的时代以不同的方式向此在揭示它们自身。"因为此在依其本己生存就是历史性的，对处于不同的历史处境中的存在者本身的通达可能性和解释方式也就是不同的、可变的。"[2] 甚至科学"也是与演历……分不开"（第 392 页）。

然而，如果它用于海德格尔的意思是，在历史中的所有时代的所有的观念都是同等正确的，那么这个"历史主义者"的标签就是错误的。他始终明确地说，一种本真的态度比非本真的态度更具有揭示性：它向我们更深入地显示了实体。此外，一些时代比其他时代更具有本真性的倾向（第 129 页）。因此，即便没有无蔽是永恒持续的或者独立于历史的，无蔽确实发生着，而且一些实践比另一些实践更好地实现了解蔽。

有人会反驳说：那么"2+2=4"呢？难道这个命题不是绝对的和永恒真的吗？难道它不是能被任何一个人所理解，不管是在哪个历史时期都是这样吗？海德格尔可能会

---

[1] 关于海德格尔与德国历史主义传统的复杂关系，见 Bambach, *Heidegger, Dilthey, and the Crisis of Historicism* and J. A. Barash, *Martin Heidegger and the Problem of Historical Meaning* (Dordrecht: Martinus Nijhoff, 1985)。

[2] *The Basic Problems of Phenomenology*, p. 22.（海德格尔：《现象学之基本问题》，丁耘译，上海译文出版社，2008 年，第 26 页。）

回答：这个等式所指示的现象不是历史性的，它可以被任何能够和其他实体共同呈现并有能力计算它们的实体所注意到。但为了能够与实体共同呈现，人们就必须与个人本己的过去和将来本质地关联：换句话说，人必须历史性地生存。此外，人与其过去和将来的特别的联系的本质将决定他对于"2+2=4"这个等式所指示的现象的解释的深度，并且，通过这种方式，这种解释与他在历史中的位置相关联。甚至简单的算术真理的意义也隶属于解释。"2+2=4"这个正确的命题暗示着对于数字的"什么"与"如何"的一些预先的理解。没有哪个理智的人会相信2+2=5，但关于数字存在或本质的问题依然向争议敞开。数字是无形的、永恒的实体吗？数字是我们心灵的结构吗？在不同的时代和地域，人们会以不同的方式解蔽数字的存在（本质），一些解蔽比其他解蔽的方式更具有启示性。

有人可能会提出如下的论断："海德格尔声称所有的真理都是历史的，但此论断本身却被视为普遍适用的。既然海德格尔自己要求一个非历史性的真理，他就与自己相矛盾。"但对于海德格尔而言，指出一些对所有此在都共有的普遍结构（比如历史性本身）的同时，坚持对这些结构的解释方式是历史性的，这两种观点并没有不一致。我们刚才看到，尽管数学关系是非历史性的，但我们对于这些关系的解蔽方式却是历史性的。类似地，海德格尔可以以一种源于他作为二十世纪欧洲人的经验方式来解蔽此在的普遍方面。关于这个计划，并没有自相矛盾之处。然而它的确留下了一种可能性，即海德格尔可能是错误的；植根于其他时代和地域的其他思想家，可能会更为有效地解蔽此在。

确定一个特定历史时代是否比其他时代更具有揭示性，可能非常困难。有时，两个不同的时代以不同的方式同样具有揭示性，因为它们都能够照亮存在者的不同面向。因此，用其他时代的标准来衡量与判断一个时代是不合适的。因此，海德格尔如此写道：

> 我们不能说，伽利略的自由落体理论是正确的，而亚里士多德关于轻的物体力求向上运动的学说是错误的；因为古希腊人关于物体、位置以及两者关系的本质的观点，乃基于另一种关于存在者的解释，因而是以一种与此相应的不同的对自然过程的观看和究问方式为条件的。没有人会断言，莎士比亚的诗比埃斯库罗斯的诗更进步。更不用说，现代关于存在者的观点比古希腊的更正确。[1]

这是海德格尔著作中相对主义意味最强的一段文本之一。他似乎在说，所有解释都同样好——但这种解读却与他通常的思想相悖。更合理的理解是，他认为古代物理学与

---

[1] "The Age of the World Picture" (1938), in *The Question Concerning Technology and Other Essays*, tr. W. Lovitt (New York: Harper & Row, 1977), p. 117.（海德格尔：《林中路》，孙周兴译，上海世纪出版集团，2008年，第67页。）

现代物理学同样具有揭示性：它们解蔽了经验的不同侧面。[1] 但这样的论断却假设了我们现代人可以以某些方式参与到古代对世界的理解中，并且决定它是否具有揭示性。这是如何可能的？我们如何可能超出我们自身的时代与地域而去理解与评估其他文化的解蔽方式？海德格尔明确地认为这是可以做到的，因为他投入了大量的精力来解释古希腊人，并且对他们的思想中正确的东西和错误的东西进行判决。但这不意味着超越历史。相反，它包含了一种与其他文化的对峙（confrontation）和对话（dialogue）。[2] 通过这种对峙，我们可以从其他对世界的理解方式中学到东西。正如海德格尔的学生伽达默尔指出的，我们的解释总有个历史性的边界，或者"视域"（horizon），但也有可能去实行一种与其他解释的"视域融合"（fusion of horizons）。我们是有限的，但也是灵活的。一旦我们进入到一种新的解释中，我们就可以确定它可以帮助我们去解蔽现象到何种

---

[1] 正如德雷福斯所说，"人们可以拒斥存在着一种对实在的正确描述这样的主张，同时依然坚持认为可以有许多正确的描述，包括对被对象化的物理自然的一种正确的因果描述"（《在世：评海德格尔的〈存在与时间〉第一篇》中译本，边码第 265 页）。关于德雷福斯对海德格尔作为"解释学实在论者"或"多元实在论者"的有说服力的解释，见《在世：评海德格尔的〈存在与时间〉第一篇》（中译本），边码第 251–265 页。

[2] 海德格尔对这一主题的一个重要思考是"Wege zur Aussprache"（《通向交谈之路》）（1937 年），载于 *Aus der Erfahrung des Denkens*（《从思想的经验而来》）（1910–1976），GA 13，在那里，海德格尔讨论了法国和德国的关系。

程度[1]。

因此，实体在不同的时代以不同的方式向此在解蔽。存在是实体给此在带来的意义。那么我们可能会问：存在本身难道不也是历史性的吗？去寻找单一的存在的意义是否有意义？这些问题必定导致海德格尔暂停了写作《存在与时间》第一部第三篇的尝试。他后期的作品不再像《存在与时间》那样给人一种印象，即我们可以找到一些非历史性的存在的意义。如我们将在下一章所看到的那样，海德格尔不再试图发展一个单一的存在概念，而是试图在历史中去理解存在是如何"本质地展开"的。

第78-82节：源始的时间性与日常的时间概念

> 那么，关于时间的这三个部分，当过去不再存在而将来还未存在时，过去与将来的这两部分如何能存在？对于当前来说，如果它一直在场，从不前行而成为过去，那么它将不成其为时间，而是成为永恒。因此，如果只是因为当前在前行中而成为过去，当前才是时间的话，那么，当当前的不存在是当前存在的理由时，我们如何能够说当前也存在呢？换句话说，我

---

[1] 在1925年关于柏拉图《智者篇》的讲座中，海德格尔有力地确定了，对我们历史性的敏锐理解与致力于揭开"事情本身"是一致的。见：R. Polt, "Heidegger's Topical Hermeneutics: The Sophist Lectures", *Journal of the British Society for Phenomenology* 37(1), 1996, pp.53-76.

们不能正确地说时间存在，除非它即将到来的状态是不存在。——奥古斯丁《忏悔录》XI, 14 [1]

海德格尔还没有直面如下的问题，即为什么我们通常对时间的理解与他所描述的时间会那么的不同？不过我们可以预计的是，他会把我们通常的时间概念诊断为非本真沉沦的一个产物。而这正是他在《存在与时间》最后几节中的内容。

按照常识，人们通过图像理解时间，最常用的是时钟与直线。当然，时钟并不等同于时间，但对于我们而言，时钟一定程度上代表了时间。当我们试图去思考时间本身时，我们通常把它表象为一条直线。时间线包含无限个点（时刻），并且在过去与将来两个方向上永久地延伸下去。在将来的方向上，时钟记录了我们在时间线上不断的前进。宇宙中一切事物都和我们一起共同向将来行进。

这种对时间的图像刻画非常简单——但当我们更加细致地思考它时，它就被证明充满着困惑。抛开复杂的相对论不谈（海德格尔在《存在与时间》第417页的脚注提到了相对论），我们要如何理解奥古斯丁的谜题？时间似乎

---

[1] 见奥古斯丁《忏悔录》，周士良译，商务印书馆，1996年，第242页。英译本与中译本有着明显的译文差异，因此译者按照英译文翻译出来。周士良译文如下："既然过去已经不在，将来尚未到来，则过去与将来这两个时间怎样存在呢？现在如果永久是现在，便没有时间，而是永恒。现在的所以成为时间，由于走向过去；那么我们怎能说现在存在呢？现在所以在的原因是即将不在；因此，除非时间走向不存在，否则我便不能正确地说时间不存在。"——译注

没有客观的实在——那么时间是某种主观的、由我们的心灵所筹划的东西吗？

海德格尔说，这些困惑之所以会出现，是因为我们把焦点放在了时间线的表面现象上，而不是聚焦在此在的时间性中。为了理解为什么此在的时间性是"源始的时间"（第405页），我们必须利用我们的此在存在论，并且去审视我们传统的时间图像首先是如何起源的。我们这么做时，必须反对如"主观的"和"客观的"这些粗略的概念。海德格尔在这里的阐释是困难的与复杂的，下面的分析或许能提供一个探索它的出发点。

当我们在考察我们的日常的时间经验时（第79节），我们发现，尽管这种经验是非本真的，但它确实比贫瘠的时间线更为丰富。在日常状态中，此在沉浸于与上手事物的打交道之中。此在期备（awaits）与上手事物打交道的结果，并且通过把这些上手事物记录为必要的东西，此在居持（retains）它的用具与过去的处境。同时，通过关注此在正在生产和完成的东西来使此在的当下处境当前化。海德格尔说，在这个过程中，"当前化具有独特的分量"（第407页）。在日常状态中，过去与将来只有在与当前发生关联时才对我们有意义。（比如，那个汽车修理工留意着他的工具，使用它们来修理变速器，试图把变速器恢复到早前运行良好的状态。变速器曾经运行良好，并且将来也可能运行良好的事实对于这个汽车修理工是重要的，因为它们影响到他此时此地正在做的事情。）如此，我们的将来与过去在日常生活中之所以对我们有意义，是因为它们与我们当下的实践操劳有关联（用海德格尔的话说就是：时间是可定期的[datable]）。我并不主要通过使用数字来记录时间：比如上午7点，中午12点，晚上11点。我主要是通过它对于我的活动的意义来记录时间的：起床的时间、午饭的时间、睡觉的时间（关于海德格尔自己的例子，见《存在与时间》第408—409页）。时间是正确或错误的，是合适或不合适的。我们日常理解的时间是我们在一个有意义、有目的的世界中生存的重要构成部分。

那么，我们是如何把时间表象为一条贫瘠的直线的（即"纯现在的持续不断的序列行进"[第409页]）？在《存在与时间》第80节中，海德格尔描述了我们对记录我们正在做的事情的需要如何导致时钟的使用。因为我们指望事物和彼此来支撑我们的活动，我们就计算那些帮助我们协调和规划我们活动的事件——比如太阳升起与下落这样的事件，这是最基本的时钟（第412—413页）。我们利用这样的事件来测量时间的早晚程度——始终把当前作为我们主要参考点。比如，我看见太阳处在高位，而我的影子只有一尺长，因此我得出结论：现在是我去吃午饭的时间了。在我们日常生活的时钟使用中，我们不仅主要关注当前，而且我们的测量活动也需要一种"特有的当前化"（第418页）：我们把一种现成在手的测量标准应用到我们正在测量的现成在手事物（第417页）。（比如，我把我的影子视为一个现成在手的对象，并且是以对照我的作为现成在手的对象的脚来进行测量的。）结果就是，当我们尝试理解时间本身时，我们太容易把焦点放在"现在"和现成在手状态，并且聚焦在测量的活动，而不是被测量的东西上（第418页）。我们可能忽略了这样的事实，即我们在世界中是为了实行实践的活动而进行测量的，这种忽略导致我们把时间仅仅当作时间线——一系列可计算的"现在"，在其中对象是现成在手的。从而，我们遗忘了我们日常的"在世界中存在"的丰富性。在《存在与时间》第81—82节中，海德格尔尝试表明，这种遗忘不仅仅是我们流俗的时间概念的起源，而且也是所有（海德格尔）之前的哲学时间概念的起源。

概括来说：作为时间线的时间概念是非本真的、日常状态的此在时钟读数（clock-reading）行为的结果。这种行为聚焦在计算"现在"。但时钟读数的行为是植根于日常状态的时间性，它比时间线更丰富：它包括目的与活动，因此需要《存在与时间》第一篇中首次描述的日常周围世界的复杂结构。反过来，日常状态的时间性植根于操心的基本结构。操心在本真的时间性中最为透彻地得到揭示，本真的时间性包含了在当下即是中决断地直面死亡，以及重演个人的遗产。当我们本真地生存时，我们不是以"现在"来评估过去和当前，而是从曾在，甚至更多地从将来获得当前的意义。此在本真的时间性比任何时间线都更为源始。

读者很可能会在海德格尔的陈述中发现有矛盾的地方。他们会倾向于问海德格尔称之为"常人"的问题："即使一个'在时间中'现成的人不再生存，这对于'时间'的进程又何损分毫呢？时间继续行进，一如当时有人'出生'之际，时间也就已经曾经'存在'那样。"（第425页）简而言之，难道人类的时间不就是在更原始的时间（整个宇宙就是在这个时间里诞生的）里的一个渺小而短暂的现象？

通过考察海德格尔所说的此在的时间性比时间线更为"源始"是什么意思以及不是什么意思，我们或许可以消除一些矛盾。他并不否认恒星与行星在我们出现之前就已经运转了很长时间。在很多情况下，比如在古生物学中，我们可以合法地使用线性的时间：我们可以正确地在时间线上把人类的起源定位为比恐龙的起源晚得多。海德格尔也不否定我们仅仅是宇宙中非常渺小的部分，不否认大多数的事物在时间中的方式都与罪责、死亡、决心等没有什么关系。他的要点在于"根据可能的解释的次序"（第426页），此在的时间性必须首先进行考虑。除非我们首先理解我们自身与我们的过去与将来的关系，否则我们不能真正地理解一个作为现成在手的500万年前的恒星的意义。仅当我们修改我们日常的时间性，从而进入一个理论的态度时（第69b节），实体才能向我们显示为现成在手事物。因此，尽管现成在手实体是独立于我们的，但现成在手状态必须关联到我们才能理解。（回忆一下：尽管实体可能独立于我们，但是存在却不独立于我们[第212页]。）换句话说，我们自己的时间性是允许其他事物（它们不具有同样的时间性）对我们有意义的原因。我们不能根据现成在手事物的时间性来构建一种对我们自身的时间性的理解。

那么时间是主观的还是客观的？海德格尔的回答是：

都不是（第 419 页）。它不是在主体，也不是在客体中的现成在手事物。它先于主体，也先于客体，因为它使我们自身的生存作为此在成为可能，也使其他所有实体向我们揭示成为可能。那么，时间是什么类型的存在，或者时间究竟是否具有存在？再一次，我们发现我们自己面对这样一个开放的问题：存在的意义是什么？

海德格尔对时间阐述肯定是有争议的，它也需要更进一步的澄清。[1] 但当我们在概念上艰难行进时，我们不应该错失海德格尔希望它对我们生活产生的影响。若科学的计时是一种异化的、肤浅的关联时间的方式，那么我们就必须返回到我们自身的、活生生的时间性。我们应该停止假装把自己仅仅视为"客观"的观察者，而是要重新成为一个关心生活，并愿意在直面死亡时做出选择的个体。在海德格尔文本中那些晦涩、枯燥的术语的背后，有一种对于个体本真性的渴求，这种渴求的强烈程度并不亚于我们在克尔凯郭尔身上发现的。这两个思想家的要点是：时间不仅仅是我们观察事物流逝的媒介，也不仅仅是我们去完成我们任务的时机；因为时间是人类生存的核心，它是我们每一个人都有责任去承担的沉重的礼物，"时间本身是任务"[2]。

---

[1] 关于对这个话题的进一步讨论，参见 Dreyfus, *Being-in-the-World*, p. 259。（德雷福斯《在世》中译本，边码第 259 页。）

[2] Kierkegaard, *Concluding Unscientific Postscript*, p. 164.

第三篇一瞥

> 现实性的图式就是一个特定的时间中的存在。
> ——康德[1]

已完成的《存在与时间》部分和海德格尔很多其他著作一样,以一堆要探讨的问题结束(第 83 节)。这些问题给第一部第三篇添加了相当的负担——或者,因为这部分与第二部并没有完成,这个负担就落在了我们这些希望与海德格尔一起思考并超越他的人身上。幸运的是,我们不仅有一些关于第三篇要讨论的问题的暗示,也有一般方法的暗示。

让我们从第三篇要解决的问题开始。首先,有一个最根本的问题:存在首先是什么意思?我们已经讨论了实体及其别具一格的存在方式,但却没有阐明存在本身是什么。这个过程是必要的,但现在我们将必须构建关于存在的一个清晰的观念。一旦我们完成了这个任务,另一个令人畏惧的任务又将来临:我们必须再次回顾我们前面所做的对此在的解释——如同在第二篇中海德格尔用时间性来重新解释日常状态一样。此外,我们还必须处理一系列令人困惑的问题。比如,海德格尔已经区分了此在的生存与上手

---

[1] I. Kant, *Critique of Pure Reason*, tr. N. K. Smith (New York: St. Martin's Press, 1965), p. 185 (A145/B184).(康德:《纯粹理性批判》,韩林合译,商务印书馆,2022 年,第 238 页。在邓晓芒的译本中,该句被译为:"现实性的图型是在一个确定的时间中的存有",见康德:《纯粹理性批判》,邓晓芒译,人民出版社,2004 年,第 143 页。——译注)

存在以及现成在手存在。但我们还必须追问所有存在的"变式"（variations）是什么（第241、333页），以及追问这些不同的存在方式是如何关联的（第45页），为什么存在总是首先从现成事物而非上手事物得到理解（第437页）。我们要如何理解否定性的存在？（第286页）真理与存在的关系是什么？（第230、357页）关于存在的科学与关于存在者的科学的区别在哪里？（第230页）时间有某种存在方式吗？（第328、406、419页）如果存在不是一个实体，因此存在不"存在"，那么存在是如何被给予的呢？（第230页）

海德格尔原计划是通过把时间作为存在的"视域"来处理这些根本问题（第1页）。换句话说，存在由于我们的自身的时间性而能够通达我们，存在必须放在这个时间性背景中来解释。

在我们继续讨论之前，有必要提醒读者的是，有一种对海德格尔的基本误解超出了它应有的范围。海德格尔从来没有说过所有的存在者是短暂的（temporary）。也许有一些实体永久性地存在，或者是永恒的（无时间性的）。他说的是，即便是这些实体也需要被我们在时间的基础上进行理解，因为我们根本上是时间性的存在者。（毕竟，即便是"无时间性"也是与时间有关的范畴[第18页]。）问题"不是说存在者在或不在时间中，而是说存在者之存在是否要着眼于时间而得到领会"[1]。

---

[1] *The Metaphysical Foundations of Logic*, p. 144.（海德格尔：《从莱布尼茨出发的逻辑学的形而上学始基》，赵卫国译，西北大学出版社，2015年，第200页。）

此外，人们不应该错误地把海德格尔的时间仅仅想象成事物产生和消逝的过程。记住，对于海德格尔，时间主要不是从变化与运动——或者永恒与静止——的角度来理解的。时间必须在遗产、命运与死亡的基础上来进行理解。正是这个更为丰富的、历史性的时间概念为我们对存在的理解提供基础。

在《存在与时间》中，海德格尔偶尔使用"时间状态"（Temporalitat）而不是"时间性"（Zeitlichkeit）来表明他认为时间不仅仅是此在存在的基础，而且也是我们能够理解一般存在的条件（第 19 页）。我们在《存在与时间》的不起眼的角落（第 69c 节），以及在 1927 年的讲座课程《现象学之基本问题》结尾处，可以看到海德格尔对时间性的分析的最为明确的努力。

回忆一下，时间性的三个维度——过去、当前与将来——可以以本真和非本真的方式出现。更为准确地说，我们应该把这些时间性维度称为"绽出样式"（ecstases），因为海德格尔说此在的时间性是"绽出的"：因为我们是时间性的，我们"站出"。我们超越我们自身，并且在三个方向出离。在《存在与时间》第 69c 节中，海德格尔简要地引入了"视域图式"这个有些笨拙的表述，表示通往出离我们自身的一个绽出样式。三个绽出样式敞开出三个视域图式，它们共同敞开出一个世界，使我们对存在者的存在理解成为可能（第 365 页）。

这些术语及其一般观念很明显是海德格尔阅读康德的结果。在我们第 7 节的讨论中，我们看到海德格尔把自己的计划描述为"超越的"(第38页)。对于康德,先验的知识[1]是使经验成为可能的基本条件的知识,比如我们的因果范畴。康德声称为了能够把范畴运用到我们的感知,范畴必须根据时间被"图式化"(schematized):比如因果的"图式"是在时间中的继承(我们预期原因从时间上比结果更先)。一般地,我们可以把图式描述为一个使我们能够理解我们经验的时间框架。这就是海德格尔的"视域图式"的作用:它是一个时间框架,使得我们能够理解存在,能够与存在者照面。因此,在这种广义的康德意义上,他对视域图式的阐述是超越的或先验的。但它也涉及此在超越存在者到其存在这个意义上的"超越"。

《现象学之基本问题》试图让视域图式的概念更多地起作用。比如当前的绽出样式,不论是本真还是非本真的,都将我们引向海德格尔以拉丁语命名的一个视域图式:出场呈现(praesens)。[2] 正是出场呈现使得我们对上手实体的理解成为可能。我们通过把它们筹划到出场呈现中来理解上手事物。[3]

以一个具体的例子来说明:我用我的电脑键盘来写作。我理解键盘——并不是通过盯着它,而是通过熟练地使用

---

[1] 由于涉及康德,transcendental knowledge 在此译为"先验的知识";在海德格尔那里,则译为"超越的知识"。——译注

[2] *The Basic Problems of Phenomenology*, p. 305.(海德格尔:《现象学之基本问题》,丁耘译,上海译文出版社,2008年,第418页。)

[3] 同上,p. 306。(海德格尔:《现象学之基本问题》,丁耘译,上海译文出版社,2008年,第419页。)

它来理解。为了能够做到这一点，我必须有能力联系到上手存在状态；我对于使用之物（比如键盘）的存在已经有所把握。为了能够与存在建立这种联系，我必须参与到当前化的绽出样式之中。这个绽出样式把我带到了出场呈现（praesens）。出场呈现是一个我能够与比如键盘这样的存在者打交道以及理解它们的存在的场域。

1928年，海德格尔对将来的"视域图式"做了更多说明：这个"出离本身仿佛还是给出了某些东西——将来的东西本身，一般将来性，也就是说，全然的可能性。绽出就其本身无法造就出明确的可能性，但它可以形成一般可能性的视域，在其中，某种明确可能的东西才可能被期待"[1]。

一般地，我们是根据出场呈现以及另外两个视域图式（我们被时间性的过去与将来的绽出样式引导到这些图式中）理解所有样式的存在的。[2]（在《存在与时间》第365页，海德格尔称过去和将来的图式为"被抛境况之被抛到什么面前"和为它自己之故 [for-the-sake-of-itself]。）

时间因此是使我能够从其存在中把握存在者的可能性条件。时间是存在者与存在的存在论差异的本源——"存在论差异"对我们是如此的关键，以至于海德格尔现在说，"生存仿佛意味着'存在于对该区别的实行之中'，该区别

---

[1] *The Metaphysical Foundations of Logic*, p. 208.（海德格尔：《从莱布尼茨出发的逻辑学的形而上学始基》，赵卫国译，西北大学出版社，2015年，第290页。）

[2] *The Basic Problems of Phenomenology*, p. 305.（海德格尔：《现象学之基本问题》，丁耘译，上海译文出版社，2008年，第420页。）

属于生存"[1]。

一个困难的问题可能从这一点上浮现出来。如果我们根据存在者的存在来理解存在者，并且我们又从时间出发理解存在，那么难道时间不也需要从某种更深的"视域"中来理解吗？如果是这样，我们不是导向一个无限的后退吗？[2] 海德格尔否认了这一点，但他并没有非常清楚地说明其理由。他说时间并不需要更进一步的视域，因为源始时间是有限的[3]，而且时间是"可能性本身的本源"[4]。想要从这些论断中进行推理的读者应该记住，理解（领会）就是去筹划可能性，而且时间之所以是有限的，是因为死亡——不再有更多可能性的可能性。

《现象学之基本问题》结尾的最后几页是否完成了海德格尔根据时间来理解存在的计划？读者必须回到文本，自己做出判断。在我看来，海德格尔除了引入了一些新的术语外，并没有达致更多的结果。存在的所有方式的统一性问题并没有直接得到说明，而且很多其他同样具有挑战性的问题也悬而未决。（比如，是否"能够普遍地-存在论地去把握对于作为时间性的此在之解释"的问题。明显地，这个问题是此在的时间性是否可以照亮其他种类实体的时间性的问题。海德格尔坦承，"这样的问题，我本人没有

---

[1] *The Basic Problems of Phenomenology*, p. 319.（海德格尔：《现象学之基本问题》，丁耘译，上海译文出版社，2008年，第437页。）

[2] 同上，p. 280。（海德格尔：《现象学之基本问题》，丁耘译，第382页。）

[3] 同上，p. 308。（海德格尔：《现象学之基本问题》，丁耘译，第421页。）

[4] 同上，p. 325。（海德格尔：《现象学之基本问题》，丁耘译，第445页。）

能力去决定，它对于我来说完全是模糊的"[1]。）海德格尔自己也感觉到，在这个关键点上，他的研究已经进入了一个僵局，一条 Holzweg（死路）。他放弃了第三篇，不久之后，他就转向了一个新的方向，在这个方向上重振他的思想。我们现在就准备跟随这个转向（turn）。

---

[1] *The Metaphysical Foundations of Logic*, p. 210.（海德格尔：《从莱布尼茨出发的逻辑学的形而上学始基》，赵卫国译，西北大学出版社，2015 年，第 292 页。）

第五章

后期海德格尔

第五章 后期海德格尔

《存在与时间》的出版让海德格尔很快就获得了国际声望。但他没有满足于自己的成就。他越来越不满意传统的哲学概念，包括他自己的哲学概念。他对于现代世界——它的"进步"、它的流行观念，以及它的政治——也日益感到不满。

海德格尔不仅在思想上，而且在行动上为一场革命做好了准备。当纳粹在1933年登上权力舞台时，海德格尔热情地欢迎他们。1933年4月，他成为纳粹批准的弗莱堡大学的校长。5月1日，他正式加入纳粹党。他的校长生涯很短，在与大学职工、学生以及纳粹党官员发生冲突后，他在1934年4月就下台了。但他从未放弃他的纳粹党员身份。

由于显而易见的原因，海德格尔的政治卷入成了长久以来让人困扰和引发争议的话题。从传记与心理学角度看，他的选择并不令人惊讶。从海德格尔的本性上看，他是一个渴望极端、厌恶平庸与厌恶安逸的人。与此同时，由于他在乡下长大，天主教的文化背景使得他反对魏玛共和国的世界自由主义（cosmopolitan liberalism）。在危急时刻，海德格尔完全准备好了去成为支持希特勒的众多"革命保守派"知识分子之一。

然而，作为海德格尔哲学的读者，主要关注点不应该是他的习惯倾向和性情，而是他的思想。他的哲学在何种程度上卷入了法西斯主义？或者用更海德格尔的术语说，他的生存层次选择的错误是否玷污了他对此在生存的思考——根据《存在与时间》第 63 节,这种思考必然植根于他对生存的理解?这个问题是困难并且很有争议的。在讨论海德格尔 1930 年代的思想之前,我们必须暂且悬置这个问题。我们将在本章后面回到关于他的政治参与的事实和对他的政治观点的各种解释。现在我们只需简单地认为,他并不是典型意义的纳粹主义者。他所认为的"革命"是出于他对西方形而上学的特殊解释,而且他很快就与纳粹党的官方意识形态(包括它的种族主义)产生了分歧。他的政治上的上级正确地指责他是"私人纳粹主义"[1]。

海德格尔从行政管理回到了教学工作。他在 1930—1940 年代的讲座课程中不断探索与解构西方思想的地标,同时寻找重新开始的正确途径。他开了关于尼采的一系列课程,并得出结论说,尼采是最后一个形而上学家,一个耗尽了西方形而上学所有可能性的思想家。[2] 他深入荷尔德林[3]的诗歌中,认为荷尔德林的诗歌可以作为另一种、非

---

[1] Heidegger, "The Rectorate 1933/34: Facts and Thoughts", in *Martin Heidegger and National Socialism: Questions and Answers*, G. Neske & E. Kettering (eds) (New York: Paragon House, 1990), p. 23.(海德格尔:《讲话与生平证词(1910—1976)》,孙周兴、张柯、王宏健译,商务印书馆,2018 年,448 页。)

[2] 这些讲座的内容已经出版(有些内容在二战后有修改),收录在 *Nietzsche*, D. F. Krell (ed.) (New York: Harper & Row, 1979-87)。海德格尔对尼采的阐释的摘要,见 "Nietzsche's Metaphysics", in *Nietzsche*, 3, pp. 187-251.(《尼采 I》与《尼采 II》,孙周兴译,商务印书馆,2015 年。)

[3] 荷尔德林(Johann Christian Friedrich Hölderlin,1770—1843),19 世纪德国著名诗人,被海德格尔称为"诗人中的诗人"。——译注

形而上学的人类存在于世界上的方式的源泉。[1]他也研究前苏格拉底思想家巴门尼德（Parmenides）与赫拉克利特（Heraclitus），追寻在西方思想开端中已被遗忘的可能性。[2]

与此同时，海德格尔也私下写了一些晦涩的文本，这些文本表达了他最强烈地探索存在问题的努力。他只与少数几个朋友分享过这些文本。这些文本的第一部分在海德格尔去世后的1989年出版，即难懂且神秘的《哲学论稿（从本有而来）》，它创作于1936—1938年期间。

第二次世界大战的灾难以及德国的溃败给海德格尔带来了创伤。在海德格尔看来，曾经充满希望的革命运动（纳粹运动）不仅仅在击败它的敌人上失败了，而且也背叛了它自己本身，而成为现代性的另一种表现方式，如同自由民主和共产主义那样。科技的世界观如今统治了全球，这种世界观把所有的存在者都视为可计算与操纵的对象，而存在本身却被遗忘。

在法国占领弗莱堡期间，一个大学去纳粹主义委员会举行了关于海德格尔政治活动的听证会，审议了他以前的朋友卡尔·雅斯贝尔斯（Karl Jaspers）等人的不利证词。这些证词指控，海德格尔在担任弗莱堡大学校长期间，在一个官方评估报道中指责一个同事"绝不是一个纳粹主义

---

[1] *Hölderlins Hymnen "Germanien" und "Der Rhein"*, GA 39; *Hölderlins Hymne "Andenken"*, GA 52; *Hölderlin's Hymn "The Ister"*, tr. W. McNeill & J. Davis (Bloomington, Indiana: Indiana University Press, 1996).

[2] *Heraklit*, GA 55; *Parmenides*, tr. A. Schuwer & R. Rojcewicz (Bloomington, Indiana: Indiana University Press, 1992).

者",并且与一个犹太人教授关系密切。[1] 委员会停止了海德格尔的教学资格。这是他人生中的低谷,他经历了一场危机,为此他前往一个精神病医生梅达特·鲍斯(Medard Boss)那里接受治疗。[2] 不过,最终他恢复了平静,也赢得了专业哲学界的尊重,同时在年轻一代的学生中受到欢迎。伽达默尔报道说:"战后,海德格尔掀起了第二波浪潮——很像他在1920年代末的世界范围内的成功,尽管有官方的禁令——并在学术青年中引起了热烈的反响。"[3] 1949年,他重新获得教学资格。1951—1952年《什么叫思想?》的讲座是1944年以来海德格尔在弗莱堡大学开设的第一场讲座。在这里,他思考了思想作为一种召唤(calling)是对存在呼声的应和。海德格尔作为荣休教授在1955—1956年进行了他最后一次讲座课程:《根据律》。在这里,他试图为我们问为什么的驱动力、为我们对解释的透彻探索设定一个限制。存在的神秘揭示是不能被理性解释的,而应该以感恩之心去接受。[4]

---

[1] K. Jaspers, "Letter to the Freiburg University Denazification Committee (December 22, 1945)", in *The Heidegger Controversy: A Critical Reader*, R. Wolin (ed.) (Cambridge, Massachusetts: MIT Press, 1993), p. 148.

[2] 海德格尔从未停止过教学活动(参见 GA 36/37),甚至在他作为大学校长期间也是如此。治疗海德格尔的心理疾病(时间是1946年初?)的医生并不是梅达特·鲍斯,而是格布萨特(Victor Baron von Gebsattel)。(See Safranski, *Martin Heidegger*, p. 351.) 1947年,鲍斯与海德格尔第一次通过邮件取得联系。1949年,两人正式会面。——作者补注

[3] Gadamer, *Philosophical Apprenticeships*, p. 143.

[4] *The Principle of Reason*, tr. R. Lilly (Bloomington, Indiana: Indiana University Press, 1991). (海德格尔:《根据律》,张柯译,商务印书馆,2016年。)

海德格尔的思想开始获得新的观众。梅达特·鲍斯就受到了他的患者海德格尔的影响，发展了他自己的海德格尔式的精神分析。鲍斯以及路德维希·宾斯万格（Ludwig Binswanger）[1]成为新存在心理学与精神病学运动的领导者。海德格尔也开始为鲍斯的圈子举办研讨班。同时，法国哲学家让·博弗雷（Jean Beaufret）成了海德格尔的朋友，并且成为他在法国的主要发言人。为了回应博弗雷关于萨特的一些问题，他写了影响很大的《关于人道主义的书信》（1947）。关于这封"信"，我们将在后面进行分析。海德格尔晚年经常前往法国，在那里与诗人、艺术家、思想家会面。自从二战结束后，海德格尔就成为所有法国哲学家不可回避的思想家。在日本，他的作品自从1920年代（当时日本哲学家首次跟随他学习）以来就被激烈地讨论。战后海德格尔给予亚洲思想特别的关注，甚至尝试与一个中国学者[2]合作翻译《道德经》。他的思想甚至在美国都有听众，尽管他始终不信任和厌恶"美国主义"（Americanism）。

海德格尔的著作与演讲在1960–1970年代逐渐减少，但他继续在私人研讨班等论坛上演讲。伽达默尔回忆说，虽然海德格尔自己的思考和以前一样热忱，但却已经失去

---

[1] 宾斯万格在这之前就发展了他自己的"此在分析"；事实上，格布萨特（见上文）是宾斯万格方法的追随者。海德格尔后来告诉鲍斯，宾斯万格严重误解了他（见 Zollikon Seminars）。——作者补注

[2] 这位中国学者为萧师毅。1911年出生于北京，1938年获意大利米兰圣心大学哲学博士学位。——译注

了年轻时的灵活性和对话能力：

> 在这种讨论中，可以明显看出，海德格尔是多么艰难地从自身摆脱出来，对他来说理解别人又是多么困难，而当我们中的某个人终于通过他的回答走上了他所准备的思想道路时，他又是如何敞开心扉，倾心而谈。但这并不是总能成功，于是他大概会悻悻失落，甚至有时会让人感到有些失礼。在讨论结束后，我们通常一起喝葡萄酒，在饮酒闲聊的气氛中，海德格尔流露出来的单纯、朴素和真心实意，打动了每个人的心。[1]

海德格尔安静的晚年主要居住于他在弗莱堡的家中以及他喜爱的山上小屋中——这是一处专门为独处、质朴的生活以及集中精力而准备的地方。这种私密和沉思的生活只被一些采访（比如与《明镜周刊》和德国电视台的采访[2]）或海德格尔自己的旅行（在研究古希腊思想几十年后，他终于对希腊进行了几次访问）所打断。海德格尔在1976年

---

[1] Gadamer, *Philosophical Apprenticeships*, p. 156.（伽达默尔：《哲学生涯：我的回顾》，陈春文译，184页。）

[2] 这个访谈非常值得阅读。《明镜周刊》的采访《只还有上帝能救度我们》在1966年进行，直到海德格尔去世时才出版。它包含了一些关于海德格尔在1930年代的政治活动的重要陈述（和虚假陈述）。《明镜周刊》的采访内容可见：Neske & Kettering, *Martin Heidegger and National Socialism*; Sheehan, *Heidegger: The Man and the Thinker*; and Wolin, *The Heidegger Controversy*. 电视采访可在 Neske & Kettering, *Martin Heidegger and National Socialism* 中获得。（中译本载于《海德格尔选集》，孙周兴选编，上海三联书店，1996年，第1289页开始，熊伟译。——译注）

第五章　后期海德格尔

逝世（在批准出版《海德格尔全集》不久后），享年86岁。他最后的一句话是"感谢"（Thanks）[1]。

在他去世的几天前，海德格尔为他的全集写了一句箴言，"道路，而非著作"。他为这句箴言做了一些解释：

> 全集应以多种多样的方式揭示出一种在路上，这种在路上运作于一种道路域中，这种道路域归属于具有多重意义的存在问题的那种自行变化着的发问活动。……关键在于唤醒那种争辩，对思想之实事的关联……而无关对作者意见的告知，也无关对作者日常的表明，并且也与那种做法无关，即把作者的观点编排到其他的可以用历史学的方式得到确定的哲学观点所构成的那种序列中去。这种做法当然在任何时代都是可能的（尤其是在这个信息时代），但是对于要准备一种探问着的道路以及通向思想之事情的那种工作而言，上述做法毫无意义。[2]

当我们试图总结海德格尔后半生的思想时，我们很容易陷入列举他的观点这样的做法，但是这是海德格尔不想要的。本章不应该被认为是海德格尔后期思想的完整的目录。我们将只关注后期海德格尔最重要的文本，并且我们将以

---

[1] Petzet, *Encounters and Dialogues*, p. 224.

[2] GA 1, pp. 437–8.（海德格尔：《海德格尔文集：早期著作》，张柯、马小虎译，商务印书馆，2015年，第533页。）

一种旨在"唤起对峙"的方式来处理这些文本,而不是对这些复杂的文本进行详细总结。

我们将从海德格尔思想中所谓的"转向"(Turn)开始,即发生在《存在与时间》之后的变化,这个变化在若干关键文本中是很明显的。它们包括:《形而上学是什么?》《论真理的本质》《形而上学导论》《艺术作品的本源》。随后我们将转向《哲学论稿》中的一些核心主题。然后我们回到海德格尔富有争议的政治问题,以及他在《关于人道主义的书信》中对于存在主义与人道主义的理解。最后,我们将讨论海德格尔在二战后特别关心的主题:技术与语言。

转向的迹象

海德格尔 1920 年代末的一些作品本质上延续了《存在与时间》的计划。如我们所见,1927 年的《现象学之基本问题》是开启《存在与时间》第一部分第三篇的一个尝试。《康德与形而上学问题》(1929 年)是与康德的一次非传统的精彩对峙,意在完成海德格尔计划中《存在与时间》第二部分第一篇的内容[1]。但他也正开始走向新的方向。

构建一套精心设计的相互关联的分析和一套别具一格

---

[1] 海德格尔对康德的阐释开始于如下讲座课程:1925–1926 年的讲座课程(GA 21)和 1927–1928 年的课程:*Phenomenological Interpretation of Kant's Critique of Pure Reason*, tr. P. Emad & K. Maly (Bloomington, Indiana: Indiana University Press, 1997)。

的术语，然后设法突破这一结构，从而进行新的思考，这样的思想家是非常罕见的。海德格尔却做到了这一点。《存在与时间》和上述文本的写作可能让他抛开了一套旧概念——或者说，他对不间断发问的热爱引导他有意地丢弃他自己的旧概念。不管如何，在 1920 年代末，我们发现他正在进行新的构想，强调新的现象。在 1928 年的《逻辑学的形而上学基础》[1]中，他比以往任何时候都更强调此在的自由，对柏拉图也充满热情，并尝试引入新术语："成为根据的自由就是通过越出，通过使我们出离并给予我们'远'而跃动。人是一种'远'的存在物。"[2] 在 1929—1930 年的《形而上学的基本概念》[3]中，海德格尔探讨了一些在早期作品中只是简略地涉及的主题：无聊的现象学和动物存在论。

在这些文本中，海德格尔开始进行一个转变，这个转变将被称为"后期海德格尔"或者"海德格尔 II"[4]。这个转变通常以"转向"（Kerhe/Turn）而为人所知。海德格

---

[1] 原文为 *The Metaphysical Foundations of Logic*，原书名 *Metaphysische Anfangsgründe der Logik im Ausgang von Leibniz*，中译本为《从莱布尼茨出发的逻辑学的形而上学始基》，赵卫国译，西北大学出版社，2015 年。在此及其他地方直接提及这本书时，译者是按照英译本的书名译出的。——译注

[2] *The Metaphysical Foundations of Logic*, p. 221.（海德格尔:《从莱布尼茨出发的逻辑学的形而上学始基》，赵卫国译，西北大学出版社，2015 年，第 305 页。）

[3] *The Fundamental Concepts of Metaphysics*，中译本为《形而上学的基本概念——世界、有限性、孤独性》，赵卫国译，商务印书馆，2017 年。——译注

[4] "海德格尔 I"与"海德格尔 II"的表述由威廉·J. 理查德森（William J. Richardson）在他这部著作中采用：*Through Phenomenology to Thought*, 3d edn (The Hague: Martinus Nijhoff, 1974).

尔在不同的文本中使用不同含义的"转向"这个词,但最著名的段落来自《关于人道主义的书信》,他在这里写道:

> 对另一种离弃了主体性的思想作充分的补充实行和共同实行,现在已经变得困难了,这是由于在出版《存在与时间》时,第一部第三篇"时间与存在"含而未发。在这里,事情整个就倒转过来了。这个成问题的第三篇之所以含而未发,是因为思想在对这一转向(Kehre)的充分道说方面失灵了,而借助于形而上学的语言也行之不通。我的演讲《论真理的本质》是在1930年思得的,并且当时就宣讲过,但是直到1943年才得付印。这个演讲对那个从"存在与时间"到"时间与存在"的转向之思想作了某种洞察。这个转向并非一种对《存在与时间》的观点的改变,不如说,在此转向中,我所尝试的思想才通达那个维度的地方,而从《存在与时间》正是由此维度而来才被经验的,而且是根据存在之被遗忘状态的基本经验而被经验的。[1]

对于转向的解释有很多。这个转向是海德格尔思想的一次根本性转变,还是实现了《存在与时间》计划中原本就有的本质性的倾向?如果这是根本性的改变,那么这种

---

[1] "Letter on Humanism", in *Basic Writings*, pp. 231–2.(海德格尔:《路标》,孙周兴译,商务印书馆,2001年,第384–385页。)

改变在1930年代早期就已经完成，还是直到1940年代才完成？在"早期"与"后期"海德格尔之间是否存在着"中期"海德格尔？尽管他在《关于人道主义的书信》中并没有很清楚地表达，但我们可以从这段话中得出这样的结论，即根据海德格尔自己的观点，他的后期文本与早期文本并不存在不一致，相反，他经验到了曾经启发他早期作品的基本现象，而这些基本现象并没有在他的早期作品中得到完全的阐述。[1]

转向经常被描绘为从此在到存在的焦点的变化：毕竟海德格尔在这里说放弃主体性，《存在与时间》第三篇也是从此在的存在到存在本身的意义的转移。但这过于简化。我们已经看到，在《存在与时间》中，此在并不是传统意义上的主体——一个自足的心灵之物。另外，海德格尔非常清晰地表达了他的兴趣不在于此在本身（排除存在的此在），他之所以对于此在感兴趣，是因为此在这个实体对于存在本身有一种领会。另外，《存在与时间》认为此在与存在都不能离开对方而独立地发生：此在必须领会存在以便成为此在，而存在除了与此在发生关联外就不能被给

---

[1] 在致William J. Richardson的信中，海德格尔这样说："您对'海德格尔I'和'海德格尔II'之间所做的区分只有在下述条件下才可成立，即应该始终注意到：只有从海德格尔I那里思出的东西出发才能最切近地通达在海德格尔II那里有待思的东西。但是海德格尔I又只有包含在海德格尔II中，才能成为可能。"见Richardson, *Heidegger*, p. xxii。(《海德格尔选集》，孙周兴选编，第1278页。) 他同时声称，最深层意义上的"转向"不是他自己思想发展中的一个事件，而是时间和存在本身之间关系的一部分(《海德格尔选集》，孙周兴选编，第1276页)。

予(《存在与时间》边码第 183 页)。这也是海德格尔终其一生都坚持的观点：在 1969 年，他说，"我的根本思想是：存在或者存在的显现需要人，反之亦然，人只有处在存在的显现中才能成为人。"[1] 因此，无论是前期还是后期，海德格尔都在思考此在与存在。然而，他后期的作品的确很少地像《存在与时间》中那样以精细的眼光回到人类经验的质地（texture）。

当海德格尔说他早期的"思想……借助于形而上学的语言也行之不通"的时候，在他头脑中的形而上学语言是什么样的语言？在《存在与时间》中，海德格尔似乎发明了一套与形而上学传统非常不同的词汇。然而，他的确采纳了一些传统的概念。我们已经提到，生存论层次（existentialia）和生存层次（existentiell）可能性的区分与本质属性和偶然属性的传统区分非常相似。我们发现在某些方面海德格尔的区分是成问题的。我们也看到，海德格尔以一种相当康德主义的口吻谈论着"超越的知识"的构建（《存在与时间》边码第 28 页），并把时间性构想为"存在问题的超越视域"(《存在与时间》边码第 39 页)。在后期，海德格尔谨慎地避免使用"超越的"（transcendental）（如果不是"超越"[transcendence]）这样的术语，因为康德的

---

[1] "Martin Heidegger in Conversation", in *Martin Heidegger and National Socialism*, Neske & Kettering, p. 82.

概念有着一些不适当的内涵。[1]首先，它暗指此在对存在本身有某种优先地位，似乎此在的时间性结构决定了存在的意义。而后期海德格尔倾向于强调存在对我们的控制权，我们应和它，而不是创造它。其次，康德的语言可能使人觉得我们能够一劳永逸地建立一种单一的、基础性的存在概念，并证明其必然性。后期海德格尔把存在理解为本质上是历史性的：它不可预测地在历史中被给予和被扣留，并且具有多种形式。不过，他反对早期的语言是因为它会误导他的读者，还是因为他自己就被其误导？答案并不完全清楚。

尽管这个转向很难解释，但海德格尔思想的明显变化却不可能不被注意到：新的风格与用词出现在他1930年左右的作品中。他一直是挖掘德语语言丰富资源的有力作者。然而，他早期的文本更倾向于技术风格，似乎海德格尔（如同胡塞尔一样）在试图发展一门拥有自己专门术语的作为科学的现象学。在1930年代，海德格尔的风格明显变得更为"诗化"。也就是说，他更加依赖于普通的、基本的德语词汇，并且通过熟练地分析它们的语音与历史，把从一个问题到另一个问题的文本编织在一起，却并没有凝结为一种学说或者一套技术词汇。其结果是：尽管后期海德格尔

---

[1] "这条先验的（但却是不同的'超越性'）道路只不过是暂时的，旨在为骤变与跃入做准备。"见海德格尔：《哲学论稿（从本有而来）》，孙周兴译，商务印书馆，2012年，第322页。在《存在与时间》之后不久所写的一些论文中，海德格尔对"超越"这个词继续保持偏爱，如《形而上学是什么？》（1929年）、《论根据的本质》（1929年）和《论真理的本质》（1930年）。

比他早期的风格更不容易理解，但是却更加吸引人，甚至更为漂亮，就像他所写的，"这个光亮中心本身就像我们所不认识的无（Nichts）一样，围绕一切存在者而运行"[1]。

这种风格的变化反映了兴趣的转变。如我们将在本章结尾看到的那样，诗与语言的本质成为海德格尔的主要问题。他开始认为，比起科学，哲学更接近于诗歌，尽管他从未认为哲学与诗歌是等同的。[2] 简单地说，思想家与诗人对于意义的丰富性更为敏锐，而这是专业化的科学所不具有的。思想家与诗人都可以汲取语言的力量，以新的方式揭示存在者或存在。

与此相关，海德格尔的断言开始看起来不像是关于一般此在的普遍的、"科学的"的陈述，而更像是在历史中的某些关键时刻向特定群体传递的信息。《存在与时间》已经认为此在具有深刻的历史性，因此可以说海德格尔并没有改变他的观点，海德格尔更多是在调整他的语言以适应他已经运思的东西。我们发现，除了关于"此在"或"人"的抽象陈述之外，他越来越多地谈论"西方人"和"德国人"。"生存论的"与"生存状态的"区别（这种区别与无历史的普遍性和历史性的特殊性的区别相类似）似乎从海德格尔的思想中消失了。海德格尔延续了他在《存在与时间》中的主张，即认为此在的特征是"对它说来总是去存

---

[1] "The Origin of the Work of Art", in *Basic Writings*, 178.（海德格尔：《林中路》（修订本），孙周兴译，上海译文出版社，2008年，第34页。）

[2] 海德格尔自己的诗化努力的一个例子是《诗人哲学家》，载于《诗、语言、思》。（这篇论文的原标题是《从思的经验出发》。）

在的种种可能方式，并且仅此而已"（第42页）。甚至"操心"与"此在"也被视为历史性的可能性而不是普遍的结构或者固定的本质。此在是人类的一种可能的维度，这个维度我们可能达到也可能达不到，这取决于我们如何对待我们的历史。[1] 并且这个"我们"的意义也是成问题的：我们是谁？海德格尔越来越强烈地追问这个问题。[2]

在《存在与时间》中，自由与决定的语言（the language of freedom and decision）已经居有重要地位，而在1930年代这种语言越来越重要。海德格尔希望"我们"去选择。"我们"主要是德国人，他们必须选择他们是谁，选择他们要使自己成为什么，并且，不管他们是否愿意承担他们作为"形而上学民族"的天命，这个民族都被召唤去理解和经验存在。[3] 海德格尔现在对于日常实践谈论得更少了，他把关注点转移到更大的历史发展过程，他相信德国人在这个历史发展过程中扮演着关键性的角色。他坚持认为德国人还没有做出一个真正的决定，因为他们还没有经受能够带领他们前往一场真正革命的危机。他希望他们去经受一种急迫（emergency）的事件，一个会激发他们去选择的"急

---

[1] 此在"是那个未经追问和未被解决的东西，即以某种方式是人——但又不是人"。见《哲学论稿（从本有而来）》，孙周兴译，商务印书馆，2012年，第331页。

[2] 比如，GA 65, §19.（海德格尔：《哲学论稿（从本有而来）》，孙周兴译，商务印书馆，2012年，第19节。）

[3] *An Introduction to Metaphysics*, p. 38.（海德格尔：《形而上学导论》（新译本），王庆节译，商务印书馆，2015年，第43页。）海德格尔对自由最为详尽的探讨可以在GA31，GA42以及GA49的讲座课程中找到。

难"(distress)。在1930年代,海德格尔经常指出当前时代是"没有急难的急难":没有人感到存在着一种危机——而这种处境本身就是真正的危机。[1]

改变的最后的主要迹象发生在1930年代后期和1940年代早期。海德格尔逐渐淡化了这种决定(decision)的语言,以便发展一种接受性(receptivity)的语言。他对聆听(listening)、等待(awaiting)与顺从(complying)谈论得越来越多。我们必须学会停止把我们的意志施加于存在者,而是要学会聆听和听从存在。从中世纪德国神秘主义者埃克哈特大师[2]那里,海德格尔采纳了"泰然任之"(Gelassenheit/releasement)这个词,他用这个词来言说这种适当的态度。[3]

这导致了另外一种匆忙的、误导性的解释转向的方式。看起来,海德格尔似乎从行动主义(activism)转向静默主义(quietism)——从而他的后期哲学有时被批评为太过于消极。

这种解释的问题在于海德格尔自己从未接受这个解释中预设的二元论。"泰然任之处于——如果这里可以说一

---

[1] *Basic Questions of Philosophy*, p. 158.

[2] 埃克哈特大师(Meister Eckhart,约1260—约1328),中世纪德国著名神学家、神秘主义者。——译注

[3] "Conversation on a Country Path", in *Discourse on Thinking*, p. 61.(《乡间路上的谈话》,孙周兴译,商务印书馆,2018年,第1—154页。)关于从决断到泰然任之的过渡,见 Zimmerman, *Eclipse of the Self*。关于海德格尔与埃克哈特大师,见 J. D. Caputo, *The Mystical Element in Heidegger's Thought* (New York: Fordham University Press, 1990)。

种'处于'的话——主动性与被动性的区分之外。……因为泰然任之不属于意志领域。"[1] 他指出，在《存在与时间》中，决心已经被视为一种展开状态。"让存在"（letting be）已经在《存在与时间》以及在《论真理的本质》中提及。[2] 海德格尔说，他从来没有把决定视为一项把个体的主体意志施加于世界的事情：真正的决定包含着敏锐的明察。当然，海德格尔可能不是他自己最好的解释者，但在我们轻易地说在"转向"中海德格尔进行了反转之前，他自己的说法应该给予我们一个暂停键。

"转向"本质的问题已经成为二手文献中的一个经典话题。但读者应该自己决定"转向"的含义，应该根据海德格尔自己的文本而不是任何评论家的评论进行判断。此外，读者必须尝试以这样的方式来解释海德格尔的"转向"，即转向并非是在海德格尔头脑中的随意的改变，而是作为一种在他思想道路中被问及的问题的有意义的发展——尽管这可能不是对于这些问题的唯一可能的发展。我们现在转向后期海德格尔的一些关键文本，去寻找驱动它们的问题。

---

[1] "Conversation on a Country Path", in *Discourse on Thinking*, p. 61.（海德格尔：《乡间路上的谈话》，孙周兴译，商务印书馆，2018年，第103页。）

[2] *Being and Time*, p. 117/84–5; "On the Essence of Truth", in *Basic Writings*, p. 125.（《存在与时间》，边码第84—85页；《论真理的本质》，载于《路标》。）

《形而上学是什么?》:无与逻辑的消解

1929年,在弗莱堡大学的教授入职典礼上,海德格尔做了他最著名的讲座之一:《形而上学是什么?》。这个讲座中对畏及其与无(Nichts/nothingness)的关系的集中、有力的探索大部分都要归于《存在与时间》,但其中的精神却敞开了新问题,同时也激发了新思想。这个讲座的主旨并非清晰陈述一种学说,而是对哲学活动本身的一个挑战。

就此而言,它只取得了混杂的成功。一方面,它吸引了大量的注意力,并且很快就成为存在主义的关键文本。一个听众报道说:"当我离开听众席时,我感到无法言说。有那么一个短暂的时刻,我感觉我看到了世界根基与基础。在我内在的存在中,有某些已经沉睡很久的东西被触动了。"[1]

另一方面,《形而上学是什么?》间接地把海德格尔从英美哲学世界中驱逐了出去。这种驱逐在几十年中阻碍了大部分英语世界的哲学家对海德格尔的理解和吸收。因为在这个讲座中,海德格尔做出的两个陈述尤其激怒了人们。第一个是声称"无自身就不着"[2]。第二个陈述是"'逻辑'之观念本身就消解于一种更为源始的追问的漩涡中了"[3]。

---

[1] Petzet, *Encounters and Dialogues*, pp. 12–13.

[2] 原文为: das Nichts selbst nichtet / Nothingness itself nothings。见海德格尔:《路标》,孙周兴译,商务印书馆,2001年,第132页。——译注

[3] 原文为: The idea of 'logic' itself disintegrates in the turbulence of a more original questioning。见海德格尔:《路标》,孙周兴译,商务印书馆,2001年,第135页。——译注

第一个陈述看起来是完全的胡言乱语，第二个陈述则是轻率的非理性主义。

至少卡尔纳普[1]是这么认为的。卡尔纳普在其论文《通过语言的逻辑分析来清除形而上学》（1932年）中谴责了海德格尔。[2]对于卡尔纳普以及其他逻辑实证主义者，哲学应该澄清连贯的、有意义话语的规则。有意义的话语是科学的，它在无歧义的命题中表达客观的事实。因此哲学是一种关于一般命题系统的命题系统。换句话说，哲学是逻辑，是理论的理论。现在，一些句子似乎既不是科学的也不是逻辑的——比如"那朵花很漂亮"或者"正义是好的"，或者形而上学的命题"实体性意味着统一性"。这些仅仅是伪命题：它们是无意义的，或者它们至多是说话者情绪状态的症状（symptom）。当我们使用逻辑学工具清理哲学的奥吉亚斯牛棚（Augean stables）[3]时，诸如"无自身就不着"这样的胡言乱语就首先会被清除出去。

因为卡尔纳普的这篇论文（它在英语世界被广泛阅读），海德格尔的哲学变得声名狼藉：这是一种最恶劣形式的词词诡计（语言欺骗），混杂着糊涂与危险，根本没有资格被称为"哲学"，因此当然也就没有阅读的价值。比如在一本很流行的哲学史中，罗素这样提到海德格尔：

---

[1] 鲁道夫·卡尔纳普（Rudolf Carnap，1891—1970），德裔美籍哲学家，逻辑实证主义者，"维也纳学派"代表人物。——译注

[2] A. J. Ayer (ed.), *Logical Positivism* (New York: The Free Press, 1959). 同时参见：Murray, *Heidegger and Modern Philosophy*.

[3] 奥吉亚斯牛棚（Augean stables），意指非常肮脏的地方。——译注

> 海德格尔的哲学是晦涩的,其术语是古怪的。人们不免怀疑其语言是混乱的。他的思辨中一个有趣的观点是,坚持"无"是有几分确实存在的。就如存在主义中的其他许多见解一样,这是用心理学的观察来充当逻辑。[1]

这是罗素关于海德格尔所说的全部内容,但它表达了大部分英语世界的哲学家认为他们需要知道的关于海德格尔哲学的一切东西,直到最近才发生一些改变。我的一位受过分析哲学训练的老师有一次讥讽道:"《存在与时间》的观点可以用三句话来概括:有一个三明治比没有任何东西更好;没有任何东西比上帝更好;因此,三明治比上帝更好。"[2] 简言之,海德格尔是无逻辑的——海德格尔自己也是这么说的——因此没有必要认真地对待海德格尔。这是一种非常傲慢的态度,这种态度经常会扩大到所有的"大陆"哲学(这是一个具有误导性的术语,因为分析哲学的根基不仅在英国,也在德国)。

在此,我推荐读者自己去看海德格尔这篇简洁的论文,跟随这篇被细致地构建的论文,去思索其模糊性、困惑性

---

[1] B. Russell, *Wisdom of the West* (New York: Crescent Books, 1989), p. 303. (罗素:《西方的智慧:从苏格拉底到维特根斯坦》,王鉴平、俞吾金、瞿铁鹏、殷晓蓉译,瞿铁鹏、殷晓蓉修订,上海人民出版社,2016年。)

[2] 这句话原文为:A ham sandwich is better than nothing; nothing is better than God; therefore, a ham sandwich is better than God. 其中"nothing is better than God"直译就是"无比上帝更好",从而与真实的意思"没有任何东西比上帝更好"相反。——译注

以及它的最后的问题："为什么竟是存在者存在，而无倒不存在？"[1] 作为一篇完全对立于海德格尔的哲学方法的论文，卡尔纳普的论文同样很值得去阅读。然后，读者不妨考虑一下，如下关于如何解释《形而上学是什么？》，以及如何裁定海德格尔和卡尔纳普之间冲突的建议。

海德格尔的讲座开始于对作为研究者的"我们的生存"的阐述[2]，然后进入他在我们生存的背景中发现的"无"的"形而上学"问题。（"形而上学"在海德格尔那里是一个含混的术语。它有时指的是一个需要被克服的传统，而有时，如在这里，形而上学是指关于存在的真正的思想。）

海德格尔从强调科学"是对存在者本身的屈服"[3] 开始。优秀的化学家、经济学家或者历史学家都有这个共同特征，即他们想要知道事实是什么，真实是什么，仅此而已。他们只专注于存在者——此处无什么。

海德格尔的下一步就是卡尔纳普所认为的第一个逻辑错误。[4] 海德格尔问道："关于这个无，我们关心的是什么？"[5] "无是什么？"[6] 他立即就预料到人们会说他是在玩

---

[1] 海德格尔：《路标》，孙周兴译，商务印书馆，2001年，第141页。

[2] 同上，第119页。

[3] 同上，第121页。

[4] Carnap, "The Elimination of Metaphysics", in Ayer, *Logical Positivism*, pp. 69–70.

[5] 海德格尔：《路标》，孙周兴译，商务印书馆，2001年，第122页。

[6] 同上，第123页。

文字游戏。[1] 实际上，他确实是在玩文字游戏："此外无什么"（nothing else）和"什么是无？"（What is the nothing?）中的"无"并不是同一个意思。在第一句话中的"无"可以被"没有任何东西"（not anything）所代替，而第二句话中却不能。但海德格尔并不仅仅在使用双关语：他是说，"无"（"此外无什么"）的第一个含义是依赖于他将要探讨的关于"无"的第二个含义。

当然，卡尔纳普会说，没有这所谓的第二个含义："无"只在表达一种否定、对某物的拒绝时才有意义。[2] 我们可以在三明治的笑话中看到这一点。命题"一个三明治比没有任何东西更好"的意思只是指，一个三明治比什么东西都没有要好。命题"没有任何东西比上帝更好"的意思是此外没有什么东西比上帝更好。"无"似乎被还原为"不"。它并没有独立于命题的实在。从逻辑观点看，问无是什么只在一个关于否定如何运作的问题中才有意义。如果我们坚持（如罗素所说的那样）"无是有几分确实存在的"，那么，试图去问无，我们将不会问到任何东西。这里海德格尔预计到了卡尔纳普的反驳，"这个问题本身就剥夺了它自身的对象"[3]。

但"无"可以还有除了"不"之外的其他含义吗？海德格尔现在转向在畏的经验中被显示的"无化"（nihilation）。

---

[1] 海德格尔：《路标》，孙周兴译，商务印书馆，2001 年，第 122 页。

[2] Carnap, "The Elimination of Metaphysics", in Ayer, *Logical Positivism*, p.71.

[3] 海德格尔：《路标》，孙周兴译，商务印书馆，2001 年，第 123 页。

如他在《存在与时间》中已经说过的那样，畏不是对于任何特别存在者的畏。[1] 畏是对存在者整体的畏。我们不可能知道全体存在者，但我们可能在一种情绪中体验到存在者全体。[2] 极度的无聊揭示了存在者全体是枯燥无味的，或令人厌恶的。爱的愉快（当一个人在其所爱之人的眼中看到世界）揭示了存在者整体（世界）是神奇与美好的。

畏也以一种特别的方式同样揭示了作为整体的存在者。如我们在第三章所说的那样，在畏中，所有实体似乎都变得无关紧要、微不足道和没有意义。这种引人不安的无意义就是海德格尔想要探讨的"无"。在某种程度上，卡尔纳普是正确的：无是没有意义的。但是正是这种无意义不断地威胁着这个世界的意义。如果存在是有存在者而不是虚无的差异给我们带来的意义，那么无化就是趋向于消除这种意义。在无化中，一切都有失去其意义的危险："万物与我们本身都沦于一种漠然状态之中。"[3]

这听起来可能非常抽象和虚无缥缈。但对于那些实际经验了畏的人而言，这比任何逻辑的思想学说都更为具体、更有力量。它影响了我们的"在世界中存在"，而不仅是我们的命题。比如，尽管可能有些陈词滥调，青少年的焦虑（teenage Angst）[4] 却是一个真正的现象：青少年经常经验到

---

[1] 海德格尔：《存在与时间》，边码第 185–186 页。
[2] 海德格尔：《路标》，孙周兴译，商务印书馆，2001 年，第 128 页。
[3] 同上，第 129 页。
[4] 此处 Angst 暂时译为"焦虑"，而不是"畏"，因为"青少年焦虑症"或"青春期焦虑症"是通用术语。——译注

一种基础的危机，在这种危机中，已有的对"在世界中存在"的解释变得不稳定和不令人满意。根据海德格尔的观点，这种经验对于此在总是可能的。

如同伟大的艺术经常来自处于困境中的艺术家那样，无同样具有提供新启示的潜能。它可以帮助我们认识到，尽管存在着无意义的威胁，却也依然存在着"存在"与"无"的差异。存在者现在有了比它们在日常生活中陈腐的、单调的解释更多的意义。存在本身现在向创造性的转变敞开。

> 无化（不化）……把这个存在者整体从其完全的、迄今为止一直遮蔽着的奇异状态中启示出来，使之成为与无相对的绝对他者。
>
> 在焦虑的无的清明的黑夜中，才产生了存在者作为这样一个存在者的源始的敞开状态，原来是：存在着存在——而不是无。[1]

这意味着无在存在中扮演着一个角色。存在只有在其意义是有限时才具有意义，这是一种存在与无意义临近的边界。"存在本身本质是有限的，并且只有在那个嵌入到无之中的此在的超越中才自行启示出来。"[2]

我们可以很容易设想卡尔纳普的回应：如果"无"在海德格尔那里意指着一些情绪，比如畏，那么这个表达将

---

[1] 海德格尔：《路标》，孙周兴译，商务印书馆，2001年，第132页。
[2] 同上，第139页。

会是用词不当；它的确指向某种东西。然而，它与宇宙整体无关，也与真理的本质或存在本身无关——它仅仅表达了一种可能的对生活的主观态度，也许是青少年的一种典型态度。海德格尔试图把这种情绪纳入形而上学的语言中，但这种情绪可以在音乐中更好地得到表达。[1] 或者如罗素所说的那样，对于无的讨论是把心理学伪装为逻辑学。这是一个严重的指控（而且尤为讽刺的是，青年海德格尔自己也曾反对这样的"心理主义"）。

这场争论的真正关键是什么？一个非常重要的方面是，对于逻辑实证主义者，存在着一些可以被客观陈述的命题，这些命题独立于情绪、语言与文化的特异性与独特性："爱因斯坦的理论（在某种程度上）可以被班图人[2] 的语言所表达——但海德格尔的哲学却不行，除非将德语本身的语言误用到班图语中。"[3] 哲学应该是逻辑学（而不是人类学、语言学或心理学），它应该研究客观、科学的命题的规则。

相反，海德格尔坚持认为所有的"无蔽"都与情绪、语言和文化有关。爱因斯坦的理论只对被训练成以某种方式，即以西方现代性的方式理解自然的人才有意义。科学需要一种特别的情绪以及对语言的一种特别的使用。事实总是根据特定的、有历史基础的思维方式来解释的："没有纯粹

---

[1] 音乐是表达生活态度的"最纯粹"的方式，"因为它完全不涉及任何对象"。Carnap, "The Elimination of Metaphysics", in Ayer, *Logical Positivism*, p. 80.

[2] 班图人（Bantus）是撒哈拉以南、非洲中部、东部至非洲南部300—600个非洲族裔的统称。——译注

[3] O. Neurath, "Protocol Sentences", in Ayer, *Logical Positivism*, p. 200.

的事实,一个事实……只是在说明理由的概念的观照下才成其为事实,并且总是取决于这样一种说明所达到的程度。"[1]

此处应该避免两种经常出现的误解。第一,海德格尔并不否认非西方人可能参与到现代科学中。很明显,他们可以,并且做得非常成功。但根据海德格尔,这不是因为科学是独立于文化的,而是因为我们地球上的文化被西方化了。第二,海德格尔不是极端的相对主义者,后者会说爱因斯坦的理论与占星术是一样的。爱因斯坦的理论是正确的:它们确实解蔽了事物,并且比占星术解蔽得更多。然而,这种解蔽只有在一定的历史背景下对于我们才是可能的,而这种历史背景和所有的历史背景一样,都是有限的并且向创新敞开。每一种理论都继承了一个过去,这个过去既使理论服从于某些偏见,又使其他方式成为可能,这些方式也许有朝一日会被证明是更具启发性的。

因此,海德格尔的观点是,诸如文化与情绪的因素总是在科学陈述的背景中运作。之所以如此,是因为一些特定的"在世界中存在"的方式总是在运作着,它带来了一些意义与无意义的配置,带来了一些与存在以及与无的关系,这些关系先于并维持着我们与特定实体的关系。如海德格尔在《存在与时间》中详尽解释的那样,我们的情绪(它们是我们经验被抛状态的方式)比所有我们表达的肯定或

---

[1] "Modern Science, Metaphysics, and Mathematics" (from *What is a Thing?*), in *Basic Writings*, p. 272. (见海德格尔:《海德格尔选集》,孙周兴选编,上海三联书店,1996年,第848页。来自《现代科学,形而上学与数学》这篇论文。)

否定的命题都更根本性地展开了世界。我们对作为整体的存在者的经验使我们能够建立起与实体的特定的关系，包括科学的关系。根据《形而上学是什么？》，当我们在畏的情绪中"超越"存在者整体以及经验无化时，我们就获得了对整体存在者以及存在本身的一种领会。这种超越使得我们与其他特定实体（包括我们自身）的关系成为可能——因此，海德格尔写道，"如果没有无的源始的可敞开状态，就没有自身存在，也就没有自由"[1]。

这就是为什么作为命题真理理论的逻辑学对于哲学并不具有首要的重要性。当海德格尔公然宣称"消解"逻辑学时，他的意思是：逻辑学只能处理意义的表面现象——理论命题。而这些理论命题如果没有更为源始的伴随着我们的生存的解蔽，那么它们将是无意义的。如我们将要看到的那样，对于这种源始真理的思考要求一种对人类自由的神秘的研究——在这里，逻辑对我们没有帮助。

我们可能已经解释了这里的争论。但我们并没有解决它。直到 1964 年，海德格尔还在思考"构成了当今'哲学'从其最极端的对立立场出发（卡尔纳普 → 海德格尔）所作的那些努力的还隐藏着的中心"[2]。他提出，他和逻辑实证主义者有一些共同的基础。他们关注同样的问题：什

---

[1] 海德格尔：《路标》，孙周兴译，商务印书馆，2001 年，第 133 页。
[2] 同上，第 77 页。

么是对象化（客观化），什么是思想，以及什么是言说？[1]如今，逻辑实证主义已经过时，而海德格尔的思想已经进入英语世界。这一时刻不应该被看作是一种新的、海德格尔独断主义的开始，它应该被看作是一个提出与卡尔纳普和海德格尔曾经发问过的同样问题的机会。

《论真理的本质》：无蔽与自由

写于 1930 年的《论真理的本质》[2]追问的是一个具有海德格尔风格的问题：存在者是如何作为存在者向我们揭示其自身的？真理（即无蔽）是如何发生的？根据《形而上学是什么？》，存在者向我们显现它们自己是因为"嵌入到无之中的此在的超越"[3]。在我们遭遇意义的界限时，存在对我们来说就有了意义。在《论真理的本质》中，海德格尔以自由来理解这种超越。

我再次敦促读者能够先去阅读这篇致密但简短的论

---

[1]《为一次关于"今日神学中一种非客观化的思与言的问题"的神学谈话而作的若干点提示》（《路标》，2001 年，第 75 页）。关于卡尔纳普和海德格尔之间的个人和思想的关系以及他们在新康德主义中的共同根基，见：M. Friedman, "Overcoming Metaphysics: Carnap and Heidegger", in *Origins of Logical Empiricism*, R. N. Giere & A. W. Richardson (eds), *Minnesota Studies in the Philosophy of Science*, 16 (Minneapolis, Minnesota: University of Minnesota Press, 1996).

[2] 海德格尔：《路标》，孙周兴译，商务印书馆，2001 年，第 205 页。

[3] 同上，第 139 页。

第五章 后期海德格尔

文，然后再思考下文给出的解释这篇文章的建议。需要指出的是，在这里（甚至比其他文本中更多地），海德格尔通过提出一些对他的反驳意见来进行写作。他时常会转到这样的一种语气，即挑战他自己的计划，或者挑战他正在进行的特别步骤。读者只要记住海德格尔是在与传统的主体与对象概念进行争论，也与传统哲学对这两者关系的解释进行争论，那么读者就能够跟上这种语气转变。

这篇论文的每个词都重要，但我们可以把一些尤其重要的陈述挑出来。以下是一个可能的关键命题的列表，从这篇论文的第 1—7 节各选一个。（我将放弃对第 8 节和第 9 节的评论，这两节给出了一些关于哲学与存在的重要思想。在后面的对《哲学论稿》的讨论可能对读者理解第 9 节的内容有帮助。）

（1）"真实的东西，无论是真实的事情还是真实的命题，就是相符、一致的东西。"[1]

（2）"行为的开放状态赋予陈述以正确性；因为只有通过行为的开放状态，可敞开者才能成为表象性适合的标准。"[2]

（3）"作为正确性的内在可能性，行为的开放状态植根于自由。（真理的本质乃是自由。）"[3]

（4）"如此这般来理解的作为让存在者存在的自由，

---

[1] 海德格尔：《路标》，孙周兴译，商务印书馆，2001 年，第 208 页。
[2] 同上，第 213 页。
[3] 同上，第 214 页。

是存在者之解蔽意义上的真理本质的实现和实行。"[1]

(5)"让存在总是在个别行为中让存在者存在,对存在者有所动作,并因之解蔽着存在者,正是因为这样,让存在才遮蔽着存在者整体。"[2]

(6)"绽出的此在是固执的。即便在固执的生存中,也有神秘在运作;只不过,此时神秘是作为被遗忘的、从而成为'非本质性的'真理的本质来运作的。"[3]

(7)"从此在的固执的绽出的生存来理解,自由乃是(在表象之正确性意义上的)真理的本质,而这仅仅是因为自由本身起源于真理的源始本质,源起于在迷误中的神秘的运作。"[4]

我们的挑战不仅仅在于理解海德格尔这些特别的命题,而且还要跟随着引导他一步一步前进的步伐。因为在这里,他并不是要呈现一个已经完成的系统,而是在途中(underway)[5]。在他的思想之路中,他考虑到了很多反驳意

---

[1] 海德格尔:《路标》,孙周兴译,商务印书馆,2001年,第219页。

[2] 同上,第222页。

[3] 同上,第226页。

[4] 同上,第228页。

[5] "在途中"和非系统的更多含义,可参见《哲学论稿(从本有而来)》。在那里,海德格尔明确表示,在"另一开端"(这是海德格尔所追问的"存在问题"的目标)中,不再是传统哲学中的"思想体系",而是进程,"未来的思想乃是一种思想—进程(Gedanken-gang),通过它,迄今为止完全隐而不现的存有之本现(Wesung des Seyns)的领域得以穿越,因而才得以澄明,并且才获得其最本己的本有特征。"《哲学论稿(从本有而来)》,第2页)——译注

见，对传统做了很多批判性的评论。我们将忽略这些反驳意见和评论（虽然它们有价值），而是试图澄清这篇论文的主要线索。

命题（1）是海德格尔对传统的作为符合的真理概念的表述方式。他并不完全拒绝这个概念，他是在问（如他在《存在与时间》第44节中所做的那样），是什么使得符合或"一致"成为可能。根据（2），答案是，符合是通过"行为的开放状态"（the openness of comportment）而成为可能的。换句话说，唯有在我们已经把我们向存在者敞开并且让存在者向我们敞开的方式行为时，我们才可以构造正确的命题。我可以道出如下的正确命题，"星期三我们这里下了半英寸的雨"。这个命题与事实相符：它与雨水在前几天落到地面的实在符合。我们的命题是"表象性的符合"（presentative correspondence）的一个事例：它与雨水符合，并且向任何听我这个命题的人表现或再—现这雨。但是在最开始，是什么使我道出这个命题的？雨必须已经能够通达于我，并且我必须把它作为我所要说的东西的标准。因此我必须关注存在者；我必须能够通达它们，从而它们才可以向我通达。

根据命题（3），这个"行为的开放状态"植根于自由。我们自由地进入敞开状态中，并且对于我们在那里照面的东西是开放的。当他把真理与自由联系在一起时，海德格尔并不意指我们可以随意地决定何谓真实、何谓错误。自由不只是能够做任何我们想做的事情的能力。更为本质地，自由是我们向一个敞开域（open area）中的释放。在此敞开域中，我们可以与其他存在者相照面。一块石头不是自由的，不是因为它被迫做它不想做的事情，而是因为它完全与它周围的一切事物相封闭——从而不能想做或思考任何东西。根据海德格尔，动物也不是自由的（即便它们经常做它们想做的事情），因为它们被困在反应模式（patterns of responses）之中。在这样的状况中，动物不被允许与其他存在者照面，除非这些其他存在者刺激了它们自身的本能。然而，我们人类是自由的，因为我们有能力在一个敞开的世界中与其他存在者照面。因为我的世界由于我的根本性的自由为我本身而敞开，我现在就能够喜欢雨、不喜欢雨、保护我们自己避免被雨淋湿、为雨而歌，或者做出一个关于这雨在星期三下得多大的真命题。

与一块石头或一只蜥蜴不同，我能够让存在者存在。命题（4）说让存在（letting-be）是自由的本质，并且因此是真理的本质。当然，石头与蜥蜴可以让其他存在者不受伤害，在此意义上"让它们存在"。但海德格尔的意思是，人类能够允许其他存在者如它们所是那样显示自身。我让雨存在，即是说，我让雨在其本身的下雨过程中向我呈现它自身。

"让存在"可能听起来有些消极，但海德格尔也说，"让存在是让参与到存在者那里"[1]。参与（engagement）的意思是以一种让存在者被揭示的方式与这些存在者关涉。为了能够让雨向我显示它自身，我不能仅仅无动于衷地盯着它看；我必须对它保持足够的专注，它必须给我带来足够的意义，从而我能够真正地注意到它。现在我们可以看

---

[1] 海德格尔：《路标》，孙周兴译，商务印书馆，2001年，第217页。

到，以主动和被动的方式来谈论海德格尔的"转向"是多么无希望的粗略：在这篇来自 1930 年的论文中，他把人类自由描述为一种主动的被动性（active passivity），或者更准确地说，人类自由作为一个敞开状态是比主动和被动更为基本的东西。我们在这个敞开状态中站立，是因为我们是绽出地生存的（ex-sist）：我们在我们自身的自我之外，寓于其他存在者之中，在一个区域（region）或"此"（there）中。简而言之，我们就是此-在或"如此存在"（da-sein）。

但根据命题（5），这种无蔽带着遮蔽。回忆一下，海德格尔在《存在与时间》（第 44 节）中说，此在本质上同时既在真理之中也在非真理之中：我们总是在一个世界之中与存在者照面，但我们同时倾向消散于在场存在者之中，而遗忘我们与过去和将来的关系。我们以某种方式（这显现在我们的现身情态中）被抛入这个世界；我们向将来筹划可能性——但是一般地，我们遗忘了我们的情绪与筹划，因为我们太专注于与周围世界的东西打交道。我们自身的存在被遮蔽了，这意味着其他事物的存在也以肤浅的方式被解释。

在《论真理的本质》中，海德格尔暗示着一个类似的故事。他聚焦于协调状态（调谐）中 [1]。作为整体的存在者

---

[1] 这里的"协调状态（调谐）"的原文为 being attuned (attunement)，德文为 Gestimmheit (Stimmung)。在关于《存在与时间》的部分，对 Befindlichkeit（现身情态）的翻译也是 attunement。在《路标》中译本第 211 页的脚注中，孙周兴解释道："这里的'协调状态（调谐）'原文为 Gestimmheit (Stimmung)。德文词语 Stimmung 有'（乐器）校音、调音、情绪、情调'等意思。海德格尔以此词意指'此在'的一种基本'情调（情绪）'，即'此在'的行为受到存在者整体之可敞开状态的调校（调谐）。"——译注

被协调状态展开；比如，它们可能被揭示为压抑的或者是鼓舞的。这种作为整体的存在者的揭示是神秘的，因为"从当下可敞开的存在者那里我们是把捉不到这个存在者整体的"[1]。星期三下的雨不会告诉我为什么世界是压抑的，在世界中我所照面的任何存在者都不能。相反，压抑状态已经在此，它让我与特定的压抑的存在者相照面。没有哪个特别的实体能够解释"存在着实体而不是什么都没有"是如何给我带来意义的。讽刺的是，我收集到的存在者的信息越多（比如通过测量降雨量），我就越容易遗忘作为整体的存在者的源始敞开状态。我们注意到"这个或那个存在者及其当下可敞开状态"[2]，却忽视了整体的存在者的意义。一个极端的例子是：某人收集并且记住了大量的正确数据，但他对于作为整体的存在者的意义的理解却如此苍白，甚至完全没有。我们都知道一些这样的人，他们往往在教育机构中工作。

作为沉沦的一个结果（海德格尔在此将沉沦重新命名为"固执"[in-sistence]）[3]，我们通达存在者"仿佛从自身而来自在地敞开"[4]。我们忘记了作为整体的存在者的源始敞开。因为这个敞开从一开始就是神秘的，因此命题（6）就解释了我们现在有一种双重的遮蔽：我们没有注意到在开

---

[1] 海德格尔：《路标》，孙周兴译，商务印书馆，2001年，第222页。
[2] 同上，第224页。
[3] 同上，第226页。
[4] 同上，第225页。

始处就存在着一个神秘。

命题（7）总结了海德格尔的思路，并且与最后一个概念"迷误"（errancy）联系起来。如同海德格尔认为正确命题的真理植根于一种根本性的此在的解蔽行为那样，他把错误（error）理解为比命题的假（falsehood）更多的东西；错误是人类境况的一部分，是我们在生存中漫游（wander through existence）时折磨着我们的"迷误"。海德格尔持有这样的希望，即我们能够通过认识到神秘而避开一些谬见（delusion）[1]。没有希望获得完美的清晰性与确定性，但有这样的希望，即我们将记起去注意到世界源始敞开的神秘。如果我们承认这样一个事实，即存在者整体的揭示是神秘的，那么我们就可能不会被诱导至有知的盲目（learned blindness），在这盲目中充斥着无意义的事实。如此，我们就可以敞开对整体存在者的经验的新方式。海德格尔再一次把我们引回至一种简单的惊异经验的重要性，即对有存在者而不是无的事实的惊异。

《形而上学导论》：存在限制的历史

1935 年的《形而上学导论》是海德格尔最丰富、最精心创作的讲座课程文本之一。当他在 1953 年出版它的时候（进行了一些修改），他在新版的《存在与时间》前言中推

---

[1] 海德格尔:《路标》,孙周兴译,商务印书馆,2001 年,第 227 页。

荐这本书，作为对存在问题的一个阐释[1]。

这个讲座课程可以被视为《形而上学是什么？》的续篇。它甚至开始于这篇论文结尾处的问题："究竟为什么存在者存在而无反倒不在？"海德格尔在《形而上学是什么？》中说，存在本质上是有限的，被无所限定。换句话说，存在者只能以特定的方式作为存在者通达我们，而且作为一个整体的存在者的意义总是被虚无、无意义所威胁。在畏的时刻中，我们意识到无意义：我们意识到意义不能被视为理所当然的事情。在对存在问题的一系列开场思考和多种刻意的错误开始后，《形而上学导论》探讨了对于我们西方人来说的存在与无对立的确定方式。我们对于存在的理解被限制在一种已经被历史地构建起来的特定意义之上。不论我们是否知道，我们都在某些特定的轨道上运动，这些轨道在希腊哲学的开端中被首次确立。

海德格尔说，对于我们而言，存在是通过如下四种对立而被限制的，他对这四种对立做出了极富原创性的思考。[2] 下面内容不是他的讲座概括，而是一些可以为他的关切提供初步定向的评论。

（a）存在与变易（becoming）[3]。这也许是最古老的对立。

---

[1] 海德格尔：《存在与时间》，"1953年第七版序言"。

[2] 海德格尔：《形而上学导论》，第四章。关于对所有对立的简要说明的希腊文本，见柏拉图《理想国》，507b-511e。（中译本见：柏拉图《理想国》，郭斌和、张竹明译，商务印书馆，1986年，第263–270页。——译注）

[3] 海德格尔：《形而上学导论》（新译本），王庆节译，商务印书馆，2018年，第108页。——译注

我们把存在与永恒相关联,而任何短暂的东西似乎只有部分的真实。对柏拉图主义者来说,非时间的"理念"(forms)是最真实的东西。对于现代科学,理念被自然的不变的数学法则所取代。反柏拉图主义思想家,比如尼采,则把变化与变易确定为比永恒与存在更优先的东西。但存在与变易的对立关系是如何从开端处发生的?为什么我们使用时间来作为一个存在论的标准,并且区别"无时间"的存在与"时间性的"变易?海德格尔坚持认为,我们必须问这些问题,而不是仅仅再现或颠倒旧的形而上学对立关系。[1]

(b)存在与显象(appearance)。我们非常自然地区分了事物本身的存在方式和事物看起来的方式。这种区别肯定是有用处的,因为显象总是可能被误解。但哲学家倾向于极端化这种区别:他们假定事物的显象本质地是与事物本身相对立的。这种二元论的结果是"显象的世界"与"事物本身的世界"的分裂。我们从《存在与时间》的导论(第7节)中可以知道,海德格尔想对这种二元论进行质疑,而与此同时依然为遮蔽、幻象、错误保留空间。在《形而上学导论》中,他深入到问题的本源之中。

(c)存在与思想(thinking)。这可能是最不明显的对立,但它是海德格尔讨论得最详细的一种对立。讲座的这部分发展了他在《形而上学是什么?》中"消解"逻辑的

---

[1] 因此,在海德格尔的解释中,尼采这个反柏拉图主义者仍然是一位形而上学家,即使可能是最后一位形而上学家。"The Word of Nietzsche: 'God Is Dead'", in *The Question Concerning Technology*, p. 53.(《尼采的话:"上帝死了"》,见《林中路》,孙周兴译,上海世纪出版集团,2008年,第192页。)

宣言。因为他所挑战的对立将思想（在作出断言的意义上）设定为对存在的审判法庭。逻辑学（一种关于什么可以断言的规则体系）规定存在意味着什么。[1] 但是，是什么给予命题思想（propositional thinking）为存在立法的权利？为了重新考虑思想与存在的关系，海德格尔回到巴门尼德的神秘的断言，"存在与思想是同一的"，以及回到赫拉克利特的比逻辑（logic）更深的逻各斯（logos）概念。他甚至为了对人类本质的一种诗化表达而求助于索福克勒斯（Sophocles）。在海德格尔对古代的解释中，伟大的人（比如哲学家）并不是存在的逻辑仲裁者，而是英勇的探险者，这些探险者在一个亲密的斗争（intimate struggle）中与存在的强大力量相对抗。

（d）存在与"应当"（ought）。如休谟所说的那样，我们不能从一个"存在 / 是（is）"中推导出一个"应当"来。比如，大多数人是异性恋者的事实不能推导出同性恋是坏的——或者好的。关于好与坏的判断是价值判断，是关于我们想要的东西而非实际的东西的判断。至少，这是我们通常的思考方式——因为这种二元性无疑已经渗透到科学与常识中，同时也渗透到哲学中。不幸的是，海德格尔对

---

[1] 20 世纪的一个例子是蒯因，他说："存在是 [符号逻辑中的] 存在量化所表达的东西……反过来阐释存在量词自身，即'有一个''有一些'的解释，也即对一般存在的解释，是一项无望的事业。"见 *Ontological Relativity and Other Essays* (New York: Columbia University Press, 1969), p. 97.（《蒯因著作集》[第二卷]，中国人民大学出版社，涂纪亮、陈波主编，第 421 页。）因此，蒯因明确地将存在的问题限制在理论命题系统中的存在论断如何作用的逻辑问题上。

于这个主题的讨论非常简短。

那么，为什么我们应该关注这些不同的对立？它们有何意义？根据海德格尔，它们实际上产生了世界上所有的意义。在《形而上学导论》中，读者会发现一些贯穿在海德格尔后期著作信念的最有力的陈述，即人类的历史是被存在的历史引导的。一个民族与存在的关系是引领共同体经历其历史和展开其可能性的天命。根据海德格尔，我们当下对存在的理解使我们陷入了操纵和算计的空虚生活（empty life）——一条死路。我们疏离于我们自身，也疏离于宇宙，因为我们不假思索地把存在者仅仅理解为可以用数学描述和用技术控制的现成在手对象。为了给西方人（尤其是德国人）的历史敞开新的可能性，我们必须通过回到我们古老的存在论成见的源头来刷新我们对存在的理解。

存在是如何被这些方式所限制的？是什么源始的存在经验引至这些区别？根据海德格尔，希腊人源始地把存在经验为 physis。我们的"物理学"（physics）就源于这个词，通常这个词被译为"自然"。它来自一个通常被译为"生长"（to grow）的动词。但海德格尔提出，physis 源始的含义是涌现（arising）和持留（abiding）。[1] 一个存在涌现出来，显现出来，站立一段时间，并且持留其中：换句话说，它存在（it is）。比如，一棵橡树通过从橡树种子中涌现出来并展开自身而拥有它的存在：它展现自身，它实现

---

[1] *An Introduction to Metaphysics*, p. 14.（海德格尔：《形而上学导论》（新译本），王庆节译，商务印书馆，2018 年，第 18 页。）

自身，它在场。在这种源始的希腊经验中，存在被理解为持存（endurance），而真理被理解为无蔽（aletheia）——真理是一种显现。但在柏拉图那里，存在就变为单纯的永恒，而真理成了单纯的正确：我们误入歧途的形而上学传统由此开始。罗马化、基督教化和现代化的形而上学只是加剧了对存在的遗忘。

至少，这是海德格尔所讲述的一个故事。他最终将承认，aletheia 早在荷马时期已经有"正确性"的含义了。[1] 他不间断，几乎痴迷地修正他的"存在历史"。他发现在几乎所有哲学家中都有解蔽和遮蔽，因此他的哲学史细节千差万别。但在这不断变化的存在故事(the story of Being)中，恒常的是一个坠落（decline）的故事：它从一个充满希望的希腊开端坠落，然后这个开端变得僵硬，最终变成了一种在场形而上学。

海德格尔对被认为是 physis 的原初含义的阐述是如此有力（在某些方面它与海德格尔本人在其他著作中的论述相当一致），以至于读者经常把它视为他自己对于存在意义问题的回答。但更安全地说，这是他恢复存在作为在场的源始经验的一个尝试（在海德格尔看来，这些源始经验建立了西方历史）。当我们重新获得了这种经验，我们并没有完成任务；我们还必须问及它的限度——因为海德格尔的确相信在场是有限的。存在者能够向此在呈现，是因

---

[1] 海德格尔在《柏拉图的真理学说》（1940年，收录于《路标》）中把柏拉图视为转折点。但他在《哲学的终结和思的任务》（1964年，收录在 *On Time and Being* [中文版见《海德格尔选集》]）中，又收回了这种解释。

为此在本身不仅仅是在场——而且它是时间性的。那么这似乎意味着，对于存在本身的充分理解必须超越于 physis（涌现），而要与时间的关系中来理解存在。海德格尔在他讲座课程的结尾部分说，这个问题"指向了完全不同的问题领域"[1]。我们必须把握到希腊的未被充分发展的可能性，在一个甚至比希腊思想更激进的方向上发展它们。（尽管海德格尔有时被归类为一个后现代 [postmodern] 思想家，但他可能更愿意被称为一个前古代 [pre-ancient] 思想家。）如果我们成功了，我们将把西方历史置入另一条道路上，而不是由第一个开端即希腊开端所决定的道路上。如他喜欢说的那样：我们将开启"另一开端"。

海德格尔对哲学史的解读是有力的，但同时也经常被认为是任性的。人们必须要问，他对于前苏格拉底哲学如此痴迷，是不是因为这些前苏格拉底的著作只留下了残篇，从而使得对这些残篇的解释很容易偏离到海德格尔的方向上？在一些海德格尔主义者（Heideggerians）那里，同时在海德格尔自己一些更稀少的时刻中，"存在的历史"成为在排练一个神话时的公式化的练习，它被用来为一个政治纲领辩护。[2]

---

[1] *An Introduction to Metaphysics*, p. 205.（海德格尔：《形而上学导论》（新译本），王庆节译，商务印书馆，2015年，第235页。）

[2] 对大多数海德格尔主义者来说，这个政治纲领是后现代主义多元主义的其中之一。但对1930年代的海德格尔来说，它就是法西斯主义。关于对海德格尔神话的后现代批判（但不是对一般神话制造的批判），见 J. D. Caputo, *Demythologizing Heidegger* (Bloomington, Indiana: Indiana University Press, 1993)。

海德格尔坚持把现象学的语言转化为叙事（narrative）[1]。比如，他并不满足于审视经验，不满足于得出这样的结论，即无蔽是比正确性更为根本的东西；他必须构建一个传奇故事（saga），在其中，一种源始的无蔽希腊经验退化为以正确性为中心的东西，这种退化对于我们所有人而言，都有可怕的后果。的确，对于一个认为所有真理都是历史性的哲学家来说，去发展一种真理的历史是很自然的事情。但历史不太可能如海德格尔所描述的那样运作：一个神秘的开端，然后伴随着一个衰落，这种衰落并不是由个体选择、物质条件或者偶然性所导致的，而是仅仅被存在的理解所引导——它在哲学中得到最好的表达。社会主流意见肯定低估了哲学在历史中的重要性——但海德格尔却高估了它。

《形而上学导论》也显明了海德格尔另一个成问题的方面：他严重依赖于他对重要希腊词汇的古怪的词源学分析。如我们在第二章看到的那样，青年海德格尔已经严格区分了词源学与哲学。很多人希望他可以坚持这种观点——因为尽管他观察的很多东西在语文学上都是合理的（如当他把aletheia翻译为"无蔽"时），但经常地，他的词源学分析是想象的，而且在他的模仿者手中，这种方法经常被降格为一串糟糕的双关语，而这些双关语却被当作是哲学思想。对于更加关注海德格尔本身而不是希腊人的读者而言，只要记得海德格尔的解释是刻意地大胆和非传统的就

---

[1] narrative亦可译为"叙述"，如周建漳把Arthur Danto的 *Narration and Knowledge* 译为《叙述与认识》（上海译文出版社，2007年）。——译注

够了。而对于那些想通过海德格尔来进入古代哲学的读者来说，应该对他的陈述持谨慎态度。然而，他们同样也应该尊重他用新的眼光来理解传统的能力。把 logos 译为"理性"或许并不错误，但与海德格尔把 logos 译为"聚集"相比，前者却无疑让我们思考得更少。

《艺术作品的本源》：大地与世界的争执

《存在与时间》几乎没有提及艺术，但艺术作品可能是一种特别重要的实体（存在者）类型。如果真理不能被理论的命题所获取，那么也许艺术在带出无蔽（真理）中会扮演独特的角色。艺术可能提醒我们存在与虚无的差异，甚至会敞开与存在关联的新方式。

在 1935 年的《艺术作品的本源》中，海德格尔展开了他对艺术本质最广泛的思考，并在其中发展了对于他后期思想尤为重要的一些概念。读者不能期待这篇论文会提出一个条理分明的学说。相反，这是一篇典型的海德格尔式论文，他沿着存在问题的一个分支进入未知的领域，通过问题、宣告以及有时神秘的文字游戏开辟出一条道路。在他后来为这个文本写的"附录"中，他说艺术"归属于本有（Ereignis），'存在的意义'（参看《存在与时间》）唯有从本有而来才能得到规定。"[1] 海德格尔因此把这篇论文

---

[1] 海德格尔：《林中路》，孙周兴译，上海世纪出版集团，2008 年，第 64 页。

的计划联系到他早期的巨著《存在与时间》以及《哲学论稿（从本有而来）》——《哲学论稿（从本有而来）》写于《艺术作品的本源》之后不久，但直到海德格尔去世后才得以出版。我们将很快去考察海德格尔的本有（Ereignis）是什么意思。目前而言，我们将集中在他这篇论文的两个更为显著的特征：第一，他说艺术作品是"存在者真理自行设置到作品中"[1]的场所；第二，这种真理需要"世界"与"大地"的争执。

和所有哲学断言一样，这些陈述必须基于我们自身的经验而来解释和检验。（当海德格尔提醒我们不能专注于"体验[lived experience]"[2]时，他的意思是：与其沉思我们私人的感觉，不如去对艺术作品本身保持关注。当然，除非有人去"保存"[3]艺术作品，否则艺术作品就没有任何力量。我们确实需要关注我们自身的经验，但却是以这样的方式进行，即对于向我们显现的艺术作品本身保持关注。）尽管海德格尔说诗是艺术本质的形式[4]，但在这篇论文中，他主要的例子来自建筑（一座希腊神庙）和绘画（一幅梵高的作品）。读者需要用自己的一些强有力的艺术作品的例子来进行思考，最好是这篇论文中没有分析的艺术类型的例子（比如音乐），看看海德格尔的思想可以应用到多远。

---

[1] 海德格尔：《林中路》，孙周兴译，上海世纪出版集团，2008年，第21页。
[2] 同上，第58页。
[3] 同上，第47页。
[4] 同上，第51页。

第五章　后期海德格尔

下面我将在海德格尔的例子之外补充一些我自己的例子：华盛顿的越战纪念碑。它由林璎在1981年设计，并于1984年建造。这座纪念碑的名气和影响（它本身经常被简称为"越战墙"[the Wall]）表明它作为艺术作品的成功：它很快就成为美国的圣地，并获得国际声誉。这座纪念碑很简单。黑色石块的堆叠构成了一个沟渠的墙。沟渠在纵向和横向上都像一个宽广的 V 形。墙上刻着在越南战争中失去生命的所有美国士兵的名字。海德格尔的文本和这个强有力的纪念碑或许能够相互给对方带来启示。

忠实于他的现象学根基，海德格尔通过艺术中显现出来的东西来通达艺术。他声称真正的艺术品"使得无蔽本身在与存在者整体的关涉中发生出来"[1]。显而易见的是，在我们与艺术作品照面之前（甚至在我们从未接触过艺术品时），我们就已经熟悉存在者了。但这种日常的对于存在者的熟悉是表面的和庸常的。艺术品的意义在于"把我们移出寻常平庸"[2]。它们拥有使我们能够真正认识到存在者的存在的力量，而不是视其为理所当然。"艺术作品越是本质地开启自身，那种唯一性，即它存在而不是不存在这一事实的唯一性，就变得越来越显明。"[3] 艺术作品存在的事实是不可避免的——而且通过其本身的存在，它拥有把作为整体的所有其他存在者的存在带出来的力量。"艺

---

[1] 海德格尔：《林中路》，孙周兴译，上海世纪出版集团，2008年，第37页。
[2] 同上，第47页。
[3] 同上，第46页。

术作品就在存在者中打开了一个敞开领域,在这个敞开域的敞开性中,一切存在就有迥然不同的仪态。"[1]

这可以很好地应用于越战纪念碑。即便在照片中,它也是一个吸引人的在场者——某种引人注目的东西。一些东西(比如新的发型),由于它们的精巧与创新性,而从普通事物中凸显出来,但这些只是些短暂时尚,只会吸引短暂的好奇心,然后就过时了。然而纪念碑却能够比好奇更为深刻地抓住我们的注意力;它需要时间与反思。其他吸引我们注意力的东西是因为它们是复杂的,充满着信息——比如音乐视频。然而这座纪念碑却是简单得令人震惊。它的基本设计和概念可以一眼就能理解。不过,对于那些愿意暂停下来并且让日常生活的嘈杂安静下来的人而言,纪念碑却能够抓住他们的兴趣。这件艺术作品的存在可以以其他事物陈腐的存在不能触动我们的方式触动我们。

艺术作品是如何揭示有别于它自身的其他存在者的?海德格尔并没有说艺术必须是再现的(表象的),或"现实主义"的。越战墙肯定不是再现的艺术。实际上,不够具象是它在一开始提出来时就备受争议的原因之一。今天,在林璎设计的黑色V形旁边,有一座另一个艺术家设计的高度现实主义的雕像,这座雕像刻画了三个士兵。然而,尽管技艺高超,这座逼真的雕像吸引的注意力却远不如越战墙。这个例子中,再现的艺术品确实比非再现的艺术品阐明的现实更少。当美国士兵的名字刻在林璎设计的纪念碑上时,

---

[1] 海德格尔:《林中路》,孙周兴译,上海世纪出版集团,2008年,第51页。

第五章　后期海德格尔

它们就为我们把这些人的死亡带回家。每个个体的死亡都与个体的人生相关联，每一个个体的人生也都与旁边之人的人生与死亡关联，并且，当数千个名字在沟渠（trench）的中心聚集时，人们就感到整个越战就是嵌入在美国的过去与当前的事件。整个纪念碑揭示了美国人之所是。

但这个纪念碑具体道说了些什么？很多越战老兵最初都反对这个设计，因为他们想象它所传达的信息将是一种耻辱。但现在这个艺术作品就在这里，几乎所有的参观者都能认识到，它的意义不能被一些简单的词所概括，比如"耻辱""荣耀"，甚至"哀悼"等等。这并不是说参观者在离开纪念碑时被不同的主观解释所裹挟。相反，它创造出一种神秘的团结。任何参观这个纪念碑的人都共享了一些东西，尽管他们很难把这些东西用词语表达出来。这个艺术作品以其自身的方式来道说，道说出一些只有它才能道说的东西。这个艺术作品通过使人们注意到他们现在是谁、过去是谁以及将来成为谁而照亮了作为整体的存在者（至少对于很多美国人而言）。用海德格尔的话说：

> 作品之保存并不是把人孤立于其私人体验，而是把人推入与在作品中发生着的真理的归属关系中，从而把相互共同存在确立为出自与无蔽状态之关联的此之在（Da-sein）的历史性悬欠（Ausstehen）。[1]

---

[1] 海德格尔：《林中路》，孙周兴译，上海世纪出版集团，2008年，第48页。

艺术作品在某种程度上能够把我们自己带入家中；它们向我们显示出我们是如何寓于事物而共同栖居的，使我们把我们自身的生存当作一些新鲜（fresh）与奇特（strange）的东西来理解。

海德格尔说艺术作品并不是存在者得到全新揭示的唯一条件。在《艺术作品的本源》中，他还提到了政治革命（它为我们了解对他自己的政治愿景提供一些信息）、上帝启示、"本质性牺牲"（苏格拉底？耶稣？）与哲学。[1] 在这些各不相同的领域中，真理能够在世界与大地的争执中发生。这些复杂的概念在这篇论文中并没有得到简洁的定义，但如果我们把它们应用到实际例子之中，并且把海德格尔的概念与一些更为常见的概念对（conceptual pairs）进行比较，我们就可能获得一些进展。

我们在《存在与时间》中把"世界"描述为目的与意义的系统，这个系统组建了我们的身份和我们的行为。在《存在与时间》中，海德格尔关注的是生产的日常世界，但我们的世界是赋予我们可做的一切事情和我们成为我们自身可遵循的所有道路意义的东西。《存在与时间》也关注本真性的"个体化"的特征，但与此同时，海德格尔明确地说，此在是共在（Being-with），即除非我是作为在一个共同体历史的一代的一员，我就不能成为我自身。如果我们把所有这些要素铭记于心，那么我们就可以看出，《艺术作品的本源》中的"世界"概念是海德格尔早期概念的一个重述。

---

[1] 海德格尔:《林中路》，孙周兴译，上海世纪出版集团，2008年，第42页。

他现在说,在一个世界中,"所有事物获得它们的快慢、远近、大小"[1]。一个世界敞开"在一个历史性民族的命运中朴素而本质性的决断的宽阔道路"[2]。

我们把这个概念与越战纪念碑关联起来。这个纪念碑具有敞开一个世界的力量,即它向美国人显示出,他们作为一个共同体,什么是至关重要的东西。它不是通过展示一个明显的"信息",一个关于如何解释过去的特定决定来做到这一点。世界比任何特定的决定更为基础;世界是规定需要被决定的东西的背景,规定哪些是重要的东西,哪些又是不重要的东西。这个纪念碑提醒我们那些构成我们生存的宏大问题:生命、死亡、胜利、失败、耻辱、荣耀、正义。类似地,根据海德格尔,梵高的描绘一双鞋的油画揭示了一个农妇的世界,一个由工作、需求、生育与死亡所规定的世界。希腊神庙揭示了希腊世界——一个"诞生与死亡,灾难与福祉,胜利与耻辱,忍耐与堕落"[3]的世界。这些不同的世界似乎共享一些特征,一些对于所有时代的所有此在都重要的问题。但一件艺术作品以这样的方式揭示了这些问题,即它表达了一个特定共同体在一个特定历史关头中对于自身的理解。这就赋予了艺术作品以非凡的力量来敞开一个世界。

但伟大的艺术必须也包含大地。海德格尔的"大地"

---

[1] 海德格尔:《林中路》,孙周兴译,上海世纪出版集团,2008年,第27页。
[2] 同上,第30页。
[3] 同上,第24页。

是这篇论文中的新概念，这个概念本身很晦涩。他写道，大地是我们能够栖居的根基，是一个世界得以建立的基础。大地"庇护"从中"涌现"[1]的存在者。大地是自发的，而且也倾向于在遮蔽之中隐匿自身。简而言之，大地是我们以及其他存在者得以涌现的神秘本源。

理解"大地"与"世界"概念的最简单方式是把它们视为一种对自然与文化的古老区别的重新思考。一个世界可以被解释为一种文化，即一个意义系统，这个意义系统使一个群体理解他们自身及其环境成为可能。大地可以被解释为自然，即文化的前-文化基础（pre-cultural basis），一个遵循其自身法则并且抵制我们驯化它的企图的领域。比如，在梵高的绘画中，大地在夏天以其"成熟谷物的宁静礼物"而被揭示，而在冬天则在其"没有解释的自行拒绝"中被揭示。大地是自然的力量，它不能被我们所完全控制，它是"人在其上与其中赖以栖居的东西"[2]。

在《存在与时间》中，自然仅仅被思考为一些被文化同化的东西——一些可以用于实际用途的东西，或者作为被自然科学研究的现成在手对象的东西。[3]"大地"提供了一种全新的、更为深刻的关联自然的方式：我们可以把它视为一些先于我们操控与解释，并且从本质上抵抗我们操

---

[1] 海德格尔:《林中路》，孙周兴译，上海世纪出版集团，2008年，第28页。
[2] 同上，第24页。
[3] 《存在与时间》中的一段话确实意指一种对自然的更深层次的理解。海德格尔谈到了"那个向我们袭来、又作为景象摄获我们的自然"（边码第170页）。

第五章　后期海德格尔

控与解释的东西。（这种理解自然的观念被当代的"深层生态学"[deep ecology][1]运动所采纳。）

自然与文化的词汇可以帮助我们理解海德格尔关于世界与大地关系的观点。大地与世界本质上处于争执之中：

> 世界立身于大地，在这种立身中，世界力图超越于大地。世界不能容忍任何锁闭，因为它是自行公开的东西。而大地是守护者，它总是倾向于把世界摄入它自身并且扣留在它自身之中。[2]

用更为熟悉的术语来说：文化起源于自然，并且试图理解它的本源。因为一种文化照亮了共同体的人们和他们的周围世界，因此它从本质上反对锁闭，试图照亮自然。但是，如赫拉克利特所言的那样，自然喜欢遮蔽：我们可理解的东西总是有限的，而自然倾向于在其神秘的力量中重新证明自己的存在。

理解的有限性不是如我们的仪器精度是有限的这样平凡的事实，也不是如有些地方人类还没有去过这样的事实。根据《存在与时间》，理解在本质上是有限的，因为它是永不可能完美的解释过程。没有真理或解释是绝对的（尽管

---

[1] 深层生态学（deep ecology）一词由挪威哲学家阿恩·内斯（Arne Næss）在1973年于一场第三世界未来发展研讨会中提出。深层生态学以非人类为中心的角度，重新看待世上所有生物的价值，打破长久以来人类对生命的价值观。——译注

[2] 海德格尔：《林中路》，孙周兴译，上海世纪出版集团，2008年，第30页。

一些解释比其他解释更具揭示性）。存在者的丰富性总是包含着对于我们当下的解释而言不可能通达的维度。无蔽因此就同时包含了世界与大地——同时包含敞亮与遮蔽。

一件艺术作品是大地与世界争执发生的场所。艺术作品在敞开了一个世界的同时也允许大地展现自身为大地，即作为一些遮蔽的东西。艺术向我们显示了大地并不显示自己的事实。这种展现神秘的力量可能把艺术从科学中区分开来（科学只能向我们显示事物是如何显示它们自身的，而不能显示它们是如何隐匿自身的）。

现在让我们回到我们的例子中。越战纪念碑在最明显的意义上是与大地密切相关的：它实际上位于地面之下。它与周边的自然环境融合在一起，很少有纪念碑是这样的——因为这座纪念碑不仅仅是人造的面板，也是在大地自身中的敞开域，很像是一个开放的坟墓。很难界定纪念碑的范围，它不仅包括一些石块，而且还包括地面下的整体沟渠，至少还包括一些周围的土地。这座纪念碑的意义常常延伸到它所在之地的整个领域——也许延伸到所有的美国领土，以及所有建立在其上的东西。纪念碑以一种特别的方式揭示了这片土地：它并没有揭示它的任何秘密，而是提醒我们，它就在那里，人类在其上建立，但人们却并没有完全地理解他们建立在其上的东西。文化与政治系统建立在神秘之上，战争也在这片神秘的土地上进行——这就是这座纪念碑所道说的东西。这件艺术作品成功地完成了展现在争执中的世界和大地的艰巨任务：它召唤美国人去思考他们的文化与历史（他们的世界），与此同时也暗示了这个世界的隐蔽的根基。通过这种方式，纪念碑促使人们去问：你们是谁？你们的敌人是谁？对你们来说，什么是胜利与失败？在寻求胜利的过程中你们愿意经受什么样的危险？你们将会如何回应你们的过去与你们的将来？平庸的艺术也许把这些问题视为理所当然的东西，而且用非常明确的方式回答它们，但这种回答却变为宣传或庸俗的东西。更为深刻的艺术让这些问题本身能够被倾听到。

大地对纪念碑的参与使它特别适合作为一个纪念和悼念的场所。如果这座纪念碑允许一切都消融于文化中，即消融于对战争和死亡的一系列清晰、整齐的解释中，那么它就不会为对于哀悼至关重要的不可解释的负担留下空间。

把世界与大地等同于文化与自然的危险在于，我们相信这个等式让我们免去了思考的任务。"自然"与"文化"是两个我们再熟悉不过的词，其意不言而喻，直到我们真正试图去定义它们。然后我们会发现，我们几乎不明白它们的含义。这无疑是海德格尔要避免使用它们的原因。不过，如果把它们作为思想的开端而不是终点，那么它们就可以成为解释这篇论艺术作品的论文的有用工具。

一些其他我们熟知的概念也可能有用。尽管海德格尔非常明确地说，他并不希望以形式（form）[1]与质料（matter）的角度来思考艺术，但这些概念与他所说的内容并不完全相异。粗略地说，一个形式就是出自我们的文化或世界的一个系统，通过它，我们就能理解或操纵自然、大地。比如，

---

[1] 在涉及柏拉图时，form 被译为"理念"。——译注

我们可能把作为质料的陶土塑成一个罐壶的形式。尽管一个艺术品与一个罐壶在性质上是不同的,但两者都涉及世界与大地的互动。区别在于,对于一件日常使用的物品来说,大地通常被消散于文化用品之中,而不是作为本身而凸显出来。[1]

大地与世界也与《存在与时间》里的一些概念有亲缘关系。被抛状态,就像大地那样,并非我们自身制造的,且我们永远都不能掌握它们;它是我们必须接受(而不能产生)的一个根据。[2] 筹划,就像世界那样,包括了通过呈现可能性来理解我们自身和其他存在者。人们同样可以说,畏通过质疑建构了世界的意义网络而揭示了大地。

对于读过尼采的第一本书《悲剧的诞生》的读者来说,还有另一种理解大地与世界的可能有用的方法。《悲剧的诞生》这本书很显然对海德格尔这篇论文有所启发,甚至二者的标题也表明了这一点。尼采并不比海德格尔更容易理解,但两个哲学家共同的特征是他们思想的启发性。根据尼采,悲剧通过两种根本力量的冲突表现了它的本源,这两种根本力量就是"日神精神"和"酒神精神"。尼采把日神阿波罗与梦境领域联系一起,说"在我们的梦境中,我们通过对形象的直接领会而获得享受,一切模型都向我们说

---

[1] 海德格尔在《诗、语言、思》的论文"物"中,唤起了对于一个指向"四重整体"(包括大地)的壶的非凡体验。见本书313—314页。

[2] 海德格尔:《存在与时间》,边码第284页。

话，没有什么是不重要的、多余的东西"[1]。也就是说，日神精神（如同海德格尔的"世界"）是一个涵盖一切的秩序，在其中一切事物都有意义，并有一个位置。然而，在酒神精神中，这种可理解性全部坍塌。不过，与此同时，我们获得了一个"神秘的源始统一"："在酒神的魔力下，不但人与人重新团结了，而且疏远、敌对、被奴役的大自然也重新庆祝她同她的浪子——人类——的和解。"[2] 这与海德格尔的"大地"之间的亲缘性非常明显。

提及这些相似性并不是要责难海德格尔的原创性。他关注的不是与过去一切不同的原创性；他想要的原创性是与本源有关的原创性，"一个事物从何而来，通过什么它是其所是并且如其所示"[3]。《艺术作品的本源》依然具有深刻的原创性，恰恰因为海德格尔利用了我们哲学传统中的深流（deep currents）来揭示艺术作品的运作。

《哲学论稿》：另一开端的片段

在我们迄今为止所考察的那些论文中，海德格尔在关于以源始的方式经验存在包括什么的问题上还是非常间接

---

[1] *The Birth of Tragedy*, tr. W. Kaufmann (New York: Vintage, 1967), p. 34.（尼采：《悲剧的诞生》，周国平译，三联书店出版社，1986年，第3页。）

[2] 同上，p. 37。（尼采：《悲剧的诞生》，周国平译，三联书店出版社，1986年，第6页。）

[3] 海德格尔：《林中路》，孙周兴译，上海世纪出版集团，2008年，第1页。

的。在具有挑战性的文本《哲学论稿（从本有而来）》中，他为实现这样一种经验所做的斗争表现得最为直接和强烈。《哲学论稿》在很多方面是一部秘传（esoteric）的著作。海德格尔在 1936—1938 年间私下撰写了这篇很长的手稿；在海德格尔一生中，他只向少数几个非常密切的朋友展示过。他明确规定这部著作应该在他所有的讲座课程文稿出版后才能出版——因此这意味着理解这本书的前提条件是几十卷的导论性著作。《海德格尔全集》的编辑稍微偏离了海德格尔的规定，在为他所有可用的讲座课程手稿分配好编辑后，就出版了《哲学论稿》。1989 年，在海德格尔诞辰 100 周年之际，这本书获得出版。

《哲学论稿》很快就吸引了人们的注意力，但同时也制造了一些困惑，因为这本书最重要部分的风格都是纯粹海德格尔式的。远甚于他已经非常困难的其他作品，为了创造出一种独具一格的意义交响曲（symphony of meanings），海德格尔在《哲学论稿》中利用了德语词汇的语音和含义。这个文本的译者面临着巨大的挑战。[1]

此外，这本书的结构比较松散。它包含了 281 节，其中一些小节是精练的短文，而有些小节甚至没有用完整的

---

[1]《哲学论稿（从本有而来）》(*Beiträge zur Philosophie [Vom Ereignis]*) 目前有两种英译本，分别为：(1) *Contributions to Philosophy (Of the Event)*, translated by Richard Rojcewicz and Daniela Vallega-Neu, Indiana University Press, 2012. (2) *Contributions to Philosophy (From Enowning)*, translated by Parvis Emad and Kenneth Maly, Indiana University Press, 1999. 中译本目前有一种，即《哲学论稿（从本有而来）》，孙周兴译，商务印书馆，2012 年（中国现象学文库·现象学原典译丛）。——译注

句子来表达。这些小节是根据主题进行分组的，但全书并没有像《存在与时间》那样遵循一个系统的计划。这本书的风格是有意地零散的：它不再是"一个思想的体系，而是似乎偶然从某个采石场里坠落下来的石块——在采石场里，矿石被破碎了，却见不到碎石机和铁撬棒"[1]。这不是说海德格尔这里的陈述是完全混乱和无根基的，而是他期待读者去努力发现未说出的联系。

海德格尔并非有意隐瞒，他也在努力试图使用合适的语言来应和存在本身，但是他认为不可能直接道说出"存在的真理"：我们的任何道说都不能使存在以完全清晰的方式解蔽自身。存在本质上是神秘的。当我们在与存在打交道时，我们必须学会放弃我们能完美与直接地表象事情的野心，因为"每一种道说都已然从存有（Seyn/Being）[2]

---

[1] 海德格尔：《哲学论稿（从本有而来）》，孙周兴译，商务印书馆，2012年，第259节，第459页。

[2] "存有"是对海德格尔 Seyn 的译名。Seyn 是"存在"（Sein）在18世纪德语正字法的拼写法。Seyn 与 Sein 本质上没有含义上的区别，海德格尔只是为了把他对于"存在"（Sein）的运思与形而上学对于"存在"（Sein）的观念区分开来。参见《哲学论稿（从本有而来）》中译版的"附录一"第556页以下。但本书作者 Richard Polt 并没有对此进行区别，而都译为 Being。两种英译本分别译为：be-ing 和 beyng。这句原文为："Jede Sage spricht schon aus der Wahrheit des Seyns und kann sich nie unmittelbar bis zum Seyn selbst überspringen." 作者的英译文为："Every saying already speaks from the truth of Being, and cannot leap over itself immediately to reach Being itself." Parvis Emad & Kenneth Maly 的译文为："Every saying already speaks from within the truth of be-ing and can never immediately leap over to be-ing itself." 在以下涉及《哲学论稿》部分，译者把原文中的 Being 译为"存有"，而非"存在"。在其他地方，Being 被译为"存在"。——译注

之真理而来说话，决不能直接地跳跃到存有本身那里"[1]。我们不能把存有转化为一个对象，并且用科学的精确性来对之进行描述，因为我们并不控制存有本身；我们已经先行跃入一种对存有与虚无的区别的经验方式中了。因此与试图从概念上控制存有不同，我们应该以谨慎和踌躇的尊重来应和存有。海德格尔相信只有"少数人和稀罕者"[2]才能以这种方式来思想。

鉴于《哲学论稿》的秘传的性质，海德格尔肯定会反对任何在一本导论性著作中对《哲学论稿》进行概括的企图，尤其反对那种认为他的思想可以被简单化的观点。[3] 他甚至夸张地提醒我们，"使自己变得可理解，此乃哲学的自杀"[4]。因此读者应该谨记：下文的评论并不是对整本《哲学论稿》的一个概括，而只是对《哲学论稿》中一些关键术语和概念的简单考察，这些考察旨在为那些希望深入《哲学论稿》丛林的读者提供一个道路的起点。

---

[1] 海德格尔：《哲学论稿（从本有而来）》，孙周兴译，商务印书馆，2012年，第38节。

[2] 同上，第5节。

[3] 我对《哲学论稿》的扩展解释见 *The Emergency of Being: On Heidegger's "Contributions to Philosophy"*（《存在的急迫：论海德格尔的〈对哲学的献文〉》，张志和译，上海书店出版社，2009年）。我对1930年代的海德格尔（尤其是他的政治行为）更进一步的解读见 *Thinking Through Heidegger in the Thirtyties*（Rowman & Littlefield International，2019）。——作者补注

[4] 海德格尔：《哲学论稿（从本有而来）》，孙周兴译，商务印书馆，2012年，第459节。

谋制与体验

> 在当今时代，当作为 Psych（审美满足的单位）和 Erg（机械功的单位）组合的心理尔格（Psycho-Erg）被认为是真正的价值单位时，那么就很难相信在 20 世纪以及之后的十个世纪中，美元，一个金属圆盘，还会手手相传，以换取生活必需品。
>
> ——哈利·斯蒂芬·基尔（Harry Stephen Keeler）[1]

在我们对海德格尔在《哲学论稿》中的道说存有的方式进行考察之前，我们应该思考一下现代生活方式的一些特征。这些现代生活方式是海德格尔强烈反对的，以至于他试图寻求有别于全部西方传统的另一种生活方式。

在第三章中，我们已经看到，主体与客体之间的划分（这种划分在笛卡尔主义那里得到了经典表述）是与从技术的角度理解我们的生存相关联的。从这个观点看，非人类的存在者是可以由现代自然科学的数学方法精确和有效地得到表象的客体。与之形成对比的是，人类是有意识、有意志的主体。通过科学，我们可以成为自然的主人，我们可以利用自然的力量，使存在者作为资源而为我们的意志服务。如此，只有当事物可以为我们的技术工程提供能源，或者满足我们主体的欲望时，它们才有价值。我们可能在一

---

[1] H. S. Keeler, "John Jones's Dollar", in *Fantasia Mathematica*, C. Fadiman (ed.) (New York: Copernicus, 1997), p. 250.

段时间内继续使用美元，但人们可以说，心理尔格（Psycho-Erg）自从笛卡尔开始就已经成为我们真正的价值单元了。

对于海德格尔来说，这种现代境况是一个灾难，《哲学论稿》表达了他对此的惊恐（horror）。我们可以说这种惊恐甚至决定了整本书的结构。在一篇概括性总结（第1部分）之后，海德格尔描述了现代世界的堕落状态（第2部分）。这引导他与西方哲学传统进行对峙（第3部分）。被这种对峙唤醒，他冒险去做一个"跳跃"，这个"跳跃"将建立关于存有、此在和真理的新概念（第4-7部分）。《哲学论稿》最后是另一个概括（第8部分）。

在标题为"回响"（The Echo）的第2部分中，海德格尔倾听离弃的存有在现代生存的空洞中回响的远方声音。他诊断这个空洞是尔格（Erg）与心理（Psych）以及客观主义与主观主义的结合——或者用他的话说，就是"谋制"（Machenschaft/machination）与"体验"（Erlebnis/lived experience）的结合。

"谋制"这个词是海德格尔在《哲学论稿》中用来表达他以后会称为"技术"（Technik）或者"集置"（Gestell）的概念。谋制不仅是一种人的行为，或一种操纵的行为；它是对作为整体的存在者的揭示，是存在者整体被看作是可开发利用和可操纵的对象。[1]世界似乎是没有内在意义或目的的现成在手事物的集合，是一个冰冷的没有任何根

---

[1] 海德格尔：《哲学论稿（从本有而来）》，孙周兴译，商务印书馆，2012年，第61节。

基的空间。我们可以做的只是计算和控制。我们观察和测量一切事物，我们使事物变得得越来越快，我们的力量与效率也不断地增长——但是追问与思考却在枯萎。[1] 质被还原为量。[2] 这种对世界的数学化的行为远离了所有的神圣：海德格尔说的是"诸神的逃遁"和"道德的基督教上帝的死亡"。[3]

在谋制的世界中，存在者变为"非存在者"[4]。这个表述并不意味着一切东西都被摧毁，而是意味着一切东西的意义被摧毁。海德格尔抱怨"存在者存在，但是存有却离弃了所有的'存在者'"[5]。也就是说，对我们来说，有存在者而不是虚无这个事实给我们带来的意义已经缩减为仅仅是现成在手的东西。意义的丰富性已经消失，只留下一片惨淡的灰暗荒地。

为了补偿我们的客体世界（objective world）的贫困，我们必须堆积"体验"（Erlebnis）来丰富我们的主体性。这里我们应该明确的是，海德格尔并不反对一般的经验。德语中有两个在海德格尔看来具有不同含义的表示"经验"的词。一个是 Erfahrung（与 fahren 关联，意思为旅行），它的含义是一段改变旅行者的旅程；这是非常可取的，海

---

[1] 海德格尔：《哲学论稿（从本有而来）》，孙周兴译，商务印书馆，2012年，第57节。
[2] 同上，第70节。
[3] 同上，第56节，第126页。
[4] 同上，第.2，58节。
[5] 同上，第17页。

德格尔也喜欢说他自己的哲学是他旅途中的一条"道路"。但是 Erlebnis（与 Leben 有关，意思为生活）只是一种表面上的刺激，这种刺激使经历经验的人基本不受影响。[1] 这是海德格尔攻击的目标。[2] 在对体验的寻求中，我们消耗了无穷无尽的娱乐与信息。我们表象存在者，并与我们对存在者的表象进行游戏。但我们从未把我们自己向存有本身敞开。相反，我们把我们自己的表象方式作为"什么算一个存在者的标准"[3]。现在，当我们甚至有能力创造出"虚拟现实"时，海德格尔的诊断变得更加真实；存在者与我们自己的表象的区别变得越来越难以保持。

海德格尔对这些主题更为全面的思考可以在二战后的论文《技术的追问》中找到，这篇论文我们将在后面进行讨论。但我们已经能够理解海德格尔想要一种区别于现代世界观的替代性方案。从《存在与时间》中，我们可能会得到这样的印象，即我们可以简单地通过对我们自身的、日常的生存采取一种新的态度来获得这样的替代方案。但是海德格尔现在似乎相信，在现代，日常的生存是如此的贫困和腐败，以至于在我们与存有自身的关系问题上需要一种彻底的革命。为了理解这种革命，我们可以从这本书的书名开始。

---

[1] R. Bernasconi, *The Question of Language in Heidegger's History of Being* (Atlantic Highlands, New Jersey: Humanities Press, 1985), pp. 81–2.

[2] 海德格尔：《哲学论稿（从本有而来）》，孙周兴译，商务印书馆，2012年，第 62—68 节。

[3] 同上，第 63 节。

存有作为本有[1]

《哲学论稿》的标题有意地显得平淡、空洞与传统（见海德格尔在第 1 节前的注释）。但"真正的标题"——括号中的"从本有而来"——使用了一个神秘的词，Ereignis。这个词过去从未作为一个重要的哲学术语被使用过。但 Ereignis 这个词指示着这本书的核心信息。把 Ereignis 放在一个句子中：das Seyn west als das Ereignis。这句话可以翻译为"存有作为本有而本质地现身"[2][3]。但这是什么意思？我们必须一个词一个词地分析，并且详细地考察一些德语词汇。

在《哲学论稿》中，海德格尔经常用 Seyn（存有）的拼写来代替 Sein（存在）。Seyn 是一个旧式的 19 世纪的拼写，它可以给这个词带来一些古老与被遗忘的意蕴。海德格尔希望在日常理解的"存在"（Being）的背后唤醒一种存在的神秘含义。

海德格尔声称传统形而上学只专注于存在者，存在者的存在问题是西方哲学的"主导问题"[4]。这里的"存在"

---

[1] 原文为：Being as appropriation. 关于 Ereignis 的中译名，孙周兴主要把它译为"本有"或"大道"。Ereignis 的其他中译名包括：缘构发生、发生、事件、本成、本是、本然、成己，等等。——译注

[2] 海德格尔：《哲学论稿（从本有而来）》，孙周兴译，商务印书馆，2012 年，第 10 节。

[3] 原文为：Being essentially unfolds as appropriation.——译注

[4] 海德格尔：《哲学论稿（从本有而来）》，孙周兴译，商务印书馆，2012 年，第 34 节。

只是意指任何可以被称为"存在者"的存在——马、植物、房子、红色、跑步以及任何形式的东西。所有实体都被假定具有某些共同的特征，或者至少可以被一个总体系统归类。（比如，亚里士多德坚持说，尽管并不是所有的存在者都是实体，但它们都可以与实体关联地被理解。现代物理学试图把所有存在者都以数学的方式描述为空间–时间中的物质–能量。根据海德格尔，尼采把所有存在者都解释为权力意志的显现。在大学哲学系中，很多形而上学家至今依然在计算着存在者的诸种类，并且试图以某些系统定义它们的本质。）传统形而上学也常常试图找到一个最能体现存在的意义的特定实体。这个实体是最完美的存在者，或者上帝（神）。形而上学因此成为海德格尔所称的"存在–神学"（onto-theology）：这门学科对一般存在者进行分类与解释，把这些存在者归属到一个最高存在者之下。

海德格尔现在想要问一个全新的问题，一个可以建立西方思想与西方历史"另一开端"的"基础问题"。在这个背景下，他使用 Seyn（存有）这个拼写：

> 另一方面，如果我们来追问存有，那么，这里的开端不在于存在者，亦即并不起于这个那个具体的存在者，也不是起于存在者整体的存在者；而倒是要实行那种向存有本身之真理（澄明与遮蔽）的跃入。与此同时被经验和被追问的，是这样一个（同样隐藏在主导问题中的）先行–本现者（das Voraus-wesende），

对于本现之为本现而言的敞开状态，也就是真理。[1]

换句话说，海德格尔想要在完全不依赖存在者的基础上思考存在本身。他也想要把真理问题作为这个计划的一部分。

如果我们回顾《存在与时间》的目标以及像《论真理的本质》等这样的论文，我们就能看出他的意思。他是在问存在者一开始是如何向我们解蔽的。他想要关注有存在者而不是虚无的这个事实给我们带来的意义。我们不可能从观察存在者来通达这个问题，因为在我们开始研究房屋、马，甚至宇宙本身之前，有存在者而不是虚无已经必然给我们带来意义。存在必然已经在运作中了。

我们依然在试图理解这句话，"存有作为本有而本质地现身"。我们现在转到"本质现身"（west，wesen 的不定式形式）这个表述。在《哲学论稿》中，海德格尔没有问"什么是存有？"或者"存有的意义是什么？"而是问"存有是如何本质现身的？" Das Wesen 作为一个名词，就是英语中"本质"（essence）的标准对应词。但作为一个动词的 wesen 是一个古老的词，如今只有诗人和海德格尔主义者才会使用它。它的原始含义是"生活，生存或者工作"（live, exist or work）。和"存在"（be）一样，它是一个基础词语，表示事物在源始层次上的作用。没有哪个令人满意的

---

[1] 海德格尔：《哲学论稿（从本有而来）》，孙周兴译，商务印书馆，2012年，第34节，第83页。

英语词（to transpire？to "escence"？）完全等同于 wesen，但这个词通常译为"本质现身"或"本质展开"（essentially unfold）。

动词 wesen（本质现身）在两种方式上对海德格尔有用。第一，它为他提供了一种全新的方式来谈论对最重要的东西的探索。名词"本质"（essence）携带着很多站不住脚的形而上学包袱；它暗含着我们在寻找一些无时间性的抽象物，或者一些永久性的事物内核。但是动词 wesen（本质现身）意指我们必须注意到事情实际上是如何发生的。比如，如果我们问诗如何本质现身，我们不需要寻找某些普遍的诗的本质，这些本质可以适用于所有时代的所有诗歌；相反，我们倾听一首诗，把我们的注意力全部集中在这首诗中真实发生什么的事情上。这种关注点的转变帮助哲学家从尼采所谓的"埃及主义"（Egyptianism）中解放出来。（"当他们从永恒的视角出发，对一件事进行非历史化时……当他们把它做成木乃伊时，自以为在向一件事表示尊重。几千年来哲学家处理过的一切，是概念的木乃伊，没有什么真实的东西能活着从他们手中逃脱。"[1]）

海德格尔利用动词 wesen（本质现身）的第二种方式是把它保留给存有，从而帮助我们避免把存有本身当作一个存在者。简而言之，就是：Das Seiende ist. Das Seyn

---

[1] F. Nietzsche, *Twilight of the Idols: Or, How to Philosophize with the Hammer*, tr. R. Polt (Indianapolis: Hackett, 1997), p. 18.（尼采：《偶像的黄昏》，卫茂平译，华东师范大学出版社，2007年，第54页。译文有改动。——译注）

west. "存在者存在，而存有本质性现身。"[1] 如果我们说存有存在（是），我们就会把它视为一个实体，而实际上，存有是在一开始处就"有实体"这个事实为我们带来的意义。根据海德格尔，如果我试图把存有理解为一个存在者，那将是不可救药的幼稚。比如，我们可能会试图通过某些研究实体特定领域的科学（如心理学、生物学或人类学）来理解实体是如何对我们有意义的。但那样的话，我们就会把实体（包括人类）的存在被视为理所当然，而海德格尔的问题却包括了这样一种的惊异，即对一般存在者竟然能够被给予的事实的惊异。他想要我们去注意到存在者本身的被给予这个事实。否则我们就很可能会把所有的存在者当作现成在手的实体来看待。我们可以发现所有我们想要的关于存在者（人类与非人类）的事实，但却完全不能思考存有本身的意义。

当我们问存有是如何本质现身的时候，我们就在试图去注意存在者的无蔽状态被给予我们时发生的情况。我们就在试图注意存在者展开的发生。

在海德格尔的句子"存有作为本有而本质现身"中，我们必须考虑的下一个小词是"作为"（as）。海德格尔是在说：(a) 存有与本有是同一的吗？(b) 存有是本有的一种吗？或者 (c) 本有是存有的一种吗？海德格尔在后来的论文《时间与存在》（1962年）中对这个问题做出了更

---

[1] 海德格尔：《哲学论稿（从本有而来）》，孙周兴译，商务印书馆，2012年，第34页。

为明确的讨论。他明确地拒绝了（b）与（c）。[1] 但他在（a）上的观点很模糊。在《时间与存在》中，海德格尔利用了德语的表达式 es gibt。这个表达式与英语中的 there is（有……）的作用相同，但它的字面意思是"它给予"（it gives）。时间与存在并不存在（它们不是实体），更为正确地说："它给予"时间与存在。[2] 给予它们的"它"（es）是什么东西？——本有（Ereignis）[3]。（或者使用我们所偏好的短语：如果存有是有存在而不是虚无产生的意义，那么本有就是带来这种意义的东西。）

因此，本有就是存在与时间及其相互关联的来源。但本有并不是通常意义上的来源（source）：它不是一个原因或实体。它不是一种给予我们另一种东西（即存有）的东西，而更像是给予的事件本身（the very event of giving）。那么它与存有本身相分离吗？也许不能。海德格尔声称，像他在《关于人道主义的书信》中所说的那样，赋予存有的"它"就是存有本身，这也是可以接受的。[4] "本现不能命

---

[1] "Time and Being", pp. 21–2.（海德格尔：《海德格尔选集》，孙周兴选编，上海三联书店，1996 年，第 684 页。）

[2] 这句话原文为：Time and Being are not (they are not entities), but instead, it is better to say that "it gives" time and Being. ——译注

[3] "Time and Being", p. 19.（海德格尔：《海德格尔选集》，孙周兴选编，上海三联书店，1996 年，第 681 页。）

[4] "Summary of a Seminar on the Lecture 'Time and Being'", in *On Time and Being*, p. 43. Cf. "Letter on Humanism", in *Basic Writings*, p. 238.（"一个关于《时间与存在》的研究班的记录"，见海德格尔：《海德格尔选集》，孙周兴选编，上海三联书店，1996 年，第 709 页。）

名某种还重又超出存有之外的东西,而是把存有最内在的东西带向词语,那就是本–有。"[1]

很容易在这些模糊的沉思中迷失,不止一个读者认为海德格尔仅仅是在玩伪神秘主义的文字游戏。但似乎可以安全地,至少暂时安全地指出的是,存有与本有是同一的——不过要注意的是,在这个领域中,我们最为通常的概念(比如"同一")可能会误导我们。可能这样说更为准确:即无论存有的内容包括什么(不论存有的意义是为我们的在场,还是其他意义),本有是存有自身的发生方式,是给予我们其自身的方式。(尽管这听起来好像是某些神性行为,但我们必须记住的是,存有不是一个实体,甚至不是一个上帝,而是一种启示或意义。)

那么,海德格尔的 Ereignis(本有)是什么意思?这个词非常关键,在某种程度上,唯一回答这个问题的方法是研读整本《哲学论稿》以及海德格尔后期的其他作品。不过这个问题也有简明的回答:"本有居有"(Appropriation appropriates)。[2] 但或许我们能够找到介于这两个极端之间的一个解释。

通常对 Ereignis 的使用就像我们使用"事件"(event)这个词,但海德格尔希望我们倾听形容词 eigen(自己的)的回声,eigen 是诸如以下一些词汇的词根,比如

---

[1] 海德格尔:《哲学论稿(从本有而来)》,孙周兴译,商务印书馆,2012年,第 164 节。

[2] "Time and Being", p. 24.(海德格尔:《海德格尔选集》,孙周兴选编,上海三联书店,1996年,第 686 页。)

Eigenschaft(财产)，geeignet(占有)，乃至 eigentlich(本真的、本己的)。(Eigen 实际上并不是 Ereignis 的词根，Ereignis 的词根事实上与 Augen[眼睛]有关。在这里，海德格尔并没有谈及任何词源学上的内容，他仅仅依赖一种语音上的相似性来意指意义上的联系。)因此，Ereignis 通常的(英语)译名为："居有"(appropriation)、"居有事件"(event of appropriation)、"居有的事件"(propriative event)。

海德格尔早在 1919 年就已经使用了 Ereignis 这个词。那时他用了两个德语词汇表示"发生"(occurrence)，以便区分两种不同的发生：一是被理论所描述的发生，二是真正构成一个人经验一部分的发生。[1] Vorgang（词源学上，它的含义是一个过程或者进程——在我前面发生的事情）是一个与我无关的发生，面对这样的发生我仅仅注视着它经过。但 Ereignis 是一个归属于我自身的事件。在一个 Ereignis 中，存在者在我自身的生活与世界中找到一个有意义的场所。"Ereignis 向我发生，我使它成为我的，它与我相关。"[2] 人们可能会想到在电视上看一场体育比赛和自己参与到体育比赛中两者之间的区别：它也许是同样的比赛，但它向参与者更为强烈地和更有意义地显现自身。

Ereignis 这个表述在早期文本和《哲学论稿》中都指向了这样一个事实，即意义与真理需要因缘（involvement）。

---

[1] 海德格尔：《论哲学的规定》，孙周兴、高松译，商务印书馆，2014年，第 83—84 页。

[2] G. Walther 对海德格尔的讲座课程《哲学的观念与世界观问题》所做的笔记，引自 Kisiel, *The Genesis of Heidegger's Being and Time*, p.65.

和"操心"(care)这个词一样,Ereignis这个词意指我们永远不能真正地从世界中脱离,从而成为无时间性的、无空间性的观察者。世界只因为我们参与到其中才向我们敞开。

若本有不是高于和超越于存有的更深层次的东西,而是存有自身的发生方式,那么说存有作为本有而本现的意义是:(a)存有是一个事件(event),一个发生(happening);(b)存有涉及居为己有或居有。我们依次对这些论断进行分析。

(a)"存有是一个事件"这一断言使得海德格尔也许成功地把所有的哲学"埃及主义"都抛掉。存有不是一些永恒的对象(这只会意味着一种特别类型的实体)。存有本质上是时间性的,存有是所有现象中最根本的现象,是我们能够与存在者照面的条件,它是历史性的。根据海德格尔,有一种为所有历史奠基的"存有历史"。这个存有历史涉及一系列的存有理解的转变(存有是存在者存在而不是虚无对此在产生的意义)。《哲学论稿》的大部分内容以及海德格尔后期的其他著作都旨在讲述这些转变的故事。

但是,当我们说存有是时间性的或者历史性的时候,我们不应该误认为这里的含义是指存有总是在变易的。存有确实在历史进程中变化,但这不是海德格尔的主要论点。历史不仅仅是一系列的变化;当我们以这种方式思考时,我们就已经把历史当作Vorgang(发生)了,当作一种在我们面前"经过"的现成在手的过程。

为了发展一套可以充分讨论历史的术语,海德格尔的后期作品使用了一系列的语言游戏:历史(Geschichte)是一个生发（Geschehnis）[1]，在这生发中，存有向我们发送（geschickt）的方式决定了我们的命运和天命（Schicksal & Geschick）[2]。历史是一部戏剧，我们被抛入其中，而且存有也被抛向我们，从而我们可能抓取到它，并且反过来把它抛向将来之中。我们不可避免地继承了一种存有的意义。以下这些是我们的责任：通过保持存有的敞开来进一步展开而感恩它、对它发问，以及保持它的活力。我们不能把我们从存有的事件中相分离，因为正是我们在其中的参与才使得我们成为人或此在，成为"被抛的开抛者"[3]。

（b）正因为存有是一个事件，它就不是一个现成在手的进程，而是作为一个抛向我们的发送，存有包括居为己有（owning）。存有不是普遍与永恒的，而是作为我们特定共同体的天命而归属于我们——正如存有归属于我们，我们也归属于存有。我们被存有居有：它控制我们，把我们变为此在，而不是变为一个封闭的动物或事物。反过来，我们也可以居有存有：我们可以停止把它视为理所当然的东西，允许把它作为对我们而言的一个问题。当我们这么做时，历史就会发生。在这样的真正的历史性时刻，一种整体文化和时代就能够被建立。当人类通过诗、哲学与政治的创造而居有了存有时，他们就为一个共同体奠定了全新的基础。

---

[1] 中译名来自孙周兴《哲学论稿（从本有而来）》。——译注

[2] 比如：《时间与存在》。见海德格尔：《海德格尔选集》，孙周兴选编，上海三联书店，1996年，669—670页。

[3] 海德格尔：《哲学论稿（从本有而来）》，孙周兴译，商务印书馆，2012年，第182节。

第五章　后期海德格尔

这意味着存有不仅仅是时间性的，它也是场所性的。存有真实地占据了一个场所。[1] 这里我们必须把"场所"（place）理解为不仅仅是地图上的一个点，而且还应该理解为人们栖居于其中的一个家。伟大的革命活动是能够构建一种全新的栖居方式、全新的场所的活动，通过这些活动，存有自身以新的强度显现自身。在这样的时刻，"此"得到建立，而且我们跃入完整的此－在（Da-sein）之中。我们作为此在的任务是成为"内立的"(inständig / steadfast)，坚定而明确地在我们已经敞开的场所中站立[2]。这意味着保持着对这个场所的边界的注意力，保持向新的道路敞开，而不是在我们的日常习惯中安逸下去，最终变为腐朽的东西。

比如，从海德格尔的观点看，只有在一种埃及人对存在的理解已经得到确立的时候，埃及才得到建立。这一建立可能通过伟大的宗教、诗歌、哲学或政治成就而发生。当埃及的天命经历一个复兴时，文化的火花在创新与重新解释的时代中得到保持。但古埃及文化的长期的稳定性和固定形式使得它有可能受到所谓"埃及主义"的指控。海德格尔会把这样的稳定性视为停滞：在这些稳定时代中，存有的意义变得理所当然，使得其历史性不再能被识别出来。然后，这种含义整体开始变为永恒，我们也被这种沉浸于永恒性的虚幻的理想所吞噬。这种"埃及主义"不只

---

[1] 原文为：Being literally takes place.——译注
[2] 海德格尔：《哲学论稿（从本有而来）》，孙周兴译，商务印书馆，2012年，第174节。

局限在古埃及,而是此在的一种永恒性的危险。海德格尔声称,他周围随处可见这些危险的发生。

一个场所的建立总是对存有如何发生起着关键作用:"存有作为此之建基的本有而本现,简言之,存有作为本有而本现。"[1]

那么,我们应该如何理解这句话:das Seyn west als das Ereignis?(存有作为本有而本质地现身?)也许可以作如下理解:存在者给我们带来意义,是因为一个历史性的发生要求我们,反过来,我们也可以在某些稀有的、根本性时刻创建我们自身的历史性事件。当我们与现存的无蔽样式进行争执,并且与事物的光辉与神秘相照面时,历史中的伟大时刻就得以发生。

作为庇护的真理

海德格尔说他希望不要从实体(存在者)出发来思考存有本身。他的"存有"不是一个最高的存在,也不是存在者性质的一般化。存有是一个事件,在其中"此"得以敞开,从而存在者能够首先向此在通达。

但这并不意味着他想要完全忽略存在者。存有当然必然地与存在者有关联。存有——使用我们这本书中一直所使用的表述方式——是有存在者而不是虚无这个事实给我

---

[1] 海德格尔:《哲学论稿(从本有而来)》,孙周兴译,商务印书馆,2012年,第130节。

们带来的意义。如果我们以正确的方式通达它们，那么所有的存在者都有能力显示出存有自身。一些特定的存在者（比如艺术作品）在这方面具有显著的能力。（我们现在可以看到为什么艺术"归属于本有"。[1]）

在这个联系中，《哲学论稿》道说了"庇护（Bergung/sheltering）"。为了准备历史以及建立一个场所，我们必须在存在者中庇护存有的真理：

> 庇护归属于真理之本现……澄明必定把自身建基于它的敞开者中。它需要它在敞开状态中所保持的东西，而且，后者是一个各个不同的存在者（事物—用具—作品）。但是敞开者的这种庇护必须同时，而且预先如此这般地存在，即：自行遮蔽（因而存有）在敞开状态中本现，敞开状态才以此方式变成存在着的。[2]

我们可以尝试换个方式来表达上面这段话："澄明"作为无蔽的敞开领域必须"建基"于特定的存在者中。当这些特定的存在者暗示着无蔽的整个领域时（也就是当它们暗示着存有的深层意义时），它们就在"庇护"真理。这个暗示永远都不会是一种完全的揭示，因为如海德格尔在《哲学论稿》中不断地强调的，存有从根本上是神秘的。

---

[1] 海德格尔：《林中路》，孙周兴译，上海世纪出版集团，2008年，第64页。
[2] 海德格尔：《哲学论稿（从本有而来）》，孙周兴译，商务印书馆，2012年，第243节，第416页。

回忆一下我们对于越战老兵纪念碑的描述。纪念碑不只是另一种日常的、相对微不足道的东西，比如一个广告牌或者停车场。纪念碑是一个强有力的、独特的存在者，它敞开了美国历史的整体世界——而与此同时也为大地，即隐藏在世界之下的不受控制的、不可解释的深渊留出空间。通过表现世界与大地的争执，纪念碑庇护了存有的真理。

在《艺术作品的本源》中，海德格尔只讨论了与艺术作品有关的世界与大地的争执；而在《哲学论稿》中，它却非常明确地可以被适用于任何实体，只要这个实体庇护存有。[1] 以一个非艺术作品的例子来说明：通常我们可能瞥见一座山，并且天真地认为这座山仅仅在"此"（there），作为一个对象而被给予我们。存有与真理因此就被遮蔽了。但如果我们允许这座山去庇护存有的真理，那么我们就可以更充分地经验它的"此性"（thereness）。我们将认识到这座山在我们的世界中发挥作用的所有方式：比如，这座山作为一个滑雪胜地，作为一座铜矿，以及作为神的传统居所。现在这座山将揭示出自身比仅仅作为一个无意义的对象更多的东西，它是意蕴自身的不同维度被聚集与显示的场所。此外（这点非常重要），我们将允许这座山溢出和挑战我们的解释。通过认识与尊重它的神秘，我们将经验到它置造"大地"与"世界"的方式。

复杂的文字游戏贯穿在《哲学论稿》整本书中，而他

---

[1] 海德格尔：《哲学论稿（从本有而来）》，孙周兴译，商务印书馆，2012年，第269节。

对于庇护的讨论则是这些文字游戏的很好的例子，这些文字游戏也使得《哲学论稿》的翻译变得非常困难。考虑如下这些相关联的词语：

> 庇护（*bergen*: to shelter）
> 遮蔽（*verbergen*: to conceal）
> 无蔽（*Unverborgenheit*: unconcealment）
> 真理（*Wahrheit*: truth）
> 守护与保存（*wahren, bewahren, verwahren*: to safeguard and preserve）

当海德格尔让这些词语在他的句子中相互回响时，德语帮助他表达了这样的观点：当真理在存在者中得到庇护时，它也以这样的方式被保存与守护，即真理既包含了遮蔽，也包含了无蔽。难怪海德格尔相信德语是仅有的能够媲美希腊语的哲学语言！

庇护只在伟大的时代发生。在海德格尔设想的荒凉景象中，我们正在遭受"存有被遗忘"[1]的危机，因此存在者并不庇护存有——存在者已经被降格为"非–存在者"（unbeings）。我们变得对于存在者与无的差异漠不关心。[2]对于我们而言，宇宙成了一个荒芜之地。

---

[1] 海德格尔：《哲学论稿（从本有而来）》，孙周兴译，商务印书馆，2012年，第50节。

[2] 同上，第47节。

为了应对这种危机，海德格尔希望"再度赋予历史性的人以一个目标，即成为存有真理的建基者和保存者，成为那个'此'，后者乃作为为存有本身之本质现身所使用的基础：作为整体的存在者的存在的操心"[1]。需要注意的是，此在（"成为此"）和操心现在是历史性的可能性，而不是人类的不变的特征。海德格尔要求我们跳跃到另一个开端中，在另一开端中，人类将拥有双重角色：

> 与存在的关联作为被建基的关联乃是此—在的内立状态，即内立于（作为本有的）存有之真理中。

> 与存在者的关联是存有之保存的创造性保持，也即创造性地保持于依照这种保存而自行置入"此"之澄明的存在者那里。[2]

从存在者到存有的道路

总结一下：

如果我们从存有本身来思考存有，而不是基于存在者来思考存有，那么存有将揭示自身为本有。

---

[1] 海德格尔：《哲学论稿（从本有而来）》，孙周兴译，商务印书馆，2012年，第16页。

[2] 同上，第266节，第493页。

然而，尽管存有不能被还原为存在者，但它的发生却的确需要存在者：存有的真理需要被庇护在存在者中。

这敞开了一条不同的，也许是更容易通达的理解存有的可能道路。"从存在者出发找到通向真理之本现的道路，并且在此道路上揭示归属于真理的庇护，这必定是可能的。"[1] 我们可以从某些特殊的存在者开始，并且训练我们自己把它们视为存在真理的庇护。这不能与传统的形而上学的过程相混淆，后者通过寻找存在者的一般属性来构建一个存在的概念。传统形而上学可能从某座山和越战纪念碑开始，追问两者作为存在者有什么共同的东西。它们都是具有多种不同属性的在场实体——因此，根据这种思维方式，存有就包含了在场、实体、性质等等。但海德格尔将以如下的方式来通达这座山与纪念碑，即通过寻找这些实体所表现的世界与大地的争执，从而指向存有的本质现身。

《哲学论稿》中的一段有用的段落恰好勾勒了这样的一种方法：

> 最可靠地，这条相反的道路要这样来看待，即事物、用具、作品、谋制以及所有存在者的空间性和时间性，它们作为真理之庇护都是在某种解释中得到揭示的。……但是以事物为起点，解释本身必须唤起全新的经验……由此[即存有]开始的道路与从存在者

---

[1] 海德格尔：《哲学论稿（从本有而来）》，孙周兴译，商务印书馆，2012年，第243节，第416页。

出来的道路是一定会碰到一起的。[1]

这个纲领性论断为我们统一海德格尔许多后期作品提供了一把钥匙。他的计划以指向作为本有的存有的方式专注于存在者的不同领域——当然，这个主题在《哲学论稿》中以最直接的方式进行了探讨。我们来看这个计划是如何实现的：

（a）作品。海德格尔意指艺术作品。这"从存在者出来的道路"的部分在《艺术作品的本源》中得到实现。

（b）谋制。如我们所看到的那样，这不仅仅是机器的领域，而且是在现代、技术的世界观中被揭示的存在者领域，即作为可计算、可操纵的资源的存在者领域。这个主题在二战后的文本中进行了更进一步的探索，比如我们将在下面讨论的《技术的追问》这篇论文。

（c）用具（Zeug）。这个词指回到《存在与时间》中对"上手实体"的分析。在海德格尔后期的著作中，他放弃了这个术语，转而使用一个具有更广泛含义的更为普通的词语：

（d）物。海德格尔二战后最著名的一些论文都致力于

---

[1] GA 65, §242. 这段话的背景是对"时间-空间"的讨论，这个概念我不能在这里讨论，但它与《哲学论稿》中的存在和真理概念有本质的联系。（海德格尔：《哲学论稿（从本有而来）》，孙周兴译，商务印书馆，2012年，第415页。）

探讨"物",比如一个壶或者一座桥[1]。海德格尔试图用这些物来揭示他所谓的"四重整体":大地,天空,诸神与有死者。比如,他以如下的方式描述了一个壶:

> 在作为饮料的倾注的赠品中,有死者以其自己的方式逗留着。在作为祭酒的倾注之赠品中,诸神以其自己的方式逗留着,它们复又接受作为捐赠的赠品的馈赠的赠品。在倾注的赠品中,各种不同地逗留着有死者与诸神。在倾注的赠品中逗留着大地与天空。在倾注的赠品中,同时逗留着大地与天空,诸神与有死者。[2]

"四重整体"是一个奇怪的发明。这可能引发一些反应,比如伽达默尔对《艺术作品的本源》的第一反应:"隐喻?概念?这些是思想表达还是异教徒神话的一种宣言?"[3] 海德格尔是在尝试描述我们对于一个壶的实际经验吗?还是在试图找回一些被遗失的原始经验?或者是试图创造一些新的经验?

不管如何,非常清楚的是,他希望我们把物看作不仅

---

[1] "Building Dwelling Thinking" and "The Thing", both in *Poetry, Language, Thought*. "Building Dwelling Thinking" is also available in *Basic Writings*.(《筑、居、思》和《物》,见《海德格尔选集》,孙周兴选编,上海三联书店,1996年。)

[2] "The Thing", p. 173.(海德格尔:《海德格尔选集》,孙周兴选编,上海三联书店,1996年,第1173页。)

[3] Gadamer, *Philosophical Apprenticeships*, p. 51.

仅是黯淡的、无意义的、现成在手的对象。他希望我们去把物理解为庇护存有真理的东西——一种包括，或至少可以包括四重整体的四个维度的真理。

希望研究四重整体来源的读者应该从海德格尔对于荷尔德林的解读开始。对于他提及"神圣者"（divinities）而感到好奇的读者会在《哲学论稿》中看到很多涉及诸神（gods）的段落，尤其关于"最后之神"的第253—256节。除了给予一些暗示，我们在这里不能对这些重要的话题进行讨论。在他后期思想中，海德格尔既非一个有神论者，也不是一个无神论者。他想要指出在当代人的生存中神性的匮乏的状态，并且指出一条道路：在一个神性维度的领域中，神圣者可能将在未来的某时重新出现。他的敌人并不是无神论者，而是对于神圣的问题漠不关心的人。真正的神性之缺乏状态并不是诸神的缺席，而是一种诸神的在场与否对我们没有任何意义的状态。海德格尔希望我们认识到，一个民族与神圣者的关联在这个民族与存有的关联中扮演着重要的角色。[1]

我们因此有了关于海德格尔后期著作的一个纲领：它们将以一种意在将我们引向作为本有的存有的方式探索存在者的各种领域。此外，他还继续写作关于西方哲学历史、关于存有与此在的一般关系，以及关于语言作为本有的一种方式（我们将看到他对这方面越来越重视）的文章。

---

[1] 海德格尔：《哲学论稿（从本有而来）》，孙周兴译，商务印书馆，2012年，第251节。

海德格尔的政治行为：事实与思想

我们现在从《哲学论稿》神秘的深渊转到海德格尔试图在政治上有所作为的失败尝试。按照海德格尔自己在二战后自我辩护的程式，我们可以将问题大致分为"事实"和"思想"。[1] 换句话说，(a) 关于纳粹时期海德格尔在政治领域所做的和所说的事实是什么？在这里，我们将集中讨论他的言论。(b) 应该如何解释这些事实与他的哲学的关系？"思想"又可分为海德格尔在二战后的自我解释和他人的解释。

事实是很复杂的，我们不能在这里详细讨论。[2] 在海德格尔担任弗莱堡大学校长的 1933—1934 年间，他无疑是支持希特勒以及反对学术自由的，并且试图采取一些措施，按照"革命"路线（根据大学教职工对纳粹党的忠诚程度

---

[1] See "The Rectorate 1933/34: Facts and Thoughts" (1945), in *Martin Heidegger and National Socialism*, G. Neske & E. Kettering (eds).（海德格尔：《讲话与生平证词（1910—1976）》，孙周兴、张柯、王宏健译，商务印书馆，2018 年，从第 439 页开始。）

[2] 最著名的解释见 V.Farías, *Heidegger and Nazism*, J. Margolis & T. Rockmore (eds) (Philadelphia, Pennsylvania: Temple University Press, 1989)。一个较少争议且有据可查的研究是 Ott, *Heidegger: A Political Life*, 1993. 一些关键文件，包括海德格尔的政治演讲的选集，可以在 G. Neske & E. Kettering, *Martin Heidegger and National Socialism*, 1990, 以 及 Wolin, *The Heidegger Controversy*, 1993 中找到。最完整的德文文献集是 G. Schneeberger (ed.), *Nachlese zu Heidegger: Dokumente zu seinem Leben und Denken* (Bern, 1962)。H. Sluga, *Heidegger's Crisis: Philosophy and Politics in Nazi Germany* (Cambridge, Massachusetts: Harvard University Press, 1993)。这本书提供了一些有用的背景，并将海德格尔的行为与当时德国其他学术界哲学家的行为进行了比较。

进行评估）来重组大学。在赋予纳粹文化威望方面，海德格尔著名的公开演讲发挥了重要的作用。

在这期间，海德格尔的观点是什么？在他担任弗莱堡大学校长期间，海德格尔最臭名昭著也最有趣的演讲是他第一次就职演讲，即所谓的《校长致辞》。它的题目为《德国大学的自我主张》。不过这篇演讲更应该被称为"德国大学的自杀"，因为在演讲中，海德格尔非常明确地说，他希望大学参与到新国家社会主义的秩序中，并谴责学术自由是"任性随意"以及"缺乏克制"的。[1] 然而，他在具体的政策上却相当模糊，他主要关注的是在（纳粹）革命中的更深层的意义，而不是具体效果。他的"革命意义"并不是根据纳粹党的种族主义以及统治的术语，而是根据他自己的"存在历史"来进行描述的。对于海德格尔来说，根本性的东西在于大学对于知识的探索植根并统一于与存在的对峙（而这也作为德国天命的一部分）——"德意志民族（作为一种在它的国家知其自身的民族）的历史性的、精神性的使命"[2]。为了实现这个使命，学生现在必须进行"劳动服务""国防服务"以及"知识服务"。[3] 但如果德国

---

[1] "The Self-Assertion of the German University", in Wolin, *The Heidegger Controversy*, p. 34.（海德格尔：《讲话与生平证词（1910—1976）》，孙周兴、张柯、王宏健译，商务印书馆，2018年，第145页。）

[2] 同上，p. 30.（海德格尔：《讲话与生平证词（1910—1976）》，孙周兴、张柯、王宏健译，商务印书馆，2018年，第138页。）

[3] 同上，p. 35.（海德格尔：《讲话与生平证词（1910—1976）》，孙周兴、张柯、王宏健译，商务印书馆，2018年，第145页。）

在实现这个天命中失败了呢？海德格尔描绘了一个可怕的景象："西方的精神力量失灵了，并且西方在其嵌合适置中分崩离析，这个衰朽的表相文化崩溃了，把所有力量都扯入混乱并使之在疯狂中窒息而死。"[1]

在同时期的其他档案中，有几份海德格尔支持希特勒从"国际联盟"退出的提议引起了人们的注意。海德格尔并不把它当成一种进攻行为，而是作为走向一个"真正国际共同体"的步骤，这个"真正的国际共同体"会"造就诸民族和诸国家的那种开放的和坚决的自立与共存"。[2] 如果他确实相信这个"真正的国际共同体"，那么他的陈述就显示出他相当天真——但它也为海德格尔的国际关系理想提供了有趣的一瞥。

刚从校长职位辞职后不久，在1934年夏天，海德格尔举办了一个题为"逻辑学"的讲座课程。这个文本还没有作为《海德格尔全集》的一部分出版。但在海德格尔的一个最好的学生即海伦·魏斯[3]的遗物中发现了一系列标

---

[1] "The Self-Assertion of the German University", in Wolin, *The Heidegger Controversy*, p. 38. （海德格尔：《讲话与生平证词（1910—1976）》，孙周兴、张柯、王宏健译，商务印书馆，2018年，第149页。）

[2] "German Men and Women!" in Wolin, *The Heidegger Controversy*, p. 48. （海德格尔：《讲话与生平证词（1910—1976）》，孙周兴、张柯、王宏健译，商务印书馆，2018年，第236页。）

[3] 海伦·魏斯（Helene Weiss，1898—1951），德国哲学家，海德格尔的学生。——译注

记为该讲座课程部分记录的笔记[1][2]。如果这些笔记是值得信任的——它们与海德格尔其他讲座课程的风格与内容完全一致——那么它们显示了海德格尔致力于从哲学角度思考国家社会主义提出的问题,主要是关于作为"民族"(Volk)意味着什么的问题。

这个文本很快从逻辑学转到语言,再转到民族。"(逻辑的)发问作为对存在者存在的知识的操心而发生,只要世界的力量在语言中发生,这种存在就得以统治。"[3] 但语言总是一个民族的语言,"语言是构建世界的力量,是民族的历史此在的持守中心"[4]。在众多充满激情的问题以及训词中,这些讲座断言,真正的民族-存在需要决断和一个强大的国家。这种独裁的秩序几乎没有给个体的自由留下任何空间:

> 自由不是无节制地任性行事。自由是存在必然性的强加,它是把历史性的存在纳入认知的意志。它把存在的必然性重塑为一个民族结构秩序的统治。对历史性存在的自由的操心自身是作为历史性使命的本质

---

[1] 此文本仅以德语-西班牙双语版本出版:*Lógica: lecciones de M. Heidegger (semestre verano 1934) en el legado de Helene Weiss*, intro. & tr. V. Farías (Barcelona: Anthropos, 1991).

[2] 这个 1934 年的讲座在 1998 年作为《海德格尔全集》第 38 卷出版,它依据的是学生的笔记。海德格尔自己的笔记在第 38 卷出版后才发现,并在 2020 年作为《海德格尔全集》第 38A 卷出版。——作者补注

[3] *Lógica*, p. 128.

[4] 同上,p. 126。

结构的国家权力的授权。因为历史性此在的存在植根于时间性，也就是操心，因此国家是本质必要的。"国家"不是一个抽象物，也不是从一个与永恒的人类本性本身相联系的想象的权利派生出来的，国家是历史性存在的本质法则(the essential law)。由于它的安排，民族才能够第一次获得它自身历史性的持存，这意味着对这个使命的保存以及为其任务的斗争。国家是民族的历史性存在。[1]

当我们看到海德格尔使用《存在与时间》中的概念来为一个独裁主义以及民族主义图景（尽管这个图景模糊）辩护时，我们会感到不安。他很明显地对作为一种特定类型的形而上学的纳粹主义抱有很大的期望。海德格尔自己设想的"革命运动"是与存在本身相关的："社会主义……意味着关切我们历史性存在的标准与本质结构。所以要根据职业与工作划分等级，让所有劳动都无上光荣，让服务的无条件性成为与存在必然性的根本关系。"[2]

国家社会主义者关于国家、劳动、等级以及服务的谈论吸引了海德格尔。但他并没有采纳他们的种族主义的修辞方式。种族是非历史的、生物性的要素。海德格尔终其一生都坚持把人从低等动物中区分出来。因此《逻辑学》讲座试图找到一些可以包容纳粹主义观念，但却不接受纳

---

[1] *Lógica*, p. 118.

[2] 同上，p. 120。

粹生物种族主义的方式，"血液、血统只有在被气质决定下才可以被作为人类的基本的规定。血液的呼声来自于人类的基本情绪"[1]。在某处，讲座接近于我们所说的非种族的种族主义。也就是说，用"历史"而不是血统来作为评判一个种族群体是劣等的标准。这个令人胆寒的段落意味着希特勒的飞机是历史的，而非洲人的历史性却是值得怀疑的：

> 我们说历史是人类的独特的性质，有人会反对，说这是武断的论断。黑人毕竟也是人类，但他们没有历史。也存在着动物、植物的历史，它们的历史几千年，比人类所有的历史都更长……甚至自然也有历史。黑人因此也有历史。还是说，自然归根结底是没有历史的？自然当然也会消逝在过去中，但并不是所有有过去的东西都会进入历史中。如果一个飞机的螺旋桨发动，那么没有什么东西真的"发生"。但当这架飞机把元首（希特勒）带到墨索里尼那里，历史就发生了。[2]

对这段话最善意的解释是，这段话是海德格尔以对话的形式来说的，他并不是直接地对黑人做任何的判断，无论是负面的还是正面的。

在担任弗莱堡大学校长期间，海德格尔进行了一个关于"自然、历史和国家的本质和概念"的研讨课，该研讨

---

[1] *Lógica*, p. 118.
[2] 同上，pp. 38, 40。

课的内容以学生摘要的形式留存下来[1]。在这里，他试图把自己哲学中的基本概念用来服务希特勒。国家是民族的存在（第46、53、57页），因此生活在德意志帝国边界之外的德国人被剥夺了最充分地"存在"的机会（第56页）。国家可以由一个天生的领袖来组建，他可以得到"保卫团"的支持（第74页）。在领袖"高昂的意志"下，一个强大的国家和民族团结一起，这就是教育的目标（第62-63页）。至于那些不属于这个国家和民族的人，海德格尔有一个尖刻的评论：对于那些来自沙漠、所到之处满目疮痍的"闪米特游牧民族"（第55页）来说，"我们德意志空间的本质……也许永远不会被揭示出来"（第56页）。

当我们把这一令人不安的评论与在那同时期的一个讲座课程中的一段话并置一起时，它就变得真正让人警惕了：

> 外部敌人并不总是更危险的敌人。外部敌人甚至看起来不是敌人。因此，找到敌人……甚至首先创造出敌人是一项基本要求，这样才能与敌人抗衡，才能使此在不会丧失其优势。
>
> 敌人可能已经附着在一个民族之此在的最内在的根基上，并将自己与这个民族自身的本质对立起来，并且采取行动来对抗。[那么，我们的任务就是]以彻底消灭（敌人）为目标，提前准备进攻。(GA 36/37: 90–91/73)

---

[1] *Nature, History, State: 1933–1934*. 本段中的页码指的是该文本的页码。

海德格尔主义者倾向于忽略这些句子，或者为这些句子辩解，但如果人们考虑到背景，那么这些句子就表明海德格尔已经触及了纳粹主义的凶残本性。它们应该引起我们去追问："在世界中存在"这一概念（其中"世界"指的是一个共享着遗产的共同体的文化领域）是否太容易将"外人"——外部或内部的"他者"——妖魔化？

2014年，海德格尔的哲学日记（GA 94-102）开始面世，这些日记因其装订的颜色而被称为《黑色笔记本》。与海德格尔的其他作品相比，《黑色笔记本》中第一人称单数出现的频率更高，他可以自由地评论他所处时代的各种现象（现有的《黑色笔记本》从1931年开始，贯穿了他此后的大半生）。

从《黑色笔记本》中我们可以了解到海德格尔在担任弗莱堡大学校长期间的态度。他在1933年写道，他是在违背"内心深处的声音"（innermost voice）的情况下接受校长职务的（GA 94: 110/81）[1]。但他随后以钢铁般的意志决然地前行——显然，他将纳粹革命视为对未知领域的一次激动人心的冒险。然而，在他校长任期结束时，海德格尔感到痛苦，感到自己不为人理解，但与此同时，他誓言要

---

[1] GA 94: 110/81.《海德格尔全集》，第94卷，德文版（Überlegungen II-VI）第110页，英译版（Ponderings II-VI）第81页。下同。如果没有"/"，如GA 97: 83，则表明没有英译版，只有德文版，表示德文版的页码。《黑色笔记本》指的是《海德格尔全集》第94卷到第102卷的9卷内容，英译版到目前为止（2023）出版了5卷。(据译者所知，《黑色笔记本》的中译本目前出了一卷，即由靳希平翻译的《〈思索〉二至六：1931—1938》，商务印书馆，2021年，这卷对应《海德格尔全集》第94卷。——译注）

第五章　后期海德格尔

继续站在"秘密的精神德国"的最前沿（GA 94: 155/114）。

1936年，海德格尔依然在讲台上称赞希特勒与墨索里尼是"根据国家或民族的政治形式来引入对抗虚无主义的运动的两个人"[1]。但在《哲学论稿》中，海德格尔逐渐对法西斯主义的某些方面感到不安。他坚持反对纳粹意识形态中的生物主义，以及纳粹粗糙的民族概念。[2] 他同样反对自我中心的民族主义：一个民族不应该仅仅致力于确保自身的生存与扩张其权力，也应该向作为民族天命的存在之意义敞开自己。[3] 他对比"总体的政治信仰"与"总体基督教信仰"，写道，"它们的斗争不是一种创造性的斗争，而是宣传与辩护"[4]。另一个写作于1939年的私人文本，从引用希特勒的一篇演讲开始，"每种态度的最终根据在其对社会整体的有用性"。随后海德格尔提出一连串问题："谁是整体？""它是如何规定的？它的目标是什么？""为什么有用性是人类态度合法性的标准？其根据是什么？谁来决定人类的本质？"[5] 海德格尔的受挫感很明显。一个看起来承诺复兴德国精神的革命最终却变为教条主义与极权主义。他曾希望成为这场运动的公共知识分子的领袖，但现在只能在自己的私人笔记中问自己关于纳粹主义的哲学问题。

---

[1] GA 42, p. 40.

[2] 海德格尔：《哲学论稿》，孙周兴译，商务印书馆，2012年，第56，117，268，273节。

[3] 同上，第196，251节。

[4] 同上，第14节，第46页。

[5] GA 66, pp. 122–3.

《黑色笔记本》还表达了海德格尔对纳粹主义的一步步深入的批判。种族作为"被抛状态"的一部分，的确是此在生存的一个真正的条件，但却被生物种族主义"提升为无条件的东西"（GA 94: 189/139）。那些想要"'从生物学角度'培育民族的人"（GA 94: 364/266）正在实施"对民族的动物化和机械化"（GA 94: 223/163）。这一计划是"谋制力量的结果，它必定使所有领域的存在者都服从于计划和计算"（GA 96: 56/44）。

纳粹的理论家们在"政治世界观、伪造的异教、难以理解的事物、技术偶像化、种族偶像化、瓦格纳崇拜等等方面炮制了一个女巫的大锅（witches' cauldron）"(GA 94: 261/191)。"当一个民族把自己当作自己的目标时，唯我主义就膨胀到了极致。……所有这一切从根本上说都是非德国的。"(GA 94: 233/171)

尽管《形而上学导论》似乎在赞美暴力（GA 40: 159-87/167-98），但海德格尔的私人文本却越来越多地批判暴力。"纯粹暴力的愚蠢的固执成为内在毁灭（inner destruction）的工具"（GA 96: 176/139）。"正在地球上蔓延的对所有人类建构的巨大破坏……只能是一种无法控制自身的谋制的痉挛（spams of a machination），因此……必须将……空洞的暴力融入现实的本质中。"（GA 96: 104/82）"觊觎胜利和权力的掠夺性动物"正在成为"人类的'理想'"。（GA 95: 422-23/329）

海德格尔越来越多地把尼采的"权力意志"视为现代形而上学的终结阶段，而纳粹对权力的追求则是这种世界观的具体体现。权力摧毁了一切的开端性的东西，也摧毁了一切价值（GA 69：74/63）。纳粹创建了一个没有真正"承诺"的"总体组织"（GA 69：83/71）。海德格尔质疑对"'空间'和'土地'"的渴求（GA 66:167/145）、质疑"'永恒的民族'和其他类似的无思想性"（GA 66:318/283），质疑极权主义（GA 66:169 /147, 234/207）以及世界大战的概念（GA 66: 28/22）。

但这并不意味着海德格尔想要回到魏玛共和国的自由民主社会，也不意味着在第二次世界大战最终爆发时，海德格尔会对盟军产生共情。他在《哲学论稿》中对自由主义的讨论非常清晰地表明[1]，海德格尔认为自由主义是一条死路。当美国对德国宣战时，他愤怒地回应道："美国加入这场星球战争并不是进入历史，相反，这已经是美国无历史性与自我毁灭的终极美国主义行为了。"[2]

海德格尔对纳粹主义的批评都不是对自由主义或左派观点的认可。事实上，他对纳粹主义保持着一定程度的忠诚，正是因为纳粹主义充分体现了现代性的操纵性和虚无主义特征：它似乎是通向全面崩溃的最快途径，将为一种全新的后现代开端扫清道路。根据1930年代末的《黑色笔记本》中的一段重要段落：

---

[1] 海德格尔：《哲学论稿（从本有而来）》，孙周兴译，商务印书馆，2012年，第14，196节。

[2] *Hölderlin's Hymn "The Ister"*, pp. 54–5.

> 1930—1934年间，我在国家社会主义中看到了向另一开端过渡的可能性……我看错并低估了这场"运动"的真正力量和内在必然性，我也看错并低估了这场"运动"伟大的程度和类型。从这里开始的……是现代性的完成，即人类在其自我确定的理性中的人类化（humanization）。……对我早先关于国家社会主义的本质和基本历史力量的错觉的全面洞察导致了对国家社会主义进行肯定的必要性，这种肯定是基于深思熟虑的理由。

只有现代理性主义被推向极端，在场形而上学的传统才会走向彻底的崩溃，并为一个全新的世界开辟出道路。[1]

纳粹主义作为"民族的机器组织"[2]，本质上是技术性的，这意味着它永远无法自由地控制技术本身。"'技术'永远无法被民族–政治的世界观所掌握。一个已经在本质上是仆人的人永远不可能成为主人。尽管如此，从技术本质中诞生的这种新的政治形式……是必要的，因此不是短视的"反对派"可能的目标"（GA 94: 472/342-43）。

---

[1] 对这些思想以及这里讨论的1930年代的所有文本的更全面的说明，请参阅 Richard Polt, *Time and Trauma*, Chapter 2。

[2] 原文为：the machinational organization，按照孙周兴的译名，这里的"machinational"应该译为"谋制的"。但是"民族的谋制组织"这个译名确实让人不知所云，甚至让人误解，因此还是改为"民族的机器组织"。在其他地方，译者按照孙周兴的译名，把"Machination/Machenschaft"译为"谋制"，即按照他的解释，这个词既有"阴谋诡计"的意思，又有"机器制造"的意思。——译注

在 1930 年代末期左右，《黑色笔记本》开始偶尔加入一些评论，这些评论与反犹主义的陈腐观念吻合，而这又与海德格尔关于一个被剥夺了意义和归属性的世界的灾难性的景象很符合。他并没有从种族角度来定义犹太人，而是从他们所谓的将存在者从存在中连根拔起的使命（mission）的角度来定义犹太人。（GA 96：243/191）。"世界犹太集团（World Judaism）"[1]是"无世界的"（GA 95：97/76），大概是因为无根的世界主义者无法理解海德格尔的有根基的、历史性的这些特别特征的"世界"。在其他各种段落中，海德格尔把犹太人和纳粹分子放在同一个篮子里。这些言论的最低之处是这样的观点：因为纳粹的谋制在形而上学意义上是"犹太的"，所以纳粹对犹太人的迫害相当于"自我毁灭"（GA 97：20）。

海德格尔与犹太人和犹太教的关系很复杂，并且含糊不清。甚至在希特勒崛起之前，海德格尔对犹太人的偏见就很明显，1929 年，他写了一封推荐信，其中他称赞一位候选人是德国文化中日益严重的"犹太人污染"(Verjudung)的替代方案[2]。但他也与许多犹太裔有着密切的关系，比如他的老师胡塞尔，他的学生兼情人汉娜·阿伦特，他的学生卡尔·洛维特、汉斯·约拿斯（Hans Jonas）和赫伯特·马

---

[1] 德文原文为 Weltjudentum，这个词有反犹色彩，认为犹太人散落世界，不会效忠身处的国家，并作为一个集体实施统治世界的阴谋。——译注

[2] "The Jewish Contamination of German Spiritual Life: Letter to Victor Schwoerer (1929)," in Heidegger, *Philosophical and Political Writings*, ed. Manfred Stassen (New York: Continuum, 2003), 1.

尔库塞[1]，以及他的朋友和终身的通信者伊丽莎白·布洛赫曼（Elisabeth Blochmann）。然而，但任何熟悉偏见的人都知道，无论多少特殊案例都不足以克服一个人的偏执——这些案例总是可以被视为"例外"。我们还应该注意到，尽管海德格尔对犹太人有这些态度，但他的哲学在犹太思想中仍然能找到重要的先驱，他的哲学也与犹太思想有相似之处，在犹太思想中能找到共鸣。[2]

对《黑色笔记本》中有关犹太人的段落的解读多种多样，有人认为这些内容令人遗憾，但无关紧要（这些段落只有在它们揭示了海德格尔对现代性的批判时才具有哲学意义），而有人则把海德格尔的所有所谓的"哲学著作"解读为一种伪装的极端民族主义意识形态，这种意识形态在《黑色笔记本》的反犹主义段落中暴露出其赤裸裸的丑陋[3]。介于两者之间的解释者继续认真对待作为一个思想家的海德格尔，但把他对犹太人的"历史存在"的或"形而上学"的敌意视为一种令人深感不安的因素，要求我们带着警惕的怀疑重读他的文本[4]。我同意这个观点。海德格尔

---

[1] Wolin, *Heidegger's Children*.

[2] Herskowitz, *Heidegger and His Jewish Reception*; Lapidot and Brumlik, *Heidegger and Jewish Thought*; Zarader, *The Unthought Debt*.

[3] 第一种观点见 von Herrmann and Alfieri, *Martin Heidegger and the Truth About the "Black Notebooks"*；第二种观点见 Wolin, *Heidegger in Ruins*。

[4] Trawny, *Heidegger and the Myth of a Jewish World Conspiracy*; Di Cesare, *Heidegger and the Jews*. 更多讨论见：Farin and Malpas, *Reading Heidegger's Black Notebooks 1931-1941*; Fried, *Confronting Heidegger*; Mitchell and Trawny, *Heidegger's "Black Notebooks"*.

第五章 后期海德格尔

似乎很容易陷入反"世界主义"偏见,这要求我们要非常仔细地思考他对启蒙理性主义和普遍道德的批判的危险。

对于犹太人的偏见影响了海德格尔的哲学思想吗?在他的作品或者讲座课程中似乎并没有反犹主义的言论。而且很明显,他并不认同纳粹官方的种族优越性的学说。然而,并不是所有的反犹太主义都是种族主义,它也可以是文化上的反犹主义。可以认为,海德格尔对于非本真现代个体的观点与反犹主义者对"犹太人"的文化刻画非常相似[1]:犹太人是一些精于算计、无根基的国际主义者。也可以说,海德格尔对于"此"民族以及"我们的"历史的专注,暗含着容忍对身处边缘的外来人群施加暴力。出于这些原因,一些批评者在海德格尔的哲学著作中找到了一些象征性的或者隐含的反犹主义。然而,对于海德格尔来说,民族身份并不是一个被给予的,而是一个问题,一个公开的问题,如他在用问"谁是整体"的问题来回应希特勒时那样。海德格尔认识到一个共同体的边界是有争议的——因此并不能正确地说海德格尔是一个盲目的民族主义者。

这引领我们进入对于这些事实的一些思考。我们从海德格尔自己在二战后对于纳粹时期行为的反思开始。一段

---

[1] 见《海德格尔全集》第95,96,97卷,这几卷由1938–1948年的笔记构成,其中几段文字显示,海德格尔把反犹主义观念融入他那时关于全球政治的观点。他关于把纳粹意识形态当作现代虚无主义的最终形式的内容远远超过这些反犹主义的段落——不过他也坚持纳粹主义运动对于"第一开端"的灾难性终结是必要的,"第一开端"的终结可能为"另一开端"开辟道路。——作者补注

时间以来，人们认为他在战后对自己的行为、纳粹或大屠杀只字不提。"海德格尔的沉默"（Heidegger's silence）成为他的丑闻——而且鉴于海德格尔在《存在与时间》中说"沉默"比夸夸其谈表达得更多，这一点尤为引人注目。[1] 那么他的沉默试图告诉我们什么？最宽容的解释是，他认为大屠杀的恐怖是无法形容的。

然而，海德格尔实际上并没有保持沉默。二战后的一系列文本（其中一些只在最近才出版）清楚地表达了他的观点。他确实承认他支持纳粹，并且承认他是错误的。他犯了错误，没有预见到"将要发生的事情"[2]。但他很快就为自己辩解，试图尽量弱化他的参与程度。他声称他对纳粹的观念提出了巧妙的抵抗。比如在 1934 年的逻辑学讲座课程中，他说，"语言不是人类（根据生物学-种族角度来思考的人类）的表达构成物，恰恰相反，人类的本质建基于作为精神的基本现实性的语言"[3]。

---

[1] 见《存在与时间》，边码第 164–165 页。对这个主题的新近的研究，见：R. J. Bernstein, "Heidegger's Silence? Êthos and Technology", in R. J. Bernstein, *The New Constellation: The Ethical-Political Horizons of Modernity/Postmodernity* (Cambridge, Massachusetts: MIT Press, 1992), and B. Lang, *Heidegger's Silence* (Ithaca, New York: Cornell University Press, 1996).

[2] "The Rectorate 1933–34: Facts and Thoughts", in *Martin Heidegger and National Socialism*, G. Neske & E. Kettering (eds), p. 19.（海德格尔：《讲话与生平证词（1910—1976）》，孙周兴、张柯、王宏健译，商务印书馆，2018 年，444 页。）

[3] "Letter to the Rector of Freiburg University, November 4, 1945", in *The Heidegger Controversy*, R. Wolin (ed.), p. 64.（海德格尔：《讲话与生平证词（1910—1976）》，孙周兴、张柯、王宏健译，商务印书馆，2018 年，第 467 页。）

不出所料地，海德格尔从个人责任的问题跳跃到对存在的技术性理解的分析（这种技术理解被认为统治着这个地球）。纳粹主义被证明为只是现代形而上学的另一种产物，和当前其他所有政治组织的形式一样。法西斯民族主义只是另一种"人类主义"，和自由派的个人主义以及共产党的国际主义一样。[1]

在少数几处谈及大屠杀（Holocaust）的文本中，海德格尔也倾向于弱化大屠杀的独特性。在一封给马尔库塞的信中，他坚持说东德人民作为受害者不比犹太人承受的更少。[2] 在一篇我们将要讨论的论文中，海德格尔把种族灭绝比作机械化农业：两者在本质上都是相同的，因为它们都是现代技术虚无主义的症状。

最近出版的一个文本特别有价值，它陈述了海德格尔在德国崩溃那一刻的想法：《在俄罗斯战俘营中的一位年轻人与一位老年人的夜谈》，时间为 1945 年的 5 月 8 日，即德国投降一天后。[3]（海德格尔自己的两个儿子那时也是战俘营中的战俘。）这篇对话发展了这样的观念，即"纯粹等

---

[1] "Letter on Humanism", in *Basic Writings*, p. 244.（海德格尔：《路标》，孙周兴译，商务印书馆，2001 年，第 401 页。）

[2] Letter to Herbert Marcuse, January 20, 1948, in *The Heidegger Controversy*, R. Wolin (ed.), p. 163.（海德格尔：《讲话与生平证词（1910—1976）》，孙周兴、张柯、王宏健译，商务印书馆，2018 年，第 498 页。）

[3] "Abendgespräch in einem Kriegsgefangenenlager in Rußland zwischen einem Jüngeren und einem Älteren", in *Feldweg-Gespräche* (1944/45), GA 77.（海德格尔：《乡间路上的谈话》，孙周兴，商务印书馆，2018 年，第 199—246 页。）

待"的态度是真正的自由、真正的思想、真正的诗歌以及真正的德国性的关键。毫无疑问,海德格尔的代言人留给我们的是,他认为纳粹政权是一个灾难——对于德国人自身来说的灾难(没有提及非德国人的受害者)。德国人被带入了歧途,他们的青春被偷走了。[1] 德国容易"由于自身的无知的急躁来折磨自己",并错误地相信德国必须"赢得其他民族的承认"[2]。

然而,海德格尔断然拒绝对德国进行道德判断。恶(Evil)不能从道德的视角来理解,恶必须被理解为是根本性的"恶性"以及全球性"毁灭"的显现。[3] 这种毁灭的本质不在于存在者的毁灭,而是"存在的离弃"。[4]

德国的战败只是那应为纳粹背离自身负责的同一种形而上学力量的一个胜利。"战争决定不了什么。"[5] 海德格尔痛苦地把他的对话设定在"这个世界庆祝它自己的胜利的这一天,但是却尚未认识到,几个世纪以来,世界就已经是它自己的起义的战败者"[6]。

在同盟国占领德国时期,海德格尔在这时期《黑色笔记本》试图与希特勒的第三帝国划清界限。他提到"过去

---

[1] "Abendgesprach", in GA 77,, pp. 206, 219–20.(海德格尔:《乡间路上的谈话》,孙周兴译,第 217 页。)

[2] 同上,p. 233。(海德格尔:《乡间路上的谈话》,孙周兴译,第 232 页。)

[3] 同上,pp. 207–8。(海德格尔:《乡间路上的谈话》,孙周兴译,第 208 页。)

[4] 同上,p. 213。(海德格尔:《乡间路上的谈话》,孙周兴译,第 210 页。)

[5] 同上,p. 244。(海德格尔:《乡间路上的谈话》,孙周兴译,第 244 页。)

[6] 同上,p. 240。(海德格尔:《乡间路上的谈话》,孙周兴译,第 240 页。)

制度的恐怖统治"（GA 97：84）、"非历史的'国家社会主义'的大规模暴行"（GA 97：87）和"希特勒的疯狂犯罪"（GA 97：444）。"'国家社会主义'很快就不可避免地沦为一种犯罪"（GA 97：200-201）。"在'国家社会主义'中，即在其本质的可悲的偏离中，'精神'受到轻视"（GA 97：209）。他还拒绝反犹主义，因为"'反犹主义'与基督教对'异教徒'的血腥攻击以及首先的非血腥的攻击一样愚蠢和可鄙"（GA 97：159）。

然而，他这一时期的态度却绝非忏悔，而是愤怒和苦涩，流露出对二战后秩序的不满和蔑视。他反驳了关于德国人有罪的言论，拒绝对道德和正义的呼吁，认为这些只不过是复仇精神（GA 97: 64, 99, 117, 129, 134-35, 146-47）。他对纳粹的所有评论都嵌入到对二战后德国发展的谴责中，他经常把二战后的发展描述的比纳粹主义还要糟糕。"思想的背叛"在统治着德国——海德格尔自己的被迫退休就证明了这一点（GA 97: 83）。关于纳粹的死亡集中营，海德格尔提到"'毒气室'的暴行"（GA 97: 99）。引号可能意味着他把这个词视为当代"常人"闲谈的一部分，而不是他否认毒气室存在的事实（"希特勒"在 GA 97: 98 和 GA 97: 230 中也被放在引号中）。他断言同盟国已经把整个德国变成了集中营（GA 97: 100）。

海德格尔在二战后对于纳粹的观点作为对这一现象的严肃分析可能有一定的价值。但我们不能忽视它对海德格尔自己及其听众的心理学价值。他面临着难以承受的指控：他和他的国家在前所未有的屠杀与毁灭中所要承担的责任。他试图通过一系列的行动（这些可在各种文本中找到）逃避罪责。首先，他将焦点从存在者残酷的领域（比如尸体、毒气室）转移到存在的"本质"领域，这个"本质"领域可以用他的概念资源来驯服。其次，海德格尔把人类的责任转移到"赋予"历史以命运的存在本身。如此，灾难成为全球性的，至少是泛西方的，不只是纳粹德国，而是包括欧洲几千年的历史。最后，德国人自身也被视为这种全球性天命的受害者。在这种解释过程的结尾，罪责已经被充分稀释以及被去人化，以至于这种罪责可以被压制和被忽略。当海德格尔说"越伟大的大师，其个性就越纯粹地消失在他作品的背后"[1]时，他是否沉浸在一厢情愿的想法中？

很难避免得出这样的结论，即海德格尔二战后的自我解释是懦弱的以及自我欺骗的。使用《存在与时间》中的语言就是：它显而易见是非本真的。

因此，当我们问如下问题时，考虑其他人对此的解释是非常重要的：海德格尔的哲学思想与他参与纳粹的行为有何关联？海德格尔的政治行为是无数论文与专著的素材，从耸人听闻的妖魔化到充满崇拜的辩解，其中也夹杂了一些非常有思想性的分析。我没有试图考察所有这方面

---

[1] 见海德格尔：《讲话与生平证词（1910–1976）》，孙周兴、张柯、王宏健译，商务印书馆，2018年，第620页。值得称道的是，海德格尔至少有一次写到对自己卷入"邪恶"而感到"惭愧"，见1950年4月8日致卡尔·雅斯贝尔斯的信：*Martin Heidegger–Karl Jaspers Briefwechsel, 1920–1963*, W. Biemel & H. Saner (eds) (Frankfurt a. M.: Klostermann/Piper, 1990), p. 201.

的二手文献。[1] 然而，读者很快就会发现，对于海德格尔的政治行为的解释倾向于分为如下七种类型。我对每一种解释都会给出简要的概述——这些解释在某些程度上必然是稻草人论证[2]——然后我会对每一种解释做出我自己的批评。这不是对于这个争议的完整阐述，它只是为更深入的阅读与思考提供一些建议。

1. "海德格尔？坏人；必然是一个坏哲学家。"——如吉尔伯特·赖尔（Gilbert Ryle）[3] 所宣称的那样，海德格尔的纳粹主义已经证明他的哲学是错误的。[4]

这个观点假定了哲学家的思想完全与他们的行为一致。真有必要指出这种假设是错误的吗？这个观点同样也暴露了哲学中的一个非常简单的真理概念：一种哲学要么是正确的，要么是错误的。如果在任何一点上是正确的，

---

[1] 作为一个良好开端，我们可以参阅 Neske & Kettering、Rockmore & Margolis 和 Wolin 编辑的文集，这些文集代表了各种不同的解释。Neske & Kettering 和 Wolin 收录了海德格尔本人的一些政治文本。

[2] 稻草人论证（straw man）或稻草人谬误、攻击稻草人、刺稻草人、打稻草人、虚空打靶，是曲解对方的论点，针对曲解后的论点（替身稻草人）攻击，再宣称已推翻对方论点的论证方式，是一种非形式谬误。——译注

[3] 吉尔伯特·赖尔（Gilbert Ryle，1900-1976），英国哲学家，英国日常语言哲学中牛津学派代表人物。——译注

[4] 据称，赖尔在 1960 年对詹姆斯·思罗尔（James Thrower）说的话是："海德格尔不可能是一个好哲学家，也不是一个好人。"见 James Thrower, "Letter to the Editor", *The Times Higher Education Supplement*, February 17, 1989, p. 12。赖尔关于海德格尔的更完整的观点比这更为复杂；1929 年，他在《心灵》期刊上发表了一篇关于《存在与时间》的书评。——作者补注

那么在所有方面也是正确的，包括伦理学。海德格尔自己对于哲学的理解似乎更为合理：一种哲学是一条试探性的道路，这条道路必然有其局限性，但它可以为那些愿意跟随它的人提供一些启示。

第一种观点的支持者通常不愿跟随这条道路：他们以海德格尔的政治行为作为他们不阅读其作品的先验理由（a priori excuse）。但若我们胆怯地把我们限制在仅仅阅读我们认同的著作上，而这些著作由道德上完美无缺的人写作，那么我们将只能阅读非常少的哲学家，如果不是没有的话。而且，我们将永远都不能从我们的阅读中获得任何东西。

海德格尔的政治行为当然可能会引起怀疑，但是它同样可能激励我们细致地、批判性地阅读他。这是阅读任何哲学家的理智方式。

2. "一个原创哲学家……是一些神经纽结（neural kink）的结果，这些神经纽结独立于其他神经纽结而发生……哲学才能与道德品质相互独立地运行。"[1] 人的思想与人的行为没有任何关系，因此我们可以忽略海德格尔的政治行为。

这个观点与第一个观点形成镜像，它同样是教条的。与第一个观点一样，它先验地假定了哲学家可以被免除处理棘手的实际问题。此外，尽管这个观点也许旨在从海德格尔哲学本身进行判断，但实际上它独断地拒绝了海德格

---

[1] R. Rorty, "Taking Philosophy Seriously", *The New Republic* 88, April 11, 1988, pp. 32-3.

尔的一些最基本的哲学信念。对于海德格尔来说，思想与观念是从一个人自己的"在世界中存在"生长来的。哲学命题从它们在具体经验中的根基获得它们的意义，因此，为了更好地哲学研究，人们必须本真地生存。(《存在与时间》第63节)

坚持认为擅长哲学研究的人必须擅长做出道德选择是愚蠢的——但同样愚蠢的是，认为思想与行为之间没有任何关系。

3. 海德格尔是个天真幼稚的人：他是一个不切实际的幻想家，他认为他可以成为一个哲学王，他甚至不理解纳粹的残暴现实。

海德格尔自己有时也认同这种解释，而且这种解释的确有一定的道理。一个哲学教授设想纳粹党人会去思考前苏格拉底哲学这个事实本身就是荒谬的与完全不现实的。

然而，问题并没有解决。为了讨论，我们暂时接受海德格尔对纳粹的幻想与现实之间没有多少关联的观点。即便如此，海德格尔想象中的法西斯主义也是足够令人不安的，这是明显的民族主义、独裁主义以及反民主。我们依然面对着一个困难的问题：海德格尔的思想在鼓动暴政统治吗？或者至少，海德格尔的思想足够反对暴政吗？

4. 当我们把海德格尔的行为放在当时的环境下时，海德格尔的行为是可以理解的。他并不是唯一一个把纳粹主义作为解决问题的最好方案的人。

这个观点是正确的，但却不完整。我们需要对历史有细致的了解才能对海德格尔做出的选择进行准确的判断。的确，海德格尔并非个例——希特勒到处（也包括大学）都有支持者和合作者。[1] 然而，基本问题依然存在：海德格尔错误的决定与他的哲学思想有关联吗？因为海德格尔的确做出了一个决定，也很难否定这是一个很糟糕的决定。

把第四个观点作为关于海德格尔政治行为问题最后的回答的人隐含着这样的意思，即海德格尔之所以支持纳粹完全是环境所致——也就是说，它们不能运用在 1930 年代的德国范围之外。但并非如此。尽管他没有声称有普遍适用的答案，但他的确把他的政治立场联系到更为广阔的历史、此在与存在的图景中。这样的图景无疑意味着具有范围更广的意义。

只专注于第四个观点的解释也意味着我们对环境的了解在某种程度上应该让我们免除对选择的讨论。但是这是一个错误的观念——更不用说这明显违背了贯穿在海德格尔诸多文本（至少是 1930 年代中期的文本）中明显可见的对于"决断"的坚持。最彻底的历史说明并不排除人类选择的因素。毕竟很多人在相同的环境下做出了不同的选择。另外，即便其他所有人都做出了和海德格尔同样的事情，这也不能免除海德格尔自身的责任。诉诸"所有人"的行为是典型的"常人"表现，这并不会使责任消失，只能掩盖责任。

---

[1] 关于其他德国哲学家在纳粹政权期间的行为，参见 Sluga, *Heidegger's Crisis*.（《海德格尔的危机：纳粹德国的哲学与政治》，赵剑、孙小龙、李华、王策译，北京出版社，2015 年。）

5.这把我们带入了另一个解释,与前四种解释不同,这个解释实际上依据于海德格尔自己的哲学文本:如果他坚持他《存在与时间》中的本真性概念,他将永远不会成为一个纳粹分子。

这个观点的最好的证据是在《存在与时间》第26节关于本真与非本真的共在的讨论中。尤其是,海德格尔区分了做出表率(为他人开敞了可能性)与为人代庖(为他人做事情,解除他们自身的责任)。这个观点的辩护者可能会说希特勒的领导是一种为人代庖的形式,而当海德格尔屈从于纳粹主义的魅力时,他就表现为常人的行为。

不幸的是,如我们在第三章看到的那样,《存在与时间》中的伦理或伪伦理的论述还很粗略,而且它们的根据也是模糊的。此外,很多人被希特勒所鼓舞,看到他们自己以及德国的新的可能性。很难否认的是,希特勒作为元首(der Führer)在海德格尔看来是一个"本真"的领袖。肯定的是,由希特勒揭示的可能性是邪恶的——但《存在与时间》似乎并没有对这个判断给予我们一个清晰的哲学基础。本真性的概念是如此的形式化,以至于看起来几乎所有的可能性都可以被本真地选择。

第五个观点的辩护者可能也会说,海德格尔之所以表现为常人自我的行为,是因为他在本该为个体良知站出来的时候,却与大众走在一起。这是缺乏说服力的。根据《存在与时间》,使一个行为是本真的不在于与所有人正在做的事情是类似的还是不相似的,而是下决心进行抉择的事实。没有理由相信海德格尔的选择不是下了决心的。诚然,这是一个基于他所在的共同体中可以提供的选择——但根据《存在与时间》，没有其他选择。一个本真的行为并不是一个个体的私人发明（the private invention），而是个体对于可公开获得的机会的占有。

有人可能会说，《存在与时间》表明把此在仅作为一个事物来看待是一个存在论错误。这不正是纳粹政权所做的事情吗？这可能是一个更有希望的论证思路，但它需要我们在《存在与时间》的实际内容之外增加几个步骤。[1]

坚持第五种观点的人最终必须认为，海德格尔误解了他自己的书。可以提出这个观点，但这需要创造性的解释。

6. 如果我们拒绝第五种观点，那么我们将被诱惑采取对立的观点：《存在与时间》是一部隐秘的法西斯主义著作。[2] 此在的存在论确实是一种为纳粹主义铺路的"政治存在论"（political ontology）[3]。

这种解释的优点在于，海德格尔自己在他对"（纳粹

---

[1] 关于这种论证方式最有说服力的一个例子，见 Young, *Heidegger, Philosophy, Nazism*, pp. 102–8。

[2] 第六种观点的终极例子可能是 Johannes Fritsche 的著作 *Historical Destiny and National Socialism in Heidegger's "Being and Time"* (Berkeley: University of California Press, 1999)。——作者补注

[3] 我采纳了皮埃尔·布尔迪厄（Pierre Bourdieu）的 *The Political Ontology of Marlin Heidegger* (tr. P. Collier [Palo Alto, California: Stanford University Press, 1991]（《马丁·海德格尔的政治存在论》，朱国华译，学林出版社，2009年）中的这个短语。布尔迪厄的这本小书（它涵盖了海德格尔的全部著作）是这种观点最复杂的例子之一。

革命）运动"最热忱的时期也支持这个观点。在1934年的逻辑学课程中，我们看到海德格尔说，因为"人的历史性此在的存在在时间性（即操心）中有其根基，因此国家是本质上必要的"[1]——海德格尔所谓的"国家"是一个民族主义和独裁的国家。当他1936年在罗马与卡尔·洛维特见面时，海德格尔佩戴着一枚纳粹的徽章，他告诉洛维特，他的政治信念是从他的历史性概念中形成的。[2]

在《存在与时间》中的确有一些内容不仅允许做出支持纳粹的决定，而且似乎指向了那个方向。在海德格尔对本真历史性的讨论中，谈到了民族与斗争（Volk and Kampf），对此没有人不会感到不寒而栗。[3] 在这里，他明确地说本真的选择包括打破日常生活的满足状态、对共同历史遗产的占有，以及下决心选择一个"英雄"。那么这就不奇怪《存在与时间》的作者会被一位充满魅力的领袖领导的革命运动所吸引，这个领袖承诺唤醒德国精神，同时也使用了意志与决断这样的修辞。这些因素大概就是海德格尔对洛维特所说的话的根据。

有人会说，《存在与时间》中的其他因素将倾向于阻止海德格尔认同那个时代其他主要的政治选项：自由民主和共产主义。他厌恶对此在进行唯物主义解释似乎与传统

---

[1] *Lógica*, p. 118.

[2] Löwith, *My Life in Germany Before and After 1933*, p. 60.（洛维特：《纳粹上台前后我的生活回忆》，区立远译，学林出版社，2008年，第72页。）

[3] 海德格尔：《存在与时间》，边码第383页。

马克思理论不相容。[1] 他反对把此在的概念理解为完全自主的个人主体的理念也与更为个体主义形式的自由主义的理论不相容。他对于"常人"的闲聊的厌恶也倾向于否定多数人统治的原则：如果大多数人在大多数时间都在"非真理"中，那么为什么他们的观点值得尊重？

说到这里，我必须重申，从整体上，我同意海德格尔在《存在与时间》中的断言，即该书并不讨论"此在实际上都决定到哪里去"[2]。在我看来，本真的选择可以包括共产主义或自由民主——至少如果这些政治理念可以清除它们的传统理论根基的话（并且即便它们不能，这一论点仍然可以成立，因为本真性牵涉生存层次上的领会，而不必然是生存论存在论的领会）。在《存在与时间》中，几乎所有的论断都太抽象，很难被视为是法西斯主义。第六个观点的辩护者必须依靠大量的怀疑与影射才能找到海德格尔实际文本中的纳粹主义因素。

第六个观点还有一个问题。即便我们承认海德格尔的思想能够逻辑地导向法西斯主义，这也并不能算作是一种反驳。如果有人想要拒绝《存在与时间》，他依然有义务给出一种对人类存在方式更好的描述。在存在论上没有政

---

[1] 然而，直到 1933 年，马尔库塞还认为海德格尔的思想是对马克思主义的补充和完善。见 Marcuse, "Contribution to a Phenomenology of Historical Materialism", *Telos* 4 (Fall), 1969, pp. 3–34（写于 1928 年）。二战后，海德格尔对马克思从异化的角度来看待历史给予了肯定，见 "Letter on Humanism", *Basic Writings*, p. 243。（《路标》，孙周兴译，商务印书馆，2001 年，第 400 页。）

[2] 海德格尔：《存在与时间》，边码第 383 页。

第五章 后期海德格尔

治上的捷径。

7.海德格尔屈从于纳粹主义,是因为他依然处在在场形而上学的影响下。在完成了"转向"之后,海德格尔意识到法西斯主义只是另一种形而上学的症状,而不是治疗。

这种解释通常被称为"人道主义"(我们将在后面进行解释)。这个观点是,如同自由主义把个体的意志施加于存在者,法西斯主义把民族或种族意志施加于存在者。随着对形而上学的克服,我们可以进入一个全新的时代,这个全新时代涉及对存在的应和,而不是对存在者的控制。

这种观点与海德格尔自己在二战后的自我解释完全吻合。但它同样值得与前六种解释并列,因为它不仅得到了传统海德格尔主义者的支持,而且也令人惊讶地得到了很多左倾的后现代主义者的支持。这些解释者强调资本主义的自由民主与法西斯主义有相似性(都是"形而上学的"),他们希望有一种后现代的、彻底多元的政治。根据这种观点,海德格尔的思想并不必然是沙文主义的。通过对在场形而上学的解构,我们瓦解了独裁的与压迫性的政权。独裁的政治(根据这种解释)发源于表象的形而上学方案,它根据某些终极法则而控制着所有的存在者。但是据称后期海德格尔向我们表明,这个方案必然会是失败的,我们应该向存在的多元意义敞开。这将以某种方式转化为一种宽容和多样性的政治。

当这个观点把自由民主等同于法西斯时,它所掩盖的东西就比它所揭示的东西更多。个人权利的"形而上学"

概念使自由民主的生活与法西斯主义下的生活有极大的不同。基于个体权利的宪法依然可能提供后现代主义者他们自己想要的多元的以及宽容的政治的最佳方式。

另外，海德格尔参与纳粹主义之后的"转向"的发生时间并不清楚。海德格尔理想的纳粹主义可能已经是后形而上学了。然而尽管可能的确如此，他对于本真共同体生存的设想却从来都不是后现代主义的多元文化天堂。它是一个精英主义的图景，其中只有更高生存论等级（higher existential rank）的人才有可能与存在照面。它是多元主义的图景——但对于海德格尔，多元性却包括斗争与对峙，而不是宽容与游戏。[1] 海德格尔从来都没有对任何形式的民主有过赞同。即便在1974年[2]，他还向一位朋友抱怨："我们的欧洲在来自下层反对上层的民主影响下正在瓦解。"[3] 这些理由足够让我们怀疑这种标准的后现代主义者对海德格尔的解释。

如果所有这些理解都有问题，那就意味着对于海德格尔政治行为的思考不是绕过他的哲学，而是直接把我们带入海德格尔哲学的核心。人们必须深刻反思我们自身的存

---

[1] G. Fried, "Heidegger's Polemos", *Journal for Philosophical Research* 16, 1991, pp. 159-95.

[2] 海德格尔在两年后即1976年去世。——译注

[3] 1974年3月12日致Heinrich Wiegand Petzet的信，引自Petzet, *Encounters and Dialogues with Martin Heidegger*, p. 222。关于二战后的其他反对民主的言论，见《什么叫思想？》《只还有一个上帝够能救度我们》，收录在 *The Heidegger Controversy*. R. Wolin (ed.), pp. 104-5.（中译见《海德格尔选集》，孙周兴选编，上海三联书店，1996年。）

在，以便决定人类的思想是如何与人类生活关联的，是否存在绝对的道德与政治准则；同时也需要决定在何种程度上我们要为我们的选择负责。海德格尔的作品依然是这些思考的不可或缺的力量。

在某种意义上，海德格尔的人生使我们不可能对他的著作完全放心，这是一种幸运。因为海德格尔从不尊重海德格尔主义者，他从未想要他的思想成为一个舒适的党派路线。他想要他的思想能够唤起思想与发问。最后，不管海德格尔自己想要什么，阅读任何哲学家的最富有成果的方式是与哲学家的思想争辩。

《关于人道主义的书信》：存在主义、人道主义与伦理学

1947 年发表的《关于人道主义的书信》是给让·博弗雷[1]的一封公开信。博弗雷曾就让-保罗·萨特的《存在主义[2]是一种人道主义》（1946 年）向海德格尔提出了一些问题。海德格尔的读者应该去读这篇让萨特一举成名的简短、

---

[1] 让·博弗雷（Jean Beaufret，1907-1982），法国哲学家。他对海德格尔思想在法国的传播发挥了重要作用。——译注

[2] 这里的 existentialism 通常被译为"存在主义"，但是在《关于人道主义的书信》中，中译者孙周兴认为它更应该被译为"实存主义"，与以"存在"（on/sein/being）区分开来。不过，为了与通常的译名保持一致，译者在此采用通常的"存在主义"的译名。——译注

清晰的论文。在这篇论文里,萨特如此定义存在主义:对于人类而言,"存在先于本质"[1]。换句话说,没有固定的人类的本性——只有人类的自由。是我们自身来创造我们的价值,使我们自己成为我们选择成为的人。有人指责萨特的"存在主义"是虚无主义与悲观主义,萨特为自己辩护说,他的观点才构成了唯一真正的人道主义,他的"存在主义"为一种自由与责任的伦理学奠定了基础。在他的这篇论文中,萨特援引海德格尔作为他的盟友,说海德格尔与他都是"无神论的存在主义者"[2]。

这个说法正确吗?这个问题将比看起来的更为复杂,也比海德格尔在《关于人道主义的书信》中做出的陈述更为复杂。

首先,关于无神论的问题。我们知道海德格尔最初是一个天主教徒,他甚至计划成为一个耶稣会士。不过,在第一次世界大战期间,海德格尔开始不满于天主教的神学,而去寻找宗教经验更为本真的来源。在 1920 年代初,他似乎转向了一个反宗教的立场。他声称哲学从根本上是"无神论的"。但这并不意味着哲学家必须否定上帝的存在。相反,这意味着哲学不依靠上帝或信仰,哲学并不服务于宗教。"在哲学活动中,我不以宗教的方式行为,尽管我作

---

[1] 萨特:《存在主义是一种人道主义》,周煦良、汤永宽译,上海译文出版社,2005 年,第 4 页。——译注

[2] J-P. Sartre, "The Humanism of Existentialism", in *Essays in Existentialism*, W. Baskin (ed.) (New York: Citadel Press, 1990), p. 34. (萨特:《存在主义是一种人道主义》,周煦良、汤永宽译,上海译文出版社,2005 年,第 4 页。)

为一个哲学家可能是宗教人士。"[1] 在《存在与时间》中,宗教问题系统地被视为"存在者层次"上的问题,这些问题处在海德格尔的专题研究之外。然而,在《哲学论稿》中,他不间断地对上帝或诸神进行思考。他可以不再接受基督教的上帝,但他希望为新的神圣启示的可能性留下空间。1966 年在接受《明镜周刊》的采访时,海德格尔令人惊讶地提出,"只还有一个上帝才能救度我们"[2]。而对于萨特来说,无神论本质上意味着"即便上帝存在,也不会改变任何东西"[3]。我们依然需要为我们自身的行为负全部的责任。但对于海德格尔,至少在他后期思想中,神圣者的在场能够改变我们的生活。

存在主义的问题甚至更为困难。一个存在主义者究竟是什么?萨特有一个简洁的定义,但海德格尔会以同样简洁的方式拒绝这个定义。但是"存在主义"这个词可以以多种方式使用,它经常指向非常宽泛且不同的众多思想家。这个词似乎是在 20 世纪 40 年代才被发明的,当时加布里

---

[1] *Phänomenologische Interpretationen zu Aristoteles: Einführung in die phänomenologische Forschung*, GA 61, p. 197.(海德格尔:《对亚里士多德的现象学解释》,赵卫国译,华夏出版社,2012 年,第 173 页。关于海德格尔早期和后期对哲学与神学的关系的论述,参见 *The Piety of Thinking*。在这两个时期,他都倾向于坚持认为信仰和哲学是不同的,而且应该保持不同。)

[2] "Only a God Can Save Us", in *The Heidegger Controversy*, R. Wolin (ed.), p. 107.(海德格尔:《讲话与生平证词(1910—1976)》,孙周兴、张柯、王宏健译,商务印书馆,2018 年,第 800 页。)

[3] Sartre, "The Humanism of Existentialism", p. 62.(萨特:《存在主义是一种人道主义》,周煦良、汤永宽译,上海译文出版社,2005 年,第 32 页。)

埃尔·马塞尔[1]用它来描述萨特。马塞尔以贬低的含义使用这个词，但萨特决定采纳这个词，而马塞尔自己也最终被归为一个宗教存在主义者。这个标签又被追溯到很多哲学家身上。

克尔凯郭尔通常被视为第一个存在主义者，这是可以理解的，因为他强调"生存着的个体"（existing individual）。根据克尔凯郭尔，我面对着一个根本性的抉择，这个抉择将定义我如何生存以及我成为谁（比如，我会宗教地还是审美地生存？）。这些个人的决断不能基于可以运用到所有人的理性规则而做出（这已经预设了一个根据理性规则去生存的个人决断）。决定生命的决断需要一个"跳跃"（leap）与"激情"（passion）。因为克尔凯郭尔坚持生存将永远不能被一个系统所把握，他可能会嘲笑"存在主义"这个术语。然而，萨特等人的观点清楚地表明了克尔凯郭尔思想的贡献。

尼采通常也被称为一个存在主义者，尽管他的思想太个人化，很难被简单地归入此范畴中。尼采试图摆脱形而上学以及神学的桎梏，以便拥抱作为有创造性的、动态的过程的生命。

在1920年代的德国，"生存哲学"与卡尔·雅斯贝尔斯这些人联系在一起。海德格尔重视雅斯贝尔斯的《世界观的心理学》（1919年），在这本书中，雅斯贝尔斯把生存

---

[1] 加布里埃尔·马塞尔（Gabriel Marcel，1889—1973），法国哲学家、剧作家、戏剧评论家和音乐家。——译注

第五章 后期海德格尔

描述为是一种与"极限处境"(比如死亡与罪责)的对抗。

很明显,雅斯贝尔斯的方法以及克尔凯郭尔的著作中对于畏、罪责、决断时刻以及个体化的论述启发了《存在与时间》中的一些分析。[1] 因此,海德格尔明显地与被称为"存在主义者"的思想家有关联——即便"生存论的"(existential)这个术语只在《存在与时间》最后的草稿中才加入进来。与克尔凯郭尔、尼采、雅斯贝尔斯以及萨特一样,海德格尔希望思考具体的人类生存以及决定生命的选择。和所有"存在主义者"一样,他拒绝传统的存在论概念,这些概念把人类视为具有前定本质的实体或现成在手事物。相反,他把此在构想为一个这样的实体,即这个实体的存在对于它自身是一个问题。

在《关于人道主义的书信》中,海德格尔将拒绝承认这些关联。他的拒绝并不符合思想史。然而,在这封信中还有更多的内容。这篇论文主要不是关于思想史的论文,而是唤起我们去反思一系列的基本问题:生存是什么,人是什么,以及行动是什么?

《关于人道主义的书信》的确是一封信,而不是传统的学术论文。它以漫谈的方式进行,它追随思想的诸多踪迹,而没有把它简化为一个单一的命题。事实上,海德格

---

[1] 在《存在与时间》的脚注中,克尔凯郭尔和雅斯贝尔斯分别被提及三次,却都是有意思的、相当赞许的评论。关于克尔凯郭尔,见《存在与时间》边码第190, 235, 338页;关于雅斯贝尔斯,见边码第249, 301, 338页。

尔强调真正思想的"多维性"[1]。然而，出于导论的目的，我们将把我们的分析集中到一个由三部分组成的单一问题上：为什么海德格尔拒绝把他与已经被定义的存在主义、人道主义以及伦理学相联系？我们对这一问题的专注将忽略这封信中的许多细节。这封信对于语言的谈论将在后面关于语言的独立章节进行讨论。

我们必须首先指出，在拒绝既定的对存在主义、人道主义以及伦理学的理解中，海德格尔并不支持本质主义（essentialism）、非人道（inhumanity）以及非伦理的行为（unethical behavior）。他只是在尝试一种新的思想方式，这种思想方式将不会落入这些刻板的对立之中。[2]

同样必须指出的是，如果我们愿意重新定义存在主义、人道主义以及伦理学，它们也就可以应用于海德格尔了。他确实认为人类的本质是"绽出的生存"（ek-sistence）[3]。他也的确承认他的思想可以被称为"最大意义上的人道主义"[4]。他也说他的思想可以被称为"源始的伦理学"[5]。但相比给予这些旧概念以新意义，他更喜欢完全不使用"主义"与标签。

为什么海德格尔拒绝把自己与前已定义的存在主义相

---

[1] "Letter on Humanism", in *Basic Writings*, p. 219. (海德格尔:《路标》，孙周兴译，商务印书馆，2001年，第369页。)

[2] 海德格尔:《路标》，孙周兴译，商务印书馆，2001年，408页。

[3] 同上，381页。

[4] 同上，404页。

[5] 同上，420页。

关联？简而言之，他指责萨特是在传统的意义上使用"本质"与"生存"这些词，而没有重思存在的意义。[1]

海德格尔的指责并不完全公正。萨特的这篇论文是大众化的论文，他对于其观点更好的阐述是在他的《存在与虚无》中。据说海德格尔只读了他自己拥有的《存在与虚无》最开始的几页。如果海德格尔没有放弃阅读这本书，那么他会承认萨特的人类意识的"存在"是一种非常不传统的存在。萨特的"存在"肯定不是如海德格尔所认为的现成在手事物。相反，萨特认为意识（"自为存在"）是仅有的纯粹自由与对非意识（"自在存在"）的纯粹意识。意识并不是某个东西，而是一个非-物或虚-无（no-thing），一种向事物的自由敞开。而海德格尔自己不也区分了此在与现成在手实体，把此在解释为一种敞开，并且声称无蔽的本质是自由吗？

尽管如此，萨特对于自为存在（for-itself）与自在存在（in-itself）的区分在很大程度上也还是归属于贯穿着整个现代西方哲学的主体与客体的对立，这种对立在黑格尔（他也是萨特术语的来源）那里达到顶峰。萨特对于这个对立的根源很少进行历史考察。他也没有追问海德格尔意义上的存在问题。"存在论"对于萨特来说意味着对这两种存在者的基本特征进行描述。他并没有像海德格尔那样去追问我们是如何领会存在的。

海德格尔同样拒绝萨特的唯意志主义（voluntarism）。

---

[1] 海德格尔：《路标》，孙周兴译，商务印书馆，2001年，384页。

如我们在《论真理的本质》中看到的那样，海德格尔主要是从无蔽的角度来思考自由，而不是如萨特那样通过自我决断的角度来思考自由。对于海德格尔，意义并不是单纯的人类意志的产物，意义是此在根据其被抛状态的筹划。因此，我们并没有对于如何解释我们自身以及我们的世界的完全控制权。换句话说，我们是应和存在，而不是创造存在。

那么当海德格尔说我们的本质是"绽出的生存"时，他是什么意思？他的意思是"人是这个'此'，也就是说，人是存在之澄明——人就是这样成其本质的"[1]。绽出生存的意思就是"站出来进入到存在的真理中"[2]。所以，对于海德格尔来说，"绽出的生存"就是指我们的最根本特征的另一方式：我们是与存在有关联的存在者，是有存在者而不是虚无对之有意义的存在者。

现在，根据《存在与时间》，我们是由于我们的时间性而与存在本身相联系并且站立在无蔽之中的。这个时间性包括了被抛状态、命运、死亡、罪责与畏——这些概念正好是被称为"存在主义"的哲学家们所偏爱的主题。因此，海德格尔将自己与存在主义完全地切断关系是不诚实的。然而，他会强调，如果我们对死亡与罪责等这些现象进行分析时，没有考虑到首要的存在问题，那么我们将会被限制在对一个特定的实体（也就是我们自身）的事实研

---

[1] 海德格尔：《路标》，孙周兴译，商务印书馆，2001年，381页。

[2] 同上，383页。

第五章　后期海德格尔

究之中，而没有对实体本身的无蔽进行思考。这就是海德格尔认为萨特哲学中错过的——对真理与存在的细致审视。

为什么海德格尔拒绝与前已定义的人道主义发生关联？简单地说，人道主义是在对存在者整体的形而上学解释中，将人类表象为重中之重的存在者。

由于海德格尔以不同的方式使用"形而上学的"这个词，而且并不总是在贬低意义上使用，我们必须认真地分析在这个文本中海德格尔对形而上学的定义。"对人之本质的任何一种规定都已经以那种对存在之真理不加追问的存在者解释为前提，任何这种规定无论对此情形有知还是无知，都是形而上学的。"[1]

> 形而上学的确在它们的存在中表象存在者，因此形而上学思考了存在者的存在。但它并没有思考这两者的区别。形而上学没有提出关于存在本身的真理的问题。因此也没有问在何种方式上人归属于存在的真理。[2]

形而上学因此是这样一种思想，即把存在者作为一个整体来思考，并且试图去发现它们的基本原理，但却没有问我们能领会存在究竟是如何可能的这个问题。我们从《哲学论稿》中了解到，海德格尔想要思考存在本身，而不

---

[1] 海德格尔:《路标》，孙周兴译，商务印书馆，2001年，377页。
[2] 同上，378页。

仅仅是"存在者的存在"（基于存在者的普遍化）。他想要问存在是如何从一开始就向我们敞开自身的。同时，他也想要强调，我们归属于存在的真理（我们对于存在与虚无的差异的敏锐察觉）是关于我们自身最为关键的东西。形而上学在问及存在本身的问题上失败了，从而也没有看到此在必然地与存在相关联。人道主义把人类视为有价值的，但它并没有理解人的本质。

比如，一种基督教人道主义可能把人类视为宝贵的受造物，因为他们是按照上帝的形象被创造出来的。这种人道主义预设了一种从创世的角度对存在者整体的理解：所有的存在者都或者是受造物，或者是它们的造物主。人在某种程度上是像造物主那样的受造物。但根据海德格尔，这种解释错失了我们最独特的方面——我们拥有对存在的一种领会（理解）的事实。海德格尔想要我们认识到这种对存在的领会（理解），探索它，并追问它的历史。对于无神论、不可知论和其他宗教的人道主义，也可以提出类似的批评。

但如果海德格尔声称人类被给予了站立于存在之真理的独特天命，这不就是另一种形式的人道主义吗，因为它给予我们在宇宙中的中心地位？作为回应，他会首先强调他的观点与所有人道主义不同，他的观点不是形而上学的：他思考我们与存在的关系，而不仅仅是我们与其他存在者的关系。其次，他把存在置于中心地位，而不是我们自己。[1]

---

[1] 海德格尔：《路标》，孙周兴译，商务印书馆，2001年，第407页。

人类不是"存在者的主人"，而是"存在的看护者"。[1] 海德格尔认为看护者（牧羊人）并不是利用、剥削羊的人，而是以遵从某些权威（authority）的方式而照看他的羊群的人。在这样的情况下，存在既是羊群又是权威：我们"被存在本身召唤到对存在之真理的保藏中了"[2]。存在居有我们，给予我们成为此在的机会，同时，我们也居有存在，通过庇护存在在存在者中而保护存在的无蔽状态（如《哲学论稿》中所说的那样）。用更为日常的语言就是，人类需要承担起耕耘（cultivate）他们所继承的意义的责任。

为什么海德格尔拒绝与前已定义的伦理学发生关联？对于海德格尔来说，行动不能根据规则或价值而获得充分的理解。

我们已经知道，他拒绝为行动提供规则。[3] 根据《存在与时间》，决断必须根据具体的处境而做出，并没有规则使决断可以轻易地做出。在《关于人道主义的书信》中，他指出，对于规则的要求是对世界进行技术化理解的一种症状，这种技术化的通达世界的方式试图管理与控制所有实体的行为，包括人类本身的行为。这样的管理也许有时是必要的，但思想家的任务并不是提供这种管理。[4]

基于规则的伦理学（比如康德的伦理学）的一种替

---

[1] 海德格尔:《路标》，孙周兴译，商务印书馆，2001年，第403页。
[2] 同上，第403页。
[3] 海德格尔:《存在与时间》，边码第294页。
[4] 海德格尔:《路标》，孙周兴译，商务印书馆，2001年，第416页。

代方案可能是基于价值的伦理学（比如舍勒[1]的伦理学，舍勒在其《伦理学中的形式主义与价值的非形式伦理学》[1913—1916]中批判了康德的伦理学）。在我们时代谈论"价值"是很流行的话题，每一个政治家都不断地谈论价值的重要性。但海德格尔成熟的思想在不断地反对"价值"。比如在《形而上学导论》中，海德格尔指责纳粹的官方哲学是在价值理论的"浑水中钓鱼"[2]。

价值的错误在哪里？在海德格尔的青年时代，他与李凯尔特等哲学家联系在一起。对这些哲学家来说，甚至真理就是一种"价值"。但他很快就认识到价值的存在论地位并不是非常清晰的。没有哪个政治家能够定义价值是什么，而哲学家则会援引柏拉图主义（价值存在于某些永恒的领域中），或者援引主体主义（价值由人类的概念、欲望以及意志所创造）来定义价值。柏拉图主义的回答陷入了存在与变易、存在与"应当"的传统对立中。在《形而上学导论》中，海德格尔对这些对立提出了质疑。主体主义的回答把我们提升至存在者的主宰地位，但和所有形而上学一样，主体主义没有认识到我们对于存在的敞开性。价值把我们的标准强加给存在者，被如此评价的存在者被剥夺了其尊严。[3]如海德格尔在《存在与时间》中坚持的那样，在

---

[1] 马克斯·舍勒（Max Scheler，1874—1928），德国著名现象学家、伦理学家、哲学人类学家。——译注

[2] 海德格尔:《形而上学导论》（新译本），王庆节译，商务印书馆，2015年，第228页。

[3] 海德格尔:《路标》，孙周兴译，商务印书馆，2001年，第411页。

我们对存在者做出任何价值判断之前,存在者已经向我们有意义地显示自身了。[1]

那么,对于海德格尔来说,取代价值与规则的是什么?"比一切指定规则的工作都更重要的,是人找到逗留入存在之真理的处所。"[2] 再一次,关键在于认识到我们与存在的关系。如海德格尔经常做的那样,他借助词源学来支持他的观点。Ethos(伦理)的源始含义是"居留"[3]:我们居住在一个敞开的领域,即存在的真理之中,在其中我们能与存在者照面。由于思想本身本质上是去认识存在,思想因此是行动的最高形式[4],思想是找到我们 ethos(伦理)最深刻的方式。

海德格尔提出善与恶可以被理解为美妙者(healing)与狂怒者(raging)[5],它们在存在与无化的相互作用中有其根源,他首次在《形而上学是什么?》中对此进行了讨论。人们可以在同时期的其他文本中找到类似的观点,比如我们前面讨论的关于战俘之间的对话。[6] 然而,海德格尔从未更详细地发展这个思想,因此它通常被海德格尔的解释者所忽视。也许我们可以按照以下方式开始对此进行解释。当我们领会存在并且把存在庇护到存在者中时,我们就会

---

[1] 海德格尔:《存在与时间》,边码第 99 页。

[2] 海德格尔:《路标》,孙周兴译,商务印书馆,2001 年,第 425 页。

[3] 同上,第 420 页。

[4] 同上,第 367 页。

[5] 同上,第 422 页。

[6] 见本书,第 331 页。

尊重与关心存在者。一个对意义之限度的经验——无化——可以帮助我们理解世界的意义性。然而，这种经验也可以被扭曲为虚无主义，表现为破坏性与有害性。诸如此类的暗示可能会使我们在理解恶（Evil）的方面比任何基于规则和价值方面的分析都走得更远。

很多评论者都认为在《关于人道主义的书信》中关于伦理学的观点具有无法忍受的模糊性。如同在《存在与时间》中，海德格尔没有提供给我们任何具体的方向。《存在与时间》告诉我们：要决断！但它没有向我们解释要决断什么。现在海德格尔说：倾听存在！但是他没有告诉我们存在到底在说什么，至少没有告诉我们足够的细节来说明我们如何对待彼此。读者必须为他们自己做决定——海德格尔的模糊性是一个缺陷，还是真诚地承认真理与自由不能被任何的道德体系把握到？

还有一点值得考虑的是，伦理并不需要主要基于规则或价值，它也可以建立在德性（virture）概念的基础之上。实际上，德性伦理学自从海德格尔写作《关于人道主义的书信》以来，得到了哲学上的复兴。[1] 在某些方面，人们甚至可以说，海德格尔自己接近于亚里士多德（一位伟大的德性哲学家）。对于他们二人来说，我们的最高目标，乃是成为我们本质上所是之人，要做到这一点，需要我们实践最高意义上的行动，而这行动，就是向存在者以及存在

---

[1] See e.g. A. Macintyre, *After Virtue*, 2d edn (Notre Dame, Indiana: University of Notre Dame Press, 1984).（参见，如麦金太尔：《德性之后》，龚群译，中国社会科学出版社，1995年。）

本身敞开。[1]

不过，另外一种通向伦理学的方式是根据我们对于"他者"的责任。列维纳斯[2]作为可能是关于这个话题的最具有影响力的当代思想家，发展了这方面的伦理学。列维纳斯的伦理学包括了持续的也是相当有说服力的对海德格尔的批判。列维纳斯写道："断言存在相对于存在者具有优先性，就已经对哲学的本质做出了决定：这就是使与作为一个存在者的某人的关系（伦理的关系）从属于与存在者之存在的关系，这存在者的存在是非人格的。"[3]

《技术的追问》：存在者作为可操纵的资源

如我们所见，《哲学论稿》已对以技术的方式来通达世界进行了详细的考察，在那里被称为"谋制"（machination）。技术态度所涉及的远不止是简单地制造和使用复杂的机器，它是一种理解存在者整体的方式。海德格尔相信他能够诊断出这种对存在者的理解是一种现代形而上学的症

---

[1] 参见亚里士多德在《尼各马可伦理学》第十卷中对"理论生活"的讨论。当然，海德格尔对我们与存在的关系的理解与亚里士多德不同。

[2] 伊曼纽尔·列维纳斯（Emmanuel Lévinas，1906—1995），当代犹太裔法国哲学家。——译注。

[3] *Totality and Infinity*, tr. A. Lingis (Pittsburgh, Pennsylvania: Duquesne University Press, 1969), p. 45 (translation modified). (列维纳斯：《总体与无限：论外在性》，朱刚译，北京大学出版社，2016年，第17页。)

状。根据海德格尔,最终,谋制不仅反映了现代性的局限性,也反映了西方思想"第一开端"的局限性。

用技术的方式通达存在者意味着对于存在本身的一种理解(领会)。(从现在开始我们将用"技术"[Technology]这个词来称谓这种通达方式。)对于技术性的此在而言,"存在"或者意味着可被利用和操纵的现成在手对象,或者意味着对象操纵者和利用者的主体。"技术是一种解蔽的方式。"[1] 技术把存在者作为可为我们使用的可用资源来解蔽:它们呈现它们自身为"持存物"[2],或者更形象地说,呈现为一个巨大的加油站。

当我们观察当今的语言时,我们就能在其中看到海德格尔所说的一些东西。自然物通常被称为"自然资源"——与海德格尔在《艺术作品的本源》中描述的神秘的、自行隐匿的"大地"截然相反的东西。人类被称为"人力资源"。书籍与艺术作品成为"信息资源",而写作成为"文字处理",看起来语言也仅仅是一种可以被操纵的资源。时间本身已经成了持存物:软件大亨比尔·盖茨的如下宣言可以为证,"仅从时间资源的分配来看,宗教的效率并不高"[3]。

宇宙似乎已经被消解为一批可以被加工与再加工的原材料。通过将我们对事物的所有表象数字化,计算机科技极大地提升了数据的可访问性与可操作性。但所有这些操

---

[1] "The Question Concerning Technology", in *Basic Writings*, p. 318.(海德格尔:《演讲与论文集》,孙周兴译,商务印书馆,2020 年,13 页。)

[2] 海德格尔:《演讲与论文集》,孙周兴译,商务印书馆,2020 年,17 页。

[3] W. Isaacson, "In Search of the Real Bill Gates", *Time*, January 13, 1997, p. 51.

纵的目的是什么？海德格尔提出，这些操纵的目的仅仅就是"意志的意志"：除了纯粹的自我肯定、纯粹的权力外，别无其他目的。我们被我们控制事物的欲望所控制。

但这又有什么错误？技术的一些负面影响显而易见：我们正在摧毁地球的大部分地区，并且通过我们的机器，我们有可能摧毁我们整个物种。此外，对于力量和控制的崇拜（cult）能够引发政治的噩梦。奥威尔《1984》中的极权主义意识形态家奥布莱恩（O'Brien）如此解释道："权力不是一种手段；它本身是一个目的……权力在于带来痛苦与羞辱……如果你想要一个未来的图景，想象一只靴子踩在一个人的脸上——永远。"[1] 20世纪极权主义的恐怖现象难道不能被视为技术性世界观的一个结果？

在海德格尔少有的涉及纳粹大屠杀的文本中，海德格尔认为极权主义的恐怖的确是由技术性世界观引发的。但是他用一种最令人不安的方式解释，"耕作农业现在成了机械化的食品工业，本质上无异于毒气室和毁灭营里的尸体制造，无异于国家封锁与绝粮迫降，无异于氢弹的制造"[2]。大部分的解释者都会发现这段话是令人震惊的（这是自然的事情）。因为尽管海德格尔并不纵容集体大屠杀，但他的论断却似乎意指现代农业是一样坏的。此外，他提到的封锁与氢弹也暗指苏联与美国，并且意指这些国家与纳粹

---

[1] G. Orwell, *1984* (New York: New American Library, 1961), pp. 217-20.

[2] "Das Ge-Stell", in *Bremer und Freiburger Vortrage*, GA 79, p. 27.（海德格尔：《不来梅与弗莱堡演讲》，孙周兴译、张灯译，2018年，第36页。）

德国并没有根本性的区别。但所有这些现象真的出自同样的根源,以至于是"本质上相同的"吗?

这就把我们带到了海德格尔的技术观的一些更具有争议性的方面。所有人都会同意核战争、全球气候变暖和纳粹大屠杀是坏的。但对于海德格尔来说,即便我们实现了世界的和平,保障了人权,拯救了这个星球,技术依然可能是一个灾难。如在他的对话录中的德国战俘所说的那样:

> 年轻者:……荒芜也将在那些没有遭受战争毁灭的国家与民族中起支配作用,而且恰恰在那里实行统治。
>
> 年长者:所以也会在世界随着上升、优势与物质财富之光辉而闪闪发光的地方占上风,也会在人权得到尊重的地方横行,也会在市民秩序得到遵守的地方居于统治地位。首要地,在为一种不受干扰的舒适感的不断满足提供的供给得到了保障,使得一切都一目了然地被结算和设置为功利的地方,这种荒芜将成为主宰。[1]

海德格尔对于未来的恐惧更多是赫胥黎式(Huxleyan)的,而非奥威尔式(Orwellian)的。在赫胥黎的《美丽新世界》中,地球已经被转变为一个所有人都满意和快乐的

---

[1] GA 77, p. 216.(海德格尔:《乡间路上的谈话》,孙周兴译,商务印书馆,2018年,第212—213页。)

地方，可以提供丰富的性、毒品以及摇滚乐（或者在1930年代想象中的对应物）资源。自然已经被驯服，已经被变为一个管理良好的高尔夫球场。任何的不满意都不存在了。但在这个世界中，失去的是深度、认知与自由。在赫胥黎的景象中，传统的方式与情感只在印第安人的保留地（reservations）中继续存在。类似地，海德格尔曾经如此写道，"今天的本真的思考，即对于存在的本源知识的探索，依然只在保留地中继续存在（按照其起源来看，也许因为它和印第安人他们的存在方式一样古老）"[1]。海德格尔的恐惧是，一旦我们获得了对于我们自身以及我们的自然环境的完全的控制，我们将会失去我们对存在的敞开性。我们将不再成为此在，因为我们将困在技术中，在技术中我们将不会去追问是否还有其他的、更为丰富的存在者显现自身的方式。我们将对神秘、历史转变的可能性，以及作为某种值得去追问的东西的存在完全无动于衷。

我们应该如何回应这种黯淡的可能性？大部分对技术作出回应的方式都不涉及根本性的问题。比如，我们也许注意到我们正在灭绝其他物种，正在摧毁原始自然，如此我们可能就会呼吁制定法律来保护热带雨林；我们也许会指出热带雨林包含着数千种有用的自然资源，这些自然资

---

[1] Heidegger, *Aufzeichnungen aus der Werkstatt*, quoted in O. Poggeler, *Martin Heidegger's Path of Thinking*, tr. D. Magurshak & S. Barber (Atlantic Highlands, New Jersey: Humanities Press International, 1987), p. 191. （铂格勒：《海德格尔的思想之路》，宋祖良译，仰哲出版社，1994年，第257页。译文略有改动。）

源甚至可以用来治疗癌症。如果我们继续摧毁这个自然环境，那么这些自然资源将会消失。这些当然很好，但是应该注意的是，这种方式依然把自然看作为自然资源的集合，这些自然资源能够被我们来控制与管理。我们依然在这样的道路中：把所有的其他生物还原为食品、药品、宠物和动物园的样本。但动物园并不是一个原始自然。

那么我们应该如何应对这些基本问题？也许这个问题本身却使技术继续下去：当我们把事物当作需要被解决的问题来看待时，我们就已经以技术的方式进行思考了。但我们只能停留于此而不能做任何事情吗？

如他在《关于人道主义的书信》开篇中写到的那样，海德格尔会回应说，"对于行动的本质，我们还远未充分明确地加以深思"[1]。主动行动与被动接受的简单对立太过于粗糙。还存在着一种"让存在"（letting-be），它不仅仅是被动的受难（inert suffering）。这种"让存在"包含着等待、倾听、应和——全神贯注地接受给予我们的东西。

但首先给予我们的东西是存在。我们必须学会停止把存在视为理所当然的东西，而是把存在当作一种被给予的东西——也就是把存在作为一个礼物来看待。甚至存在的技术性意义也是一种礼物，一种来自神秘的历史性源泉的礼物，并且可能伴随着其他礼物（即存在的新揭示）。[2] 存在既不是一种资源，也不是一些我们可以制作和操纵的东

---

[1] 海德格尔：《路标》，孙周兴译，商务印书馆，2001年，第366页。
[2] 海德格尔：《演讲与论文集》，孙周兴译，商务印书馆，2020年，第36页。

西；存在是一个必须要感谢的事件。如海德格尔所言，思想是感谢。[1] 那么对于技术的正确的回应并不是抛弃技术的设备，而是去认识到，历史上对存在的理解在我们的生活中运作着，而这是思想性感谢的一个机会。

海德格尔并不希望毁灭所有的机器。他仅仅希望我们可以实现一种平衡的生活，在这种生活中，技术居留在自己的位置上。当他在一个通俗讲座中表达此观点时，他仅仅说，"我们可以在使用中这样对待技术对象，就像它们必须被如此对待的那样。我们同时也可以让这些对象栖息于自身，作为某种无关乎我们的内心和本真的东西"[2]。（海德格尔从未拥有过电视机，但他喜欢在其他人的电视机上看体育比赛。他厌恶在打字机上写作，他所有的文本都是手写的，但在手写了文本后，他会让他的弟弟把它们打印出来。）[3] 他认为我们可以如过去使用风车的方式那样学习使用我们的机器，即作为与自然共同协作的设备，而不是作为对自然促逼的设备。[4] "小事物"，我们栖居于世界的方式的悄然变化，可能有助于保持后技术时代的可能性。[5]

---

[1] *What is Called Thinking?* pp. 139ff.（海德格尔：《什么叫思想？》，孙周兴译，商务印书馆，2017年，第158页。）

[2] "Memorial Address", in *Discourse on Thinking*, p. 54.（海德格尔：《讲话与生平证词（1910—1976）》，孙周兴、张柯、王宏健译，商务印书馆，2018年，第629页。）

[3] 关于海德格尔和电视，见 Petzet, *Encounters and Dialogues*, pp.209-10。海德格尔对打字机的批评，见 *Parmenides*, p. 85。

[4] 海德格尔：《演讲与论文集》，孙周兴译，商务印书馆，2020年，第15页。

[5] 同上，第37页。

对于海德格尔关于技术的观点，主要有两种常见的反对意见。第一种反对意见是：尽管海德格尔试图重思行动的本质，而且尽管他说"命运绝不是一种强制的厄运"[1]，海德格尔依然还是太消极，太寂静主义，甚至命定论。除了让存在把弄我们之外，我们真的不能做任何事情吗？这种后期海德格尔的观点似乎引至一种关于我们能够实现什么的极端的悲观主义——就像在《明镜周刊》的访谈中海德格尔说的那样，"只还有一个上帝能够救度我们"。

第二个反对意见认为海德格尔是以一种单调的方式来看待生命，这样模糊化了根本性的区别。纳粹大屠杀本质上区别于机械化农业，极权主义本质上也不同于民主制度，而且我们在使用技术设备的目的上也有重要的区别。它们可以被用来为善或者作恶，忽略这些差异意味着把人类当作机器人来看待。

在最坏的情况下，海德格尔对技术的分析本身就是"技术性的"：他所写下的，看起来就像他有一种技术来解开历史的机制。但在最好的情况下，如《技术的追问》这样的论文是对我们时代的可怕事件背后的更深层趋势进行反思的有效方式。

---

[1] 海德格尔:《演讲与论文集》，孙周兴译，商务印书馆，2020年，第27页。

诗与语言

> 现在我打算说，在语言中对世界存在的奇迹的正确表达是语言本身的存在，尽管它在语言中并不是任何命题。——维特根斯坦[1]

> 诗人，创建那持存的东西。——荷尔德林《追忆》[2]

我们还没有讨论海德格尔在《关于人道主义的书信》中的一句最著名的话："语言是存在之家。"[3]这是一句让人记忆深刻但也有些神秘的格言。显然，海德格尔想要把存在与语言紧密地联系起来，但他所说的"家"是什么意思？我们不禁要问，为什么他要依赖如此诗化的、隐喻的道说？

我们的问题暴露了一些关于语言本身的预设，这些预设在常识中根深蒂固。

(a) 我们假定了语言本质上是一种人类用来进行信息交流的工具。海德格尔必定在心中已经有一些他想要指出的事实，并且他正在使用一些词语来达成这个目的。用一

---

[1] Wittgenstein, "A Lecture on Ethics", in *Philosophical Occasions*, pp. 43-4.（维特根斯坦：《维特根斯坦的伦理学演讲》，万俊人译，《哲学译丛》，1987（04）：23-27。）

[2] 海德格尔：《荷尔德林诗的阐述》，孙周兴译，商务印书馆，2014年，第96页。——译注

[3] "Letter on Humanism", in *Basic Writings*, p. 217.（海德格尔：《路标》，孙周兴译，商务印书馆，2001年，第366页。）

个更为普通的例子来说：如果我头痛并且我想把这个事实告诉医生，我说，"我头痛"（I have a headache）。如果我在一个西班牙语国家，我会说，"Me duele la cabeza"。同一个事实可以用很多不同的语言来表达。一个能说会道者能够控制语言，能够使用语言来向他或她的听众高效地传达信息。在他们对更高效的交流的要求中，人们就设计了人工语言来给予他们拥有更多的控制：比如世界语、符号逻辑、计算机编程语言以及诸多科学的技术性语言。其目标是构建一套系统，在这个系统中每一个符号都只能以一种方式来解释——每一个符号无疑义地指向它所代表的东西，从而符号本身就变得透彻。完美的语言是一种完美表象的技术。

（b）我们也假定了日常的、普通的语言是标准语言，而诗化语言是派生的语言。"我的房子在藤蔓街上"是普通的、日常的断言，它有效地传达了一个事实。"语言是存在之家"是隐喻的断言，因为语言显然不是字面意义上的由砖、木材建造的房屋。海德格尔本来可以用更为日常的语言来表达他的思想，但出于一些原因他希望诗化地道说。我们假定了诗歌利用了日常语言，并且把一些特定的技术（韵律、格律、头韵、隐喻等等）运用于其上来创造一首诗歌。所创造出来的诗歌使我们注意到：除了被用来传达信息之外，它也让我们注意到词语本身以及传达的方式。结果可以是一种愉悦的审美体验。

海德格尔对于语言的关注在他后期著作中尤为明显，

但语言却始终是他思想的一部分。[1] 我们暂时先返回到海德格尔 1925 年的讲座课程，以便对我们上面列出的两种常识性的关于语言的预设发起挑战。

(a) 海德格尔以教会拉丁语为例子，讨论了"死语言"的现象：

> 这一语言作为"死的"语言不再经历意义变换……与此相对，在任何一门"活的"语言中，语言的意义上下文都是随着当下个别的历史此在的已经解释状态而一同变异的……只有当一种语言出自理解，也就是出自一种对于此在的开觉状态的关切而增生新的意义关联并且借此增生着——尽管不是必然的——词语与用法的时候，它才具有它的原本的存在。[2]

这段话表明，试图去固化语言并且把语言转变为一种无歧义的信息交流以及表象存在者的工具是具有误导性的。表象——或者用更为海德格尔风格的术语来说：存在者的无蔽——始终是在一个发展过程中的一些共同理解的背景中历史性地发生的。甚至一个日常的头痛也是由于我

---

[1] 关于海德格尔自己对语言在其思想中的发展作用的反思，参见：《在通向语言的途中》的"从一次关于语言的对话而来"，孙周兴译，商务印书馆，2020 年。

[2] *History of the Concept of Time*, p. 271.（海德格尔：《时间概念史导论》，欧东明译，商务印书馆，2014 年，第 424 页。）

的历史性的"在世界中存在"才向我呈现它自身：因为我是一个现代人，而不是一个中世纪的人，我把头痛经验为某些干扰我工作，并且应该被解决的东西，而不是（如中世纪的人那样）把头痛视为肉身堕落状态的标志，从而（对于中世纪的人）头痛是应该虔诚与耐心地忍受的东西。这不是说不存在真理，而是说，真理总是与历史性的演变的解释相关联的。这些被海德格尔称为"意义关联"的东西往往就成为语言。

如果海德格尔是正确的，那么相同的事实就不能被诸多不同的语言所表达，因为存在者与"信息"在不同的文化背景中以不同的方式呈现它们自身。对于普遍的、无歧义的语言的追求只能创造出一种失败的语言——被封闭在一种特定的解释，并且无法创造性地应和新经验。人工语言比自然语言并不更为"客观"——它们只能更为狭隘和更为僵化。

语言永远都不可能成为只是一种我们能够控制的工具，因为在某种意义上，我们自身的存在也归之于语言。语言在对世界的根本性揭示中扮演一个角色，它是使我们在一开始就能够成为某人并且注意到事物的一部分。甚至在我选择正确的词语以表达我头痛的这个事实之前，头痛已经在一个具有部分语言性的背景中向我揭示了。

罗素控诉海德格尔"人们不免怀疑其语言是混乱的"[1]，

---

[1] Russell, *Wisdom of the West*, p. 303.（罗素：《西方的智慧：从苏格拉底到维特根斯坦》，王鉴平、俞吾金、瞿铁鹏、殷晓蓉译，瞿铁鹏、殷晓蓉修订，上海人民出版社，2016年。）

当此之时，罗素自己的语言可能比他所知道的更能揭示出他对语言的思考方式。在对我们的词语（因为我们的词语始终处在进入暴力混乱的边缘状态中）进行规范时，我们能够说得更好吗？还是通过学会尊重语言的神秘力量，我们才能够学会更好地言说？

(b) 关于日常语言与诗化语言，海德格尔评述如下：

> ……但是即使是那些经由相对原发的途径而得以获取的意义并由之成型的词语，当其被言表之际，也是俯身屈就于闲谈的。词语一经道出，它就归属于每一个人，但是与此同时下面这一点却得不到保证：在他人也跟随着照样讲说的时候，原发的理解也能够随之而再度出现。尽管如此，一切真切的共同言说的可能性依然是存在的。……言说、首先是诗歌甚至就让此在的新的存在可能性走向了开放。[1]

在这里，海德格尔并不把诗歌视为某些审美愉悦的一种来源，而是作为一种可以揭示我们世界，并且转化我们生存的力量。诗歌肯定比日常的散文更为少见，但这并不意味着诗歌更不具有根本性。诗的语言是根本性的，因为它是"以基本的方式将作为'在世界中存在'的生存诉诸

---

[1] *History of the Concept of Time*, p. 272.（海德格尔：《时间概念史导论》，欧东明译，商务印书馆，2014年，第425页。）

言辞，或者使之被发现"[1]。日常的"闲言"是对（如在诗歌中实现的）"创造性的意义"的苍白的、单调的反映。

这种关于诗的观念完全符合海德格尔对本真性与历史的理解。不论是在一个个体的生活之中，还是在一个民族的历史之中，清醒与创造性的时刻总是稀少的；其余都是非本真的和衍生的时间。

这种方法会消解我们通常对语言使用的字面上的与隐喻的区别。考虑下这样的可能性："我的房子在蔓藤街上"这样的日常陈述是从诗歌中衍生的闲言。因此，这句话中的"房子"这个词就并非真正有一个完美清晰的、无歧义的、"字面"的含义——它的含义只是老生常谈的、众所周知的，并且看起来显而易见。那么一所房子到底是什么？它是一个用来居住的房子，一个栖居之所。但栖居又是什么？这已经变得让人困惑了。也许栖居是如同逗留在一所房子中并在那休息的东西。但逗留是什么？——我们发现，我们自己被迫进入越来越"诗化的"语言，不是因为我们放弃实在，而是因为我们更深层次地寻找它（我们或许可以说：栖居于它）[2]。也许当海德格尔说语言是存在之家时，他的意思是"字面上的"：存在逗留于作为其住所的语言之中。也许没有日常的语言方式能更好地说明这点，因为普通的

---

[1] *The Basic Problems of Phenomenology*, pp. 171-2.（海德格尔：《现象学之基本问题》，丁耘译，上海译文出版社，2008 年，第 228 页。）

[2] 海德格尔对栖居的讨论，见 1951 年的讲座 "Building Dwelling Thinking", in *Basic Writings*。《筑·居·思》，收入于《演讲与论文集》，孙周兴译，商务印书馆，2020 年。）

散文仅仅是失去了其揭示力量的诗。使诗成为诗的并不是它使用了特殊的诗学技术，而是诗夺回了隐秘于我们日常词语中的揭示性力量，让我们如同第一次那样看世界。我们不能在符号逻辑中创造诗歌，因为人工语言正是由限制了语言的揭示性力量而构造的。我引用一位被科学思维占据的学生对于诗歌的控诉（这是这位学生在我妻子的一个阅读济慈的课上讲的）："诗歌意味着太多东西！"

如果海德格尔是正确的，那么我们与语言的最本真的关系就是诗化的。不是把语言作为一个表象工具来使用，相反，我们应该把语言作为诗化揭示的丰富源泉加以尊重。海德格尔在《存在与时间》之后的著作反映了这个洞见。不仅仅他的文字风格变得更少技术化、更为诗化，而且他也写了一些关于诗人——比如特拉克尔、里尔克、格奥尔格，以及最重要的诗人荷尔德林——的文本。在 1930 以及 1940 年代，海德格尔就荷尔德林浓缩的、具有挑战性的诗歌开设了三门讲座课程。[1] 他也在 1936 到 1968 年之间写了一些关于荷尔德林的短文。[2] 对于海德格尔来说，他早年对于荷尔德林的发现是一场"地震"[3]。他开始把荷尔德林视作为德国和西方开辟了新道路的诗人。通过荷尔德林，海德格尔探索了诸如西方人的使命、德国人与其他文化的

---

[1] GA 39, GA 52 与 *Holderlin's Hymn "The Ister"*.

[2] *Erlauterungen zu Holderlins Dichtung*, GA 4.（参见海德格尔：《荷尔德林诗的阐释》《海德格尔全集》第 4 卷），孙周兴译，商务印书馆，2014 年。）

[3] "The Nature of Language", in *On the Way to Language*, p. 78.（海德格尔：《在通向语言的途中》，孙周兴译，商务印书馆，2020 年，第 173 页。）

碰撞，以及诗歌本身的本质这样的话题，这些探索在与此在存在的密切关系中进行——因为正是荷尔德林写道，"人诗性地栖居于大地上"。

在 1950 年代，海德格尔写作了一系列把诗作为对语言进行本质性展开的线索的论文。[1] 这些精妙的、实验性的论文通常聚焦在诗歌甚至看起来像诗歌的文本上。这些论文很难理解，但如果读者愿意对上面我们所讨论的两个常识性的对语言的假设进行质疑，他们就会有一个良好的立足点。所以，我们发现海德格尔说"语言道说"(die Sprache spricht)[2]：我们人类主要不是道说者，而是在一个意义发生事件中的参与者。我们并不完全控制这个进程，语言也并不仅仅是我们可以任意使用的工具。海德格尔因此认为，通过构建形式语言和"元语言"[3]，我们不能对语言的本质知道任何东西。语言不只是一种人类的构建或一种人类行为，而是一种更深层次的"道说"，这种"道说"应该被理解为显示——一个无蔽的事件。[4] 海德格尔一直都坚持诗歌的首要地位："日常语言是一种被遗忘的因此

---

[1] 海德格尔关于语言的最重要的论文收录于《在通向语言的途中》和《诗，语言，思》中。

[2] "Language", in *Poetry, Language, Thought*, p. 190.（海德格尔：《诗，语言，思》，彭富春译，文化艺术出版社，1991 年，第 167 页。）

[3] "The Nature of Language", p. 58; "The Way to Language", in *On the Way to Language*, p. 132.（海德格尔：《在通向语言的途中》，孙周兴译，商务印书馆，2020 年，第 147 页。）

[4] "The Way to Language", in *On the Way to Language*, pp. 122-3.（海德格尔：《在通向语言的途中》，孙周兴译，商务印书馆，2020 年，第 251 页。）

而耗尽的诗,在那儿几乎不再有召唤在回响。"[1]

细心的读者会注意到,海德格尔把他对语言的探索关联到他关于本有(Ereignis)的运思上。语言是一种媒介,在这种媒介中,存在掌控了我们,居有了我们,并允许我们和所有存在者进入我们自己之中。"语言是存在之家,因为语言作为道说是本有的方式。"[2]

结论?

海德格尔在今天的影响力和以往一样强大。他的思想在建筑学、文学理论,甚至护理学等不同的领域都以令人惊讶和间接的方式发挥着作用。随着海德格尔的作品陆续出版与解释,他的思想将会指向意料不到的方向。

存在主义也许已经不再流行,而且海德格尔从来没有接受这个标签——但对于那些想充分理解一个生存个体的经验的人来说,《存在与时间》依然是一处丰富的资源。它至少是一个勇敢的尝试,将我们的生存概念化,而不将其强行纳入只适合于单纯之对象的概念之中。

对于那些想要探索知识的处境性(知识是不断解释的过程)的人来说,海德格尔是解释学(关于解释的理论)

---

[1] "Language", in *Poetry, Language, Thought*, p. 208.(海德格尔:《诗,语言,思》,彭富春译,文化艺术出版社,1991年,第181页。)

[2] "The Way to Language", in *On the Way to Language*, p. 135.(海德格尔:《在通向语言的途中》,孙周兴译,商务印书馆,2020年,第269页。)

的主要思想家。他的思考对于我们理解"理解"本身有很大的帮助。

对于后现代主义者而言,海德格尔对在场形而上学的解构指向了一个没有绝对开端或边界的时代。海德格尔是一个中心主义的思想家:他总是寻找中心,即存在的聚集的力量。然而,后现代主义思想家是离心主义者,他们探索意义的边缘,希望实践这样的伦理和政治:不是关于一种"最本己"的可能性,而是关于"他者"的伦理与政治。尽管有方向上的不同,但正是海德格尔率先做了许多现在属于后现代主义的行动。

对于很多英语世界的哲学家来说,《存在与时间》的第一篇把我们从对命题与心理的迷恋中释放出来。它向我们显示,我们的日常实践与技能比我们的理论命题更为根本。海德格尔成为回归实用主义的一条路径,给予我们从分析认识论(analytic epistemology)与形而上学困境以及人类意识的计算模型中逃离出来的希望。

我们无法预测未来海德格尔将产生怎样的影响,部分原因是他的思想本身是混杂的,甚至是矛盾的。在他最好的时候,海德格尔巧妙地将现象学的洞见与对历史的敏感性结合起来。但在他糟糕的时候,他用高谈阔论(harangue)取代真知灼见,用情节剧(melodrama)取代历史。当面对存在问题时,他的创造力与智慧是无与伦比的——但他坚持用这个问题来解释一切东西却表露出他缺乏一定的想象力。他越试图在广阔的存在历史中抹去他自己的个性,就越确定无疑地表露出他自己的独特个性。

海德格尔经常坚持哲学不是世界观。[1] 哲学是对存在发问的活动，而世界观是对存在者的僵硬表象。但海德格尔自己却落入了一个世界观，一种曾一度把他带入充其量是妄想的政治的世界图景。他后期的思想执着地回到这种世界观之中，尽管此时已经去政治化了，但却依然是不可思议的简单化。这是一种人类被对存在作技术性理解所支配、人类被贬为在场形而上学的仆从的世界观。这个图景是不够的，即便从纯粹海德格尔主义的基础上看。尽管这图景有启发性，有时也有敞明性，但是它遮蔽的东西比它解蔽的东西更多。它掩盖了海德格尔曾经想要发现的生活的丰富性与多样性。这种世界观是理性主义的：它提出一种单一、统一的对所有文化现象的解释——尽管海德格尔本人曾尝试制止我们对"解释"的渴求，而要使我们回到现象本身上去。最后，这种世界观实际上把生活视为由理论决定的东西，而海德格尔最初却是试图把理论当作生活的衍生物。对于早期海德格尔来说，人类生存是充满着意义的，这些意义却在理论中被人为地限制了，从理论上把存在的意义还原为现成在手的东西。对于后期海德格尔来说，在他最具有末世情结（apocalyptic）的时候，在场的重量首先压倒了哲学家，然后粉碎所有人类的此在，把我们

---

[1] 比如:《现象学之基本问题》,第10页;《哲学论稿（从本有而来）》,第14节。海德格尔对这个问题最深入的探讨见 *Einleitung in die Philosophie*（《哲学导论》），即《海德格尔全集》第27卷。在这里，海德格尔得出这样的结论，即哲学可以被理解为一种世界观——但它是作为一种态度（Haltung）而不是作为一种基础或立足点（Halt）的世界观，见 pp. 376-90。

人们或许想问,最终来看,海德格尔的哲学是成功了,还是失败了?或许"结论"(final analysis)这个范畴总是不能充分地理解一个哲学家。对于哲学而言,没有分析是"最终"的:对一种哲学的每一次分析都是该哲学的继续,是对其持续可能性的探索。如果"成功"意味着建立一个不可动摇的整体的真理,那么没有哪个哲学家成功过。海德格尔写道,"任何哲学,作为人的事情,最内在地都注定要失败。而神就无需哲学"[1]。

但是,尽管哲学终究是会失败的,尽管哲学终究是有限的,我们人类本身确实也需要哲学提供的东西。

> 哲学的有限性不在于它遭受到了限制并不能再继续前行,而在于它通过其核心问题之简单性而隐藏着一笔财富,向来都一再要求重新使之觉醒。[2]

---

[1] *The Metaphysical Foundations of Logic*, p. 76.(海德格尔:《从莱布尼茨出发的逻辑学的形而上学始基》,赵卫国译,西北大学出版社,2015年,第108页。)

[2] 同上,p. 156.(海德格尔:《从莱布尼茨出发的逻辑学的形而上学始基》,赵卫国译,西北大学出版社,2015年,第219页。)

参考文献

马丁·海德格尔著作目录

如果没有提供出版日期,则表示该文本尚未出版。如果英文标题置于方括号内,则表示该卷没有英译本或没有已知的即将出版的英译本。

I. Gesamtausgabe（GA）或《海德格尔全集》

由 Vittorio Klostermann 出版社在美因河畔法兰克福出版。

第一版之后的版本只有在是修订版而非简单的重印本时才会列出。

Abteilung 1: Veröffentlichte Schriften 1910–1976
（第 1 部分：1910-1976 年发表的著作）

German （德语原版）	English translation （英译本）
GA 1. *Frühe Schriften* (1912–1916). Ed. Friedrich-Wilhelm von Herrmann, 1978. Also published separately by Vittorio Klostermann, Frankfurt am Main.	[Early Writings] Contains Heidegger's two doctoral theses and some early articles and lectures. *Duns Scotus' Doctrine of Categories and Meaning* (DS). Trans. Joydeep Bagchee and Jeffrey D. Gower. Bloomington: Indiana University Press, 2022.

	"The Problem of Reality in Modern Philosophy" (1912), "The Concept of Time in the Science of History" (1915), and a short selection from "The Theory of Categories and Meaning in Duns Scotus." In John Van Buren, ed. *Supplements: From the Earliest Essays to "Being and Time" and Beyond.* Albany: State University of New York Press, 2002.
	"The Problem of Reality in Modern Philosophy," "Question and Judgment," "Recent Research in Logic," Supplements to "The Doctrine of Categories and Meaning in Duns Scotus," and "The Concept of Time in the Science of History." In Theodore Kisiel and Thomas Sheehan, eds. *Becoming Heidegger: On the Trail of His Early Occasional Writings, 1910–1927.* Evanston: Northwestern University Press, 2007. 2nd ed., Seattle: Noesis Press, 2010.
GA 2. *Sein und Zeit* (1927). Ed. Friedrich Wilhelm von Herrmann, 1977. Also published separately by Max Niemeyer, Tübingen. 1st edition: 1927. Later editions include numerous small changes. The type was completely reset for the 7th ed. (1953), which provides the German pagination for the English translations. The 15th ed. (1984) and later editions are identical to the *Gesamtausgabe* edition, and include Heidegger's marginal notes from his personal copy of *Sein und Zeit*.	*Being and Time.* Trans. John Macquarrie and Edward Robinson. San Francisco: Harper and Row, 1962. Paperback edition, with a foreword by Taylor Carman: Harper Perennial Modern Classics, 2008. This is the translation cited in this book. *Being and Time.* Trans. Joan Stambaugh. Albany: State University of New York Press, 1996. *Being and Time.* Trans. Joan Stambaugh. Revised and with a Foreword by Dennis J. Schmidt. Albany: State University of New York Press, 2010.
GA 3. *Kant und das Problem der Metaphysik* (1929). Ed. Friedrich-Wilhelm von Herrmann, 1991.	*Kant and the Problem of Metaphysics.* Trans. James S. Churchill. Bloomington: Indiana University Press, 1962.

Also published separately by Vittorio Klostermann, Frankfurt am Main.	*Kant and the Problem of Metaphysics.* Trans. Richard Taft. 5th, enlarged ed. Bloomington: Indiana University Press, 1997. This volume includes the "Davos disputation" between Heidegger and Ernst Cassirer as well as several other supplemental materials.
GA 4. *Erläuterungen zu Hölderlins Dichtung (1936–1968).* Ed. Friedrich-Wilhelm von Herrmann, 1981, 2012 (rev. ed.). Also published separately by Vittorio Klostermann, Frankfurt am Main.	*Elucidations of Hölderlin's Poetry.* Trans. Keith Hoeller. Amherst, N. Y.: Humanity Books, 2000.
GA 5. *Holzwege* (1935–1946). Ed. Friedrich-Wilhelm von Hermann, 1977. Also published separately by Vittorio Klostermann, Frankfurt am Main.	*Off the Beaten Track.* Trans. Julian Young and Kenneth Haynes. Cambridge: Cambridge University Press, 2002. This is the translation cited in this book. "Letter on Humanism" is also translated in *Basic Writings*. Revised ed. Ed. David Farrell Krell. London: Harper Perennial, 1993.
GA 6.1 *Nietzsche* I (1936–1939). Ed. Brigitte Schillbach, 1996. Also published separately by Günther Neske/Klett–Cotta, Stuttgart. GA 6.1 and 6.2, originally published in 1961, include revised versions of four lecture courses (GA 43, 44, 47, and 48) and several shorter pieces on Nietzsche.	*Nietzsche.* Ed. David Farrell Krell. 4 vols. New York: Harper & Row, 1979–87.
GA 6.2 *Nietzsche* II (1939–1946). Ed. Brigitte Schillbach, 1997. Also published separately by Günther Neske/Klett–Cotta, Stuttgart.	*Nietzsche.* Ed. David Farrell Krell. 4 vols. New York: Harper & Row, 1979–87. Three essays from *Nietzsche* II are not included in the Krell edition: "Metaphysics as History of Being," "Sketches for a History of Being as Metaphysics," and "Recollection in Metaphysics." They can be found in *The End of Philosophy.* Trans. Joan Stambaugh. New York: Harper & Row, 1973.

GA 7. *Vorträge und Aufsätze* (1936–1953). Ed. Friedrich-Wilhelm von Herrmann, 2000. Also published separately by Günther Neske/Klett–Cotta, Stuttgart. Contains: "Die Frage nach der Technik" (1953); "Wissenschaft und Besinnung"(1953); "Überwindung der Metaphysik" (1936–1946); "Wer ist Nietzsches Zarathustra?" (1953); "Was heißt Denken?" (1952); "Bauen Wohnen Denken" (1951); "Das Ding" (1950); "'... dichterisch wohnet der Mensch ...'" (1951); "Logos (Heraklit, Fragment 50)" (1951); "Moira (Parmenides VIII, 34–41)" (1952); "Aletheia (Heraklit, Fragment 16)" (1954).	[Lectures and Essays] "Building Dwelling Thinking," "The Thing," and "'...Poetically Man Dwells....'" In *Poetry, Language, Thought*. Trans. Albert Hofstadter. New York: Harper & Row, 1971. "Building Dwelling Thinking" and "The Question Concerning Technology." In *Basic Writings*. Revised ed. Ed. David Farrell Krell. London: Harper Perennial, 1993. "*Logos* (Heraclitus, Fragment B 50)," "*Moira* (Parmenides VIII, 34–41)," and "*Aletheia* (Heraclitus, Fragment B 16)." In *Early Greek Thinking*. Trans. David F. Krell and Frank A. Capuzzi. New York: Harper & Row, 1975. "Overcoming Metaphysics," in *The End of Philosophy*. Trans. Joan Stambaugh. New York: Harper & Row, 1973. "The Question Concerning Technology" and "Science and Reflection." In *The Question Concerning Technology and Other Essays* (QCT). Trans. William Lovitt. New York: Harper & Row, 1977. *What Is Called Thinking?* Trans. J. Glenn Gray. New York: Harper & Row, 1968. (Excerpted in GA 7.) "Who Is Nietzsche's Zarathustra?" in *Nietzsche*. Ed. David Farrell Krell. Vol. 2. New York: Harper & Row, 1984.
GA 8. *Was heißt Denken?* (1951–1952). Ed. Paola–Ludovika Coriando, 2002. Also published separately by Max Niemeyer, Tübingen.	*What is Called Thinking?* Trans. J. Glenn Gray. New York: Harper & Row, 1968.

GA 9. *Wegmarken* (1919–1961). Ed. Friedrich-Wilhelm von Herrmann, 1976, 1996 (rev. ed.). Also published separately by Vittorio Klostermann, Frankfurt am Main.	Pathmarks. Ed. William McNeill. Cambridge: Cambridge University Press, 1998. This is the translation cited in this book. "What is Metaphysics?" and "On the Essence of Truth." In Basic Writings. Ed. David Farrell Krell. Rev. ed. London: Harper Perennial, 1993. *The Essence of Reasons*. Trans. Terrence Malick. Evanston: Northwestern University Press, 1969.
GA 10. *Der Satz vom Grund* (1955–1956). Ed. Petra Jaeger, 1997. Also published separately by Günther Neske/Klett–Cotta, Stuttgart.	*The Principle of Reason*. Trans. Reginald Lilly. Bloomington: Indiana University Press, 1991.
GA 11. *Identität und Differenz* (1955–1963). Ed. Friedrich-Wilhelm von Herrmann, 2006. Also published separately by Günther Neske/Klett–Cotta, Stuttgart. Contains: "Was ist das—die Philosophie?" (1955); "Grundsätze des Denkens" (1957); "Der Satz der Identität" (1957); "Die onto–theo–logische Verfassung der Metaphysik" (1957); letters to William J. Richardson (1962) and Takehiko Kojima (1963).	[Identity and Difference] Letter to William J. Richardson. In William J. Richardson, S.J. *Heidegger: Through Phenomenology to Thought*. 4th ed. New York: Fordham University Press, 2003. "The Principle of Identity" and "The Onto–theo–logical Constitution of Metaphysics," in *Identity and Difference* (ID). Trans. Joan Stambaugh. New York: Harper & Row, 1969. "The Principle of Identity." Trans. Joan Stambaugh, revised by Jerome Veith. In Günter Figal, ed. *The Heidegger Reader*. Bloomington: Indiana University Press, 2009. *What is Philosophy?* Trans. Jean T. Wilde and William Kluback. New Haven: College & University Press, 1958.

GA 12. *Unterwegs zur Sprache* (1950–1959). Ed. Friedrich-Wilhelm von Herrmann, 1985. Also published separately by Günther Neske/Klett–Cotta, Stuttgart.	*On the Way to Language* (OWL). Trans. Peter D. Hertz and Joan Stambaugh. New York: Harper & Row, 1971. "Language." In *Poetry, Language, Thought* (PLT). Trans. Albert Hofstadter. New York: Harper & Row, 1971.
GA 13. *Aus der Erfahrung des Denkens* (1910–1976). Ed. Hermann Heidegger, 1983, 2002 (rev. ed.). A collection of short essays and poems. Mostly untranslated.	[From the Experience of Thinking] "Art and Space." Trans. Charles H. Seibert. *Man and World* 6:1 (1973): 3–5. "Conversation on a Country Path About Thinking." In *Discourse on Thinking*. Trans. John M. Anderson and E. Hans Freund. New York: Harper & Row, 1966. (This is an excerpt from a longer dialogue in GA 77.) "Hebel—Friend of the House." Trans. Bruce V. Foltz and Michael Heim. In Darrel E. Christensen et al., eds. *Contemporary German Philosophy*. Vol. 3. University Park: Pennsylvania State University Press, 1983. "The Language of Johann Peter Hebel." Trans. Jerome Veith. In Günter Figal, ed. *The Heidegger Reader*. Bloomington: Indiana University Press, 2009. "The Pathway" and "Why do I Stay in the Provinces?" In Thomas Sheehan, ed. *Heidegger: The Man and the Thinker* (HMT). Chicago: Precedent, 1981. Also in *Philosophical and Political Writings*. Ed. Manfred Stassen. New York: Continuum, 2003. "The Thinker as Poet." In *Poetry, Language, Thought* (PLT). Trans. Albert Hofstadter. New York: Harper & Row, 1971.

GA 14. *Zur Sache des Denkens* (1927–1968). Ed. Friedrich-Wilhelm von Herrmann, 2007. Part I: "Zeit und Sein" (1962), protocol for a seminar on "Zeit und Sein" (1962), "Das Ende der Philosophie und die Aufgabe des Denkens" (1964), "Mein Weg in die Phänomenologie" (1963). Also published separately as *Zur Sache des Denkens* by Max Niemeyer, Tübingen. Part II: an abstract of *Being and Time*, two texts from Heidegger's collaboration with Husserl, three texts concerning "What is Metaphysics?," "Über das Zeitverständnis in der Phänomenologie und im Denken der Seinsfrage."	Translation of Part I: *On Time and Being*. Trans. Joan Stambaugh. New York: Harper & Row, 1972.
GA 15. *Seminare* (1951–1973). Ed. Curd Ochwadt, 1986, 2005 (rev. ed.). *Heraklit* (with Eugen Fink) also published separately by Vittorio Klostermann, Frankfurt am Main. *Vier Seminare* also published separately by Vittorio Klostermann, Frankfurt am Main.	*Four Seminars* (FS). Trans. Andrew Mitchell and François Raffoul. Bloomington: Indiana University Press, 2003. Martin Heidegger and Eugen Fink. *Heraclitus Seminar 1966/67*. Trans. Charles Seibert. University, AL: University of Alabama Press, 1979. Reprint: Evanston: Northwestern University Press, 1993.
GA 16. *Reden und andere Zeugnisse eines Lebensweges* (1910–1976). Ed. Hermann Heidegger, 2000. A large collection of short pieces of biographical interest. Mostly untranslated.	[Speeches and Other Documents of a Life Path] "The Rectorate 1933/34: Facts and Thoughts." In Gunther Neske and Emil Kettering, eds. *Martin Heidegger and National Socialism: Questions and Answers* (MHNS). New York: Paragon House, 1990. "Memorial Address." In *Discourse on Thinking* (DT). Trans. John M. Anderson and E. Hans Freund. New York: Harper & Row, 1966.

	A few political documents from 1933–34 are translated in *Philosophical and Political Writings*, ed. Manfred Stassen (New York: Continuum, 2003).
	The complete text of Heidegger's 1966 Der Spiegel interview (which was edited for its magazine publication in 1976) is included in this volume and has been translated as "*Der Spiegel* Interview with Martin Heidegger." Trans. Jerome Veith. In Günter Figal, ed. *The Heidegger Reader*. Bloomington: Indiana University Press, 2009.

Abteilung 2: Vorlesungen 1919–1944
（第 2 部分：1910-1976 年的讲座课程）

1923-1928 年在马堡大学的讲座课程

GA 17. *Einführung in die phänomenologische Forschung* (1923–24). Ed. Friedrich-Wilhelm von Herrmann, 1994.	*Introduction to Phenomenological Research*. Trans. Daniel O. Dahlstrom. Bloomington: Indiana University Press, 2005.
GA 18. *Grundbegriffe der aristotelischen Philosophie* (1924). Ed. Mark Michalski, 2002.	*Basic Concepts of Aristotelian Philosophy*. Trans. Robert D. Metcalf and Mark Basil Tanzer. Bloomington: Indiana University Press, 2009.
GA 19. *Platon: Sophistes* (1924–25). Ed. Ingeborg Schüßler, 1992, 2018 (rev. ed.)	*Plato's "Sophist."* Trans. Richard Rojcewicz and André Schuwer. Bloomington: Indiana University Press, 1997.
GA 20. *Prolegomena zur Geschichte des Zeitbegriffs* (1925). Ed. Petra Jaeger, 1979, 1988 (rev. ed.), 1994 (rev. ed.).	*History of the Concept of Time: Prolegomena*. Trans. Theodore Kisiel. Bloomington: Indiana University Press, 1992. Kisiel's introduction and index to the volume can be found in Theodore

	Kisiel, *Heidegger's Way of Thought*, ed. Alfred Denker and Marion Heinz (New York: Continuum, 2002).
GA 21. *Logik. Die Frage nach der Wahrheit* (1925–26). Ed. Walter Biemel, 1976, 1995 (rev. ed.).	*Logic: The Question of Truth*. Trans. Thomas Sheehan. Bloomington: Indiana University Press, 2010. The translation includes material from student notes that is not included in the GA edition.
GA 22. *Die Grundbegriffe der antiken Philosophie* (1926). Ed. Franz–Karl Blust, 1993.	*Basic Concepts of Ancient Philosophy*. Trans. Richard Rojcewicz. Bloomington: Indiana University Press, 1997.
GA 23. *Geschichte der Philosophie von Thomas von Aquin bis Kant* (1926–27). Ed. Helmuth Vetter, 2006.	[History of Philosophy from Thomas Aquinas to Kant]
GA 24. *Die Grundprobleme der Phänomenologie* (1927). Ed. Friedrich-Wilhelm von Herrmann, 1975.	*The Basic Problems of Phenomenology*. Trans. Albert Hofstadter. Bloomington: Indiana University Press, 1982, 1988 (rev. ed.).
GA 25. *Phänomenologische Interpretation von Kants Kritik der reinen Vernunft* (1927–28). Ed. Ingtraud Görland, 1977.	*Phenomenological Interpretation of Kant's "Critique of Pure Reason."* Trans. Parvis Emad and Kenneth Maly. Bloomington: Indiana University Press, 1997.
GA 26. *Metaphysische Anfangsgründe der Logik im Ausgang von Leibniz* (1928). Ed. Klaus Held, 1978, 1990 (rev. ed.), 2007 (rev. ed.).	*The Metaphysical Foundations of Logic*. Trans. Michael Heim. Bloomington: Indiana University Press, 1984.

1928–1944 年在弗莱堡大学的讲座课程

GA 27. *Einleitung in die Philosophie* (1928–29). Ed. Otto Saame and Ina Saame–Speidel, 1996, 2001 (rev. ed.).	*Introduction to Philosophy*. Trans. William McNeill. Bloomington: Indiana University Press, 2024.
GA 28. *Der deutsche Idealismus (Fichte, Schelling, Hegel) und die philosophische Problemlage der Gegenwart* (1929). Appendix: "Einführung in das akademische Studium" (1929). Ed. Claudius Strube, 1997.	*German Idealism*. Trans. Peter Warnek. Bloomington: Indiana University Press.

GA 29/30. *Die Grundbegriffe der Metaphysik. Welt—Endlichkeit—Einsamkeit* (1929–30). Ed. Friedrich-Wilhelm von Herrmann, 1983.	*The Fundamental Concepts of Metaphysics: World, Finitude, Solitude.* Trans. William McNeill and Nicholas Walker. Bloomington: Indiana University Press, 1995.
GA 31. *Vom Wesen der menschlichen Freiheit. Einleitung in die Philosophie* (1930). Ed. Hartmut Tietjen, 1982, 1994 (rev. ed.).	*The Essence of Human Freedom: An Introduction to Philosophy.* Trans. Ted Sadler. London: Continuum, 2002.
GA 32. *Hegels Phänomenologie des Geistes* (1930–31). Ed. Ingtraud Görland, 1980.	*Hegel's Phenomenology of Spirit.* Trans. Parvis Emad and Kenneth Maly. Bloomington: Indiana University Press, 1998.
GA 33. *Aristoteles, Metaphysik Θ 1–3. Von Wesen und Wirklichkeit der Kraft* (1931). Ed. Heinrich Hüni, 1981, 1990 (rev. ed.), 2006 (rev. ed.)	*Aristotle's "Metaphysics" Θ 1–3: On the Essence and Actuality of Force.* Trans. Walter Brogan and Peter Warnek. Bloomington: Indiana University Press, 1995.
GA 34. *Vom Wesen der Wahrheit. Zu Platons Höhlengleichnis und Theätet* (1931–32). Ed. Hermann Mörchen, 1988, 1997 (rev. ed.).	*The Essence of Truth: On Plato's Cave Allegory and "Theaetetus."* Trans. Ted Sadler. London: Continuum, 2002.
GA 35. *Der Anfang der abendländischen Philosophie: Auslegung des Anaximander und Parmenides* (1932). Ed. Peter Trawny, 2011.	*The Beginning of Western Philosophy: Interpretation of Anaximander and Parmenides.* Trans. Richard Rojcewicz. Bloomington: Indiana University Press, 2015.
GA 36/37. *Sein und Wahrheit* (1933–34). Ed. Hartmut Tietjen, 2001.	*Being and Truth.* Trans. Gregory Fried and Richard Polt. Bloomington: Indiana University Press, 2010.
GA 38. *Logik als die Frage nach dem Wesen der Sprache* (1934). Ed. Günter Seubold, 1998. This volume is based on student transcripts.	*Logic as the Question Concerning the Essence of Language.* Trans. Wanda Torres Gregory and Yvonne Unna. Albany: SUNY Press, 2009.
GA 38A. *Logik als die Frage nach dem Wesen der Sprache* (1934). Ed. Peter Trawny, 2020. This volume is based on Heidegger's original lecture notes, which were found after the publication of GA 38.	[Logic as the Question Concerning the Essence of Language]

GA 39. *Hölderlins Hymnen "Germanien" und "Der Rhein"* (1934–35). Ed. Susanne Ziegler, 1980, 1989 (rev. ed.), 2022 (rev. ed.). The 2022 edition corrects a misreading of an abbreviation for "National Socialism" and reproduces the manuscript page in question.	*Hölderlin's Hymns "Germania" and "The Rhine."* Trans. William McNeill and Julia Ireland. Bloomington: Indiana University Press, 2014.
GA 40. *Einführung in die Metaphysik* (1935). Ed. Petra Jaeger, 1983, 2020 (rev. ed.) Also published separately by Max Niemeyer, Tübingen. The GA edition includes two appendices.	*An Introduction to Metaphysics.* Trans. Ralph Manheim. New Haven: Yale University Press, 1959. *Introduction to Metaphysics.* Trans. Gregory Fried and Richard Polt. New Haven: Yale University Press, 2000. Revised and expanded edition, including GA material: New Haven: Yale University Press, 2014. This is the translation cited in this book.
GA 41. *Die Frage nach dem Ding. Zu Kants Lehre von den transzendentalen Grundsätzen* (1935–36). Ed. Petra Jaeger, 1984. Also published separately by Max Niemeyer, Tübingen.	*What is a Thing?* Trans. W. B. Barton and Vera Deutsch. Chicago: Henry Regnery Company, 1967. Translates the Niemeyer edition. *The Question Concerning the Thing.* Trans. James Reid and Benjamin Crowe. London: Rowman & Littlefield International, 2018. Translates the GA edition.
GA 42. *Schelling: Vom Wesen der menschlichen Freiheit* (1809) (1936). Ed. Ingrid Schüßler, 1988. Edited version published separately by Max Niemeyer, Tübingen.	*Schelling's Treatise on the Essence of Human Freedom.* Trans. Joan Stambaugh. Athens: Ohio University Press, 1985. Translates the Niemeyer edition.
GA 43. *Nietzsche: Der Wille zur Macht als Kunst* (1936–37). Ed. Bernd Heimbüchel, 1985, 2022 (rev. ed.).	Edited version available as vol. 1 of *Nietzsche* (see GA 6.1). For examples of passages that were cut from this course when it was published after the war, see the appendix to Gregory Fried. *Heidegger's Polemos: From Being to Politics.* New Haven: Yale University Press, 2000.

GA 44. *Nietzsches metaphysische Grundstellung im abendländischen Denken: Die ewige Wiederkehr des Gleichen* (1937). Ed. Marion Heinz, 1986.	Edited version available as vol. 2 of *Nietzsche* (see GA 6.1).
GA 45. *Grundfragen der Philosophie. Ausgewählte "Probleme" der "Logik"* (1937–38). Ed. Friedrich-Wilhelm von Herrmann, 1984.	*Basic Questions of Philosophy: Selected "Problems" of "Logic."* Trans. Richard Rojcewicz and André Schuwer. Bloomington: Indiana University Press, 1994.
GA 46. *Zur Auslegung von Nietzsches II. Unzeitgemäßer Betrachtung "Vom Nutzen und Nachteil der Historie für das Leben"* (1938–39). Ed. Hans-Joachim Friedrich, 2003.	*Interpretation of Nietzsche's Second Untimely Meditation.* Trans. Ullrich Haase and Mark Sinclair. Bloomington: Indiana University Press, 2016.
GA 47. *Nietzsches Lehre vom Willen zur Macht als Erkenntnis* (1939). Ed. Eberhard Hanser, 1989.	Edited version available as vol. 3 of *Nietzsche* (see GA 6.1).
GA 48. *Nietzsche: Der europäische Nihilismus* (1940). Ed. Petra Jaeger, 1986.	Edited version available as vol. 4 of Nietzsche (see GA 6.1).
GA 49. *Die Metaphysik des deutschen Idealismus. Zur erneuten Auslegung von Schelling: "Philosophische Untersuchungen über das Wesen der menschlichen Freiheit und die damit zusammenhängenden Gegenstände" (1809)* (1941). Ed. Günter Seubold, 1991, 2006 (rev. ed.).	*The Metaphysics of German Idealism: A Renewed Interpretation of Schelling's "Philosophical Investigations into the Essence of Human Freedom and the Matters Connected Therewith" (1809).* Trans. Ian Alexander Moore and Rodrigo Therezo. London: Polity, 2021.
GA 50. *Nietzsches Metaphysik* (announced for 1941–42, but not taught); *Einleitung in die Philosophie—Denken und Dichten* (1944–45). Ed. Petra Jaeger, 1990, 2007 (rev. ed.).	Pages 3–25 of the first text are translated as "On Nietzsche." Trans. Jerome Veith. In Günter Figal, ed. *The Heidegger Reader.* Bloomington: Indiana University Press, 2009. The second text is translated as *Introduction to Philosophy—Thinking and Poetizing.* Trans. Phillip Jacques Braunstein. Bloomington: Indiana University Press, 2011.
GA 51. *Grundbegriffe* (1941). Ed. Petra Jaeger, 1981, 1991 (rev. ed.).	*Basic Concepts.* Trans. Gary E. Aylesworth. Bloomington: Indiana University Press, 1993.
GA 52. *Hölderlins Hymne "Andenken"* (1941–42). Ed. Curd Ochwadt, 1982.	*Hölderlin's Hymn "Remembrance."* Trans. William McNeill and Julia Ireland. Indiana University Press, 2018.

GA 53. *Hölderlins Hymne "Der Ister"* (1942). Ed. Walter Biemel, 1984, 1993 (ed.).	*Hölderlin's Hymn "The Ister."* Trans. William McNeill and Julia Davis. Bloomington: Indiana University Press, 1996.
GA 54. *Parmenides* (1942–43). Ed. Manfred S. Frings, 1982, 2018 (rev. ed.)	*Parmenides.* Trans. André Schuwer and Richard Rojcewicz. Bloomington: Indiana University Press, 1992.
GA 55. *Heraklit* (1943, 1944). Ed. Manfred S. Frings, 1979, 1987 (rev. ed.).	*Heraclitus.* Trans. Julia Goesser Assaiante and S. Montgomery Ewegen. London: Bloomsbury, 2018. Pages 252–70 are translated as "*Logos* and Language." Trans. Jerome Veith. In Günter Figal, ed. T*he Heidegger Reader.* Bloomington: Indiana University Press, 2009.

1919-1923年在弗莱堡大学的早期讲座课程

GA 56/57. *Zur Bestimmung der Philosophie* (1919). Ed. Bernd Heimbüchel, 1987, 1999 (rev., expanded ed.). Contains *Die Idee der Philosophie und das Weltanschauungsproblem* (Kriegsnotsemester 1919), *Phänomenologie und transzendentale Wertphilosophie* (Summer Semester 1919), and Oskar Becker's transcript of the lecture "Über das Wesen des akademischen Studiums" (Summer Semester 1919).	*Towards the Definition of Philosophy.* Trans. Ted Sadler. London: Continuum, 2000.
GA 58. *Grundprobleme der Phänomenologie* (1919–20). Ed. Hans–Helmuth Gander, 1992, 2010 (rev. ed.)	*Basic Problems of Phenomenology: Winter Semester 1919/1920.* Trans. Scott M. Campbell. London: Continuum, 2013.
GA 59. *Phänomenologie der Anschauung und des Ausdrucks. Theorie der philosophischen Begriffsbildung* (1920). Ed. Claudius Strube, 1993, 2007 (rev. ed.).	*Phenomenology of Intuition and Expression.* Trans. Tracy Colony. London: Continuum, 2010.

GA 60. *Phänomenologie des religiösen Lebens* (1918–1921). Ed. Matthias Jung, Thomas Regehly, and Claudius Strube, 1995, 2011 (rev. ed.). Contains notes for a projected lecture course on medieval mysticism (1918–1919) and two courses that were actually delivered, focusing on St. Paul and St. Augustine (1920–1921).	*The Phenomenology of Religious Life*. Trans. Matthias Fritsch and Jennifer Anna Gosetti–Ferencei. Bloomington: Indiana University Press, 2004.
GA 61. *Phänomenologische Interpretationen zu Aristoteles. Einführung in die phänomenologische Forschung* (1921–22). Ed. Walter Bröcker und Käte Bröcker-Oltmanns, 1985, 1994 (rev. ed.).	*Phenomenological Interpretations of Aristotle: Initiation into Phenomenological Research*. Trans. Richard Rojcewicz. Bloomington: Indiana University Press, 2008.
GA 62. *Phänomenologische Interpretationen ausgewählter Abhandlungen des Aristoteles zu Ontologie und Logik*. Appendix: "Phänomenologische Interpretationen zu Aristoteles (Anzeige der hermeneutischen Situation)" (1922). Ed. Günther Neumann, 2005.	*Phenomenological Interpretations of Selected Treatises of Aristotle's on Ontology and Logic*. Trans. Joydeep Bagchee. Bloomington: Indiana University Press. There are three translations of the appendix: "Phenomenological Interpretations with Respect to Aristotle: Indication of the Hermeneutical Situation," trans. Michael Baur, *Man and World* 25 (1992): 355–393; edited by Theodore Kisiel, in Theodore Kisiel and Thomas Sheehan, eds., *Becoming Heidegger: On the Trail of His Early Occasional Writings, 1910–1927*, 1st ed. (Evanston: Northwestern University Press, 2007); 2nd ed. (Seattle: Noesis Press, 2010). "Phenomenological Interpretations in Connection with Aristotle: An Indication of the Hermeneutical Situation," in *Supplements: From the Earliest Essays to "Being and Time" and Beyond*, ed. John Van Buren (Albany: State University of New York Press, 2002).

参考文献

	"Indication of the Hermeneutical Situation," trans. Michael Baur, revised by Jerome Veith, in Günter Figal, ed., *The Heidegger Reader* (Bloomington: Indiana University Press, 2009).
GA 63. *Ontologie. Hermeneutik der Faktizität* (1923). Ed. Käte Bröcker–Oltmanns, 1988.	*Ontology—The Hermeneutics of Facticity*. Trans. John Van Buren. Bloomington: Indiana University Press, 1999.

Abteilung 3: Unveröffentlichte Abhandlungen. Vorträge—Gedachtes （第 3 部分：未发表的研究、讲座、思考）

GA 64. *Der Begriff der Zeit* (1924). Ed. Friedrich-Wilhelm von Herrmann, 2004.	*The Concept of Time: The First Draft of "Being and Time."* Trans. Ingo Farin. London: Continuum, 2011.
This volume contains a longer, previously unpublished text as well as a shorter lecture by the same name.	The short lecture has been translated as *The Concept of Time* (bilingual edition), trans. William McNeill (Oxford: Blackwell, 1992) and as "The Concept of Time" in Theodore Kisiel and Thomas Sheehan, eds., *Becoming Heidegger: On the Trail of His Early Occasional Writings, 1910–1927*, 1st ed. (Evanston: Northwestern University Press, 2007); 2nd ed. (Seattle: Noesis Press, 2010).
GA 65. *Beiträge zur Philosophie (Vom Ereignis)* (1936–1938). Ed. Friedrich-Wilhelm von Herrmann, 1989, 1994 (rev. ed.)	*Contributions to Philosophy (From Enowning)*. Trans. Parvis Emad and Kenneth Maly. Bloomington: Indiana University Press, 1999. *Contributions to Philosophy (Of the Event)*. Trans. Richard Rojcewicz and Daniela Vallega–Neu. Bloomington: Indiana University Press, 2012. This is the translation cited in this book.
GA 66. *Besinnung* (1938–39). Ed. Friedrich-Wilhelm von Herrmann, 1997.	*Mindfulness*. Trans. Parvis Emad and Thomas Kalary. London: Continuum, 2006.

GA 67. *Metaphysik und Nihilismus* (1938–39, 1946–48). Ed. Hans-Joachim Friedrich, 1999, 2018 (rev. ed.)	*Metaphysics and Nihilism*. Trans. Arun Iyer. Cambridge: Polity, 2022.
GA 68. *Hegel* (1938–39, 1941, 1942). Ed. Ingrid Schüßler, 1993.	*Hegel*. Trans. Joseph Arel and Niels Feuerhahn. Bloomington: Indiana University Press, 2015.
GA 69. *Die Geschichte des Seyns* (1938–1940). Ed. Peter Trawny, 1998, 2012 (rev. ed.), 2022 (rev. ed.). The 2022 edition includes a sentence about "Jewry" and "planetary criminality."	*The History of Beyng*. Trans. William McNeill and Jeffrey Powell. Bloomington: Indiana University Press, 2015.
GA 70. *Über den Anfang* (1941). Ed. Paola–Ludovika Coriando, 2005.	*On Inception*. Trans. Peter Hanly. Indiana University Press.
GA 71. *Das Ereignis* (1941–42). Ed. Friedrich-Wilhelm von Herrmann, 2009.	*The Event*. Trans. Richard Rojcewicz. Bloomington: Indiana University Press, 2013.
GA 72. *Die Stege des Anfangs* (1944). Ed. Günther Neumann.	[The Footbridges of the Inception]
A 73.1 / 73.2. *Zum Ereignis–Denken* (1932–1970s). Ed. Peter Trawny, 2013.	[On the Thinking of the Event] Translation of "Die Armut" (GA 73.1: 710–12):"Poverty" (1945). In Frank Schalow, ed. *Heidegger, Translation, and the Task of Thinking: Essays in Honor of Parvis Emad*. Dordrecht: Springer, 2011.
GA 74. *Zum Wesen der Sprache und Zur Frage nach der Kunst* (1935-1960). Ed. Thomas Regehly, 2010.	*On the Essence of Language and the Question of Art*. Trans. Adam Knowles. Cambridge: Polity, 2023.
GA 75. *Zu Hölderlin-Griechenlandreisen* (1939–1970). Ed. Curd Ochwadt, 2000. Includes a journal of a 1962 trip to Greece, published separately as Aufenthalte (Frankfurt am Main: Vittorio Klostermann, 1989).	[On Hölderlin; Travels in Greece] *Aufenthalte* translated as *Sojourns: The Journey to Greece*. Trans. John P. Manoussakis. Albany: State University of New York Press, 2005.
GA 76. *Leitgedanken zur Entstehung der Metaphysik, der neuzeitlichen Wissenschaft und der modernen Technik* (1935–55). Ed. Claudius Strube, 2009.	[Guiding Thoughts on the Origin of Metaphysics, of Modern Science, and of Modern Technology]

GA 77. *Feldweg-Gespräche* (1944–45). Ed. Ingrid Schüßler, 1995, 2007 (rev. ed.).	*Country Path Conversations*. Trans. Bret Davis. Bloomington: Indiana University Press, 2010.
GA 78. *Der Spruch des Anaximander* (1942). Ed. Ingeborg Schüßler, 2010.	*The Saying of Anaximander*. Trans. Laurence Hemming and Aaron Turner. Cambridge: Polity.
GA 79. *Bremer und Freiburger Vorträge*. Ed. Petra Jaeger, 1994, 2005 (rev. ed.) 1. Einblick in das was ist: Bremer Vorträge 1949. Das Ding—Das Gestell—Die Gefahr—Die Kehre. 2. Grundsätze des Denkens: Freiburger Vorträge 1957.	*Bremen and Freiburg Lectures: Insight Into That Which Is and Basic Principles of Thinking*. Trans. Andrew Mitchell. Bloomington: Indiana University Press, 2012. Pages 3–21 and 24–45 are also translated as "Bremen Lectures: Insight into That Which Is." Trans. Jerome Veith. In Günter Figal, ed. *The Heidegger Reader*. Bloomington: Indiana University Press, 2009. "The Thing." In P*oetry, Language, Thought*. Trans. Albert Hofstadter. New York: Harper & Row, 1971.
GA 80.1 *Vorträge 1915 bis 1932*. Ed. Günther Neumann, 2016. Notable contents include four versions of "On the Essence of Truth."	[Lectures 1915–1932]
GA 80.2 *Vorträge. Teil 2: 1932–1967*. Ed. Günther Neumann, 2020. Notable contents include three versions of "The Origin of the Work of Art."	[Lectures, Part 2: 1932–1967] "On the Origin of the Work of Art: First Version." Trans. Jerome Veith. In Günter Figal, ed. *The Heidegger Reader*. Bloomington: Indiana University Press, 2009.
GA 81. *Gedachtes*. Ed. Paola–Ludovika Coriando, 2007. Verses, letters, and fragments from the 1910s to the 1970s. The verses look like poetry, but according to Heidegger they are *Gedachtes* (something thought) rather than *Gedichte* (poems).	*Thought Poems*. Trans. Eoghan Walls. London: Rowman & Littlefield International, 2021.

Abteilung 4: Hinweise und Aufzeichnungen
（第 4 部分：评述与说明）

GA 82. *Zu eigenen Veröffentlichungen.* Ed. Friedrich-Wilhelm von Herrmann, 2018.	*On My Own Publications.* Trans. Scott Campbell. Bloomington: Indiana University Press.
GA 83. S*eminare: Platon—Aristoteles—Augustinus* (1928–1952). Ed. Mark Michalski, 2012.	[Seminars: Plato, Aristotle, Augustine]
GA 84.1. *Seminare: Kant—Leibniz—Schiller* (1931–1936). Ed. Günther Neumann, 2013. Contains seminars on Kant from 1931, 1931–32, and 1934 as well as a seminar on Leibniz from 1935–36.	[Seminars: Kant, Leibniz, Schiller]
GA 84.2. Seminare: Kant—Leibniz—Schiller Will include seminars on Kant from 1936, 1936–37, 1941, and 1942.	
GA 85. *Seminar: Vom Wesen der Sprache. Die Metaphysik der Sprache und die Wesung des Wortes. Zu Herders Abhandlung "Über den Ursprung der Sprache"* (1939). Ed. Ingrid Schüßler, 1999, 2005 (rev. ed.).	*On The Essence Of Language: The Metaphysics of Language and the Essencing of the Word; Concerning Herder's "Treatise On the Origin of Language."* Trans. Wanda Torres Gregory and Yvonne Unna. Albany: State University of New York Press, 2004.
GA 86. *Seminare: Hegel—Schelling* (1927–1957). Ed. Peter Trawny, 2011.	[Seminars: Hegel, Schelling] Pages 55–184 are translated by Andrew Mitchell in Peter Trawny et al., eds., *On Hegel's "Philosophy of Right": The 1934–35 Seminar and Interpretive Essays* (London: Bloomsbury, 2014).
GA 87. *Nietzsche: Seminare 1937 und 1944.* Ed. Peter von Ruckteschell, 2004.	[Nietzsche: Seminars 1937 and 1944]
GA 88. *Seminare (Übungen) 1937/38 und 1941/42:1. Die metaphysischen Grundstellungen des abendländischen Denkens. 2. Einübung in das philosophische Denken.* Ed. Alfred Denker, 2008.	[Seminars (Exercises) 1937–38 and 1941–42: 1. The Basic Metaphysical Positions of Western Thought. 2. Initiation into Philosophical Thinking]

GA 89. *Zollikoner Seminare* (1959–1969). Ed. Peter Trawny, 2017. An overlapping but different set of texts is *Zollikoner Seminare: Protokolle, Gespräche, Briefe*. Ed. Medard Boss. Frankfurt am Main: Klostermann, 1987.	Translation of the 1987 volume: *Zollikon Seminars: Protocols—Conversations—Letters* (ZS). Trans. Franz Mayr and Richard Askay. Evanston: Northwestern University Press, 2001.
GA 90. *Zu Ernst Jünger* (1934–54). Ed. Peter Trawny, 2004.	[On Ernst Jünger] Pages 235–39 and 253–60 are translated as "On Ernst Jünger (1)" and "On Ernst Jünger (2)." Trans. Jerome Veith. In Günter Figal, ed. *The Heidegger Reader*. Bloomington: Indiana University Press, 2009.
GA 91. Ergänzungen und Denksplitter. Ed. Mark Michalski, 2022.	[Supplements and Thought Fragments]
GA 92. *Ausgewählte Briefe I.*	[Selected Letters I]
GA 93. *Ausgewählte Briefe II.*	[Selected Letters II]
GA 94. *Überlegungen II–VI (Schwarze Hefte 1931–1938)*. Ed. Peter Trawny, 2014.	*Ponderings II–VI: Black Notebooks 1931–1938*. Trans. Richard Rojcewicz. Indiana University Press, 2016.
GA 95. *Überlegungen VII–XI (Schwarze Hefte 1938–1939)*. Ed. Peter Trawny, 2014, 2022 (rev. ed.)	*Ponderings VII–XI: Black Notebooks 1938–1939*. Trans. Richard Rojcewicz. Indiana University Press, 2017.
GA 96. *Überlegungen XII–XV (Schwarze Hefte 1939–1941)*. Ed. Peter Trawny, 2014.	*Ponderings XII–XV: Black Notebooks 1939–1941*. Trans. Richard Rojcewicz. Indiana University Press, 2017.
GA 97. *Anmerkungen I–V (Schwarze Hefte 1942–1948)*. Ed. Peter Trawny, 2015.	[Notes I–V: Black Notebooks 1942–1948] Trans. Adam Knowles. Indiana University Press.
GA 98. *Anmerkungen VI–IX (Schwarze Hefte 1948/49–1951)*. Ed. Peter Trawny, 2018.	[Notes VI–IX: Black Notebooks 1948/49–1951]
GA 99. *Vier Hefte I und II (Schwarze Hefte 1947–1950)*. Ed. Peter Trawny, 2019.	[Four Notebooks I and II: Black Notebooks 1947–1950]
GA 100. *Vigiliae und Notturno (Schwarze Hefte 1952/53 bis 1957)*. Ed. Peter Trawny, 2020.	[Vigils and Nocturne: Black Notebooks 1952/53–1957] Trans. David C. Abergel and Scott Campbell. Indiana University Press.

GA 101. *Winke I, II* (*Schwarze Hefte 1957–1959*). Ed. Peter Trawny, 2020.	[Hints I, II: Black Notebooks 1957–1959]
GA 102. *Vorläufiges I–IV* (*Schwarze Hefte 1963–1970*). Ed. Peter Trawny, 2022.	[Preliminaries I-IV: Black Notebooks 1963–1970]

II. 书信

(按收信者姓氏的字母顺序排列)

由阿尔弗雷德·登克(Alfred Denker)编辑的《海德格尔书信全集》(*Martin Heidegger Briefausgabe*)即将由 Verlag Karl Alber 出版社出版。《海德格尔书信全集》预计包括：20 卷与学者的书信往来、10 卷与家人和朋友的书信往来，以及 5 卷与大学和出版社等机构的书信往来。

Arendt, Hannah: Hannah Arendt and Martin Heidegger. *Briefe 1925 bis 1975 und andere Zeugnisse*. Ed. Ursula Ludz. Frankfurt am Main: Vittorio Klostermann, 2002.	Hannah Arendt and Martin Heidegger. *Letters, 1925–1975*. Trans. Andrew Shields. Orlando: Harcourt, 2004.
Bauch, Kurt: Martin Heidegger and Kurt Bauch. *Briefwechsel 1932–1975*. Martin Heidegger Briefausgabe, vol. II.1. Ed. Almuth Heidegger. Freiburg: Karl Alber, 2010.	
Bultmann, Rudolf: Rudolf Bultmann and Martin Heidegger. *Briefwechsel 1925 bis 1975*. Ed. Andreas Großmann and Christof	

Landmesser. Frankfurt am Main: Vittorio Klostermann; Tübingen: Mohr Siebeck, 2009.	
Blochmann, Elisabeth: Martin Heidegger and Elisabeth Blochmann. *Briefwechsel, 1918–1969*. Ed. Joachim W. Storck. Marbach am Neckar: Deutsche Schillergesellschaft, 1989.	"Selected Letters from the Heidegger–Blochmann Correspondence." Trans. Frank W. H. Edler. *Graduate Faculty Philosophy Journal* 14/2–15/1 (1991): 557–577.
Corbin, Henry: "Martin Heidegger – Henry Corbin: Lettres et documents (1930–1941)." Ed. Sylvain Camilleri and Daniel Proulx. *Bulletin Heidéggerien* 4 (2014): 4–63.	
Friedrich, Hugo: "Der Briefwechsel zwischen Martin Heidegger und dem Freiburger Romanisten Hugo Friedrich" (1937–1975). In *Heidegger und der Nationalsozialismus I: Dokumente*. Heidegger-Jahrbuch 4. Ed. Alfred Denker and Holger Zaborowski. Freiburg: Karl Alber, 2009.	
Gadamer, Hans–Georg: *Hans–Georg Gadamer: Ausgewählte Briefe an Martin Heidegger (1944–1976)*. Messkirch: Martin–Heidegger–Gesellschaft, 2002. *Martin Heidegger: Ausgewählte Briefe an Hans–Georg Gadamer*. Messkirch: Martin–Heidegger–Gesellschaft, 2006.	
Heidegger, Elfride: Martin Heidegger. *"Mein liebes Seelchen!": Briefe Martin Heideggers an seine Frau Elfride 1915–1970*. Ed. Gertrud Heidegger. Munich: DVA, 2005.	Martin Heidegger. *Letters to His Wife: 1915–1970*. Trans. Rupert Glasgow. Cambridge: Polity, 2008.

Heidegger, Friedrich and Johanna (parents); **Heidegger, Marie** (sister): Martin Heidegger. B*riefwechsel mit seinen Eltern und Briefe an seine Schwester und ihre Familie.* Martin Heidegger Briefausgabe, vol. I.1. Ed. Jörg Heidegger and Alfred Denker. Freiburg: Karl Alber, 2013.	
Heidegger, Fritz (brother): Selections from their 500–letter correspondence are printed in *Heidegger und der Antisemitismus: Positionen im Widerstreit.* Ed. Walter Homolka and Arnulf Heidegger. Freiburg: Herder, 2016.	
Jaspers, Karl: Martin Heidegger and Karl Jaspers. *Briefwechsel 1920–1963.* Ed. Walter Biemel and Hans Saner. Frankfurt am Main: Vittorio Klostermann, 1990.	Martin Heidegger and Karl Jaspers. *The Heidegger–Jaspers Correspondence (1920–1963).* Trans. Gary E. Aylesworth. Amherst, N.Y.: Humanity Books, 2003.
Jünger, Ernst: Ernst Jünger and Martin Heidegger. *Briefe 1949–1975.* Frankfurt am Main: Vittorio Klostermann and Stuttgart: Klett–Cotta, 2008.	Martin Heidegger and Ernst Jünger. Correspondence 1949–1975. Trans. Timothy Sean Quinn. London: Rowman & Littlefield International, 2016.
Kästner, Erhart: *Martin Heidegger and Erhart Kästner. Briefwechsel, 1953–1974.* Ed. Heinrich W. Petzet. Frankfurt am Main: Insel, 1986.	
Löwith, Karl: Martin Heidegger and Karl Löwith. *Briefwechsel 1919–1973.* Martin Heidegger Briefausgabe, vol. II.2. Ed. Alfred Denker. Freiburg: Karl Alber, 2016.	Martin Heidegger and Karl Löwith. *Correspondence: 1919–1973.* Trans. J. Goesser Assaiante and S. Montgomery Ewegen. Lanham, MD: Rowman & Littlefield, 2021.

Müller, Max: Martin Heidegger. *Briefe an Max Müller und andere Dokumente.* Ed. Holger Zaborowski and Anton Bösl. Freiburg: Karl Alber, 2003.	
Pöggeler, Otto: Martin Heidegger and Otto Pöggeler. *Briefwechsel 1957–1976.* Martin Heidegger Briefausgabe, vol. II.3. Ed. Kathrin Busch and Christoph Jamme. Freiburg: Karl Alber, 2021.	
Rickert, Heinrich: Martin Heidegger and Heinrich Rickert. *Briefe 1912 bis 1933 und andere Dokumente.* Ed. Alfred Denker. Frankfurt am Main: Vittorio Klostermann, 2002.	
Von Bodmershof, Imma: Martin Heidegger and Imma von Bodmershof. *Briefwechsel 1959–1976.* Ed. Bruno Pieger. Stuttgart: Klett–Cotta, 2000.	
Von Ficker, Ludwig: Martin Heidegger and Ludwig von Ficker. *Briefwechsel 1952–1967.* Ed. Matthias Flatscher. Stuttgart: Klett–Cotta, 2004.	
Welte, Bernhard: Martin Heidegger and Bernhard Welte. *Briefe und Begegnungen.* Ed. Alfred Denker and Holger Zaborowski. Stuttgart: Klett–Cotta, 2003.	
Wust, Peter: *Philosophenbriefe von und an Peter Wust.* Ed. Ekkehard Blattmann. Berlin/Münster: LIT. Pages 198–201.	

III. 未在《海德格尔全集》中出版的海德格尔其他重要文本选编

"Das Argument gegen den Brauch (für das Ansichsein des Seienden)." Ed. Dietmar Koch and Michael Ruppert, with emendations and notes by Tobias Keiling and Ian Alexander Moore. *British Journal for the History of Philosophy* 30:3 (2022): i-xvi.	"The Argument Against Need (For the Being-in-itself of Entities)." Trans. Tobias Keiling and Ian Alexander Moore. *British Journal for the History of Philosophy* 30:3 (2022): 519–34.
Heidegger und der Nationalsozialismus I: Dokumente. Heidegger–Jahrbuch 4. Ed. Alfred Denker and Holger Zaborowski. Freiburg: Karl Alber, 2009. Includes: Dokumente aus der Rektoratszeit; "Über Wesen und Begriff von Natur, Geschichte und Staat" (1933–34); Briefwechsel Heidegger–Hugo Friedrich; Dokumente zur öffentlichen Auseinandersetzung um Leben und Werk Heideggers von 1933–1938; Dokumente zur Entnazifizierung und Emeritierung Martin Heideggers; Weitere Dokumente und Briefe; Dokumente zu Elfride Heidegger; Zum Verhältnis von Erik Wolf und Martin Heidegger.	A variety of texts relevant to Heidegger and National Socialism, including: Documents from the rectoral period; protocols for the seminar "On the Essence and Concept of Nature, History, and State" (1933–34); correspondence between Heidegger and Hugo Friedrich; documents pertaining to the public discussion of Heidegger's life and work from 1933 to 1938; documents on Heidegger's denazification and forced retirement; further documents and letters; documents concerning Elfride Heidegger; on the relation between Erik Wolf and Martin Heidegger. Translation of the seminar: *Nature, History, State: 1933–1934*. Trans. Gregory Fried and Richard Polt, with essays by Robert Bernasconi, Peter E. Gordon, Marion Heinz, Theodore Kisiel, and Slavoj Žižek. London: Bloomsbury, 2013.
"Was ist Metaphysik? Urfassung." Ed. Dieter Thomä. *Deutsche Zeitschrift für Philosophie* 66(1) (2018): 87–97.	"What Is Metaphysics? Original Version." Trans. Ian Alexander Moore and Gregory Fried (including the German text). *Philosophy Today* 62:3 (Summer 2018): 733–51.

其他人的著作目录

Adorno, Theodor. *The Jargon of Authenticity*. London: Routledge, 2013.

Aho, Kevin, ed. *Existential Medicine: Essays on Health and Illness*. London: Rowman & Littlefield International, 2018.

Aho, Kevin. *One Beat More: Existentialism and the Gift of Mortality*. Cambridge: Polity, 2022.

Altman, William H. F. *Martin Heidegger and the First World War: "Being and Time" as Funeral Oration*. Lanham: Lexington Books, 2012.

Arendt, Hannah and Martin Heidegger. *Letters: 1925–1975*. Orlando: Harcourt, 2004.

Augustine, St. *Confessions*. Trans. R. S. Pine-Coffin. Harmondsworth: Penguin, 1961.

Ayer, A. J., ed. *Logical Positivism*. New York: The Free Press, 1959.

Bambach, Charles. *Heidegger, Dilthey, and the Crisis of Historicism*. Ithaca: Cornell University Press, 1995.

Barash, Jeffrey Andrew. *Martin Heidegger and the Problem of Historical Meaning*. 2nd ed. New York: Fordham University Press, 2003.

Beiner, Ronald. *Dangerous Minds: Nietzsche, Heidegger, and the Return of the Far Right*. Philadelphia: University of Pennsylvania Press, 2018.

Biemel, Walter. *Martin Heidegger: An Illustrated Study*. New York: Harcourt Brace Jovanovich, 1976.

Blattner, William D. *Heidegger's Temporal Idealism*. Cambridge: Cambridge University Press, 1999.

Bourdieu, Pierre. *The Political Ontology of Martin Heidegger*. Trans. Peter Collier. Stanford: Stanford University Press, 1991.

Braver, Lee, ed. *Division III of Heidegger's "Being and Time": The Unanswered Question of Being*. Cambridge: MIT Press, 2017.

Braver, Lee. *Groundless Grounds: A Study of Wittgenstein and Heidegger*. Cambridge: MIT Press, 2014.

Capobianco, Richard, ed. *Heidegger and the Holy*. Lanham: Rowman & Littlefield, 2022.

Capobianco, Richard. *Engaging Heidegger*. Toronto: University of Toronto Press, 2011.

Capobianco, Richard. *Heidegger's Being: The Shimmering Unfolding*. Toronto: University of Toronto Press, 2023.

Capobianco, Richard. *Heidegger's Way of Being*. Toronto: University of Toronto Press, 2014.

Caputo, John D. *Demythologizing Heidegger*. Bloomington: Indiana University Press, 1993.

Casati, Filippo and Daniel Dahlstrom, eds. *Heidegger on Logic*. Cambridge: Cambridge University Press, 2022.

Cerella, Antonio and Louiza Odysseos, eds. *Heidegger and the Global Age*. London: Rowman & Littlefield International, 2017.

Claxton, Susanne. *Heidegger's Gods: An Ecofeminist Perspective*. London: Rowman & Littlefield International, 2017.

Coyne, Ryan. *Heidegger's Confessions: The Remains of St. Augustine in "Being and Time" and Beyond*. Chicago: University of Chicago Press, 2015.

Crowell, Steven and Jeff Malpas, eds. *Transcendental Heidegger*. Stanford: Stanford University Press, 2007.

Dahlstrom, Daniel O. *Heidegger's Concept of Truth*. Cambridge: Cambridge University Press, 2001.

Davis, Bret W. *Heidegger and the Will: On the Way to Gelassenheit*. Evanston: Northwestern University Press, 2007.

de Warren, Nicolas and Thomas Vongehr, eds. *Philosophers at the Front: Phenomenology and the First World War*. Leuven: Leuven University Press, 2018.

Denker, Alfred and Holger Zaborowski, eds. *Heidegger und der Nationalsozialismus I: Dokumente*. Heidegger-Jahrbuch 4. Freiburg: Karl Alber, 2009.

Derrida, Jacques. Heidegger: The Question of Being and History. Trans. Geoffrey Bennington. Chicago: University of Chicago Press, 2016.

Derrida, Jacques. *The Truth in Painting*. Trans. Geoffrey Bennington and Ian McLeod. Chicago: University of Chicago Press, 1987.

Descartes, René. *Discourse on Method*. Trans. Donald A. Cress. Indianapolis: Hackett, 1980.

Descartes, René. *Principles of Philosophy*. In *The Philosophical Writings of Descartes*, vol. 1. Trans. John Cottingham et al. Cambridge: Cambridge University Press, 1985.

Dewey, John. *Experience and Nature*. 2nd ed. La Salle, Illinois: Open Court, 1929.

Di Cesare, Donatella. *Heidegger and the Jews: The "Black Notebooks."* Trans. Murtha Baca. Cambridge: Polity, 2018.

Dreyfus, Hubert L. *Being-in-the-World: A Commentary on Heidegger's "Being and Time,"* Division I. Cambridge: MIT Press, 1991.

Edwards, Paul. *Heidegger on Death: A Critical Evaluation*. La Salle, Illinois: Hegeler Institute, 1979.

Engelland, Chad. *Heidegger's Shadow: Kant, Husserl, and the Transcendental Turn*. New York: Routledge, 2017.

Farin, Ingo and Jeff Malpas, eds. *Reading Heidegger's Black Notebooks 1931–1941*. Cambridge: MIT Press, 2016.

Feenberg, Andrew. *Questioning Technology*. New York: Routledge, 1999.

Fried, Gregory, and Richard Polt, eds. *After Heidegger?* London: Rowman & Littlefield International, 2017.

Fried, Gregory, ed. *Confronting Heidegger: A Critical Dialogue on Politics and Philosophy*. London: Rowman & Littlefield International, 2020.

Fried, Gregory. *Heidegger's Polemos: From Being to Politics*. New Haven: Yale University Press, 2000.

Friedman, Michael. *A Parting of the Ways: Carnap, Cassirer, and Heidegger*. Chicago: Open Court, 2000.

Gadamer, Hans-Georg. *Philosophical Apprenticeships*. Trans. Robert R. Sullivan. Cambridge: MIT Press, 1985.

Gadamer, Hans-Georg. *Truth and Method*. Trans. rev. by Joel Weinsheimer and Donald G. Marshall. London: Bloomsbury, 2004.

Gelven, Michael. *A Commentary on Heidegger's "Being and Time."* 2nd edn. DeKalb: Northern Illinois University Press, 1989.

Grosser, Florian and Nassima Sahraoui, eds. *Heidegger in the Literary World: Variations on Poetic Thinking*. Lanham: Rowman and Littlefield, 2021.

Haugeland, John. *Dasein Disclosed: John Haugeland's Heidegger*. Ed. Joseph Rouse. Cambridge: Harvard University Press, 2013.

Hawking, Stephen. *A Brief History of Time: From the Big Bang to Black Holes*.

New York: Bantam, 1988.

Hemming, Laurence Paul. *Heidegger's Atheism: The Refusal of a Theological Voice*. Notre Dame: University of Notre Dame Press, 2002.

Hemming, Laurence Paul. *Heidegger and Marx: A Productive Dialogue over the Language of Humanism*. Evanston: Northwestern University Press, 2013.

Herskowitz, Daniel M. *Heidegger and His Jewish Reception*. Cambridge: Cambridge University Press, 2021.

Holt, Jim. *Why Does the World Exist? An Existential Detective Story*. New York: Liveright, 2012.

Husserl, Edmund. *The Crisis of the European Sciences and Transcendental Phenomenology: An Introduction to Phenomenological Philosophy*. Trans. David Carr. Evanston: Northwestern University Press, 1970.

Husserl, Edmund. *Logical Investigations*. Trans. J. N. Findlay. Ed. Dermot Moran. London: Routledge, 2001.

Husserl, Edmund. *Psychological and Transcendental Phenomenology and the Confrontation with Heidegger (1927-1931)*. Ed. and trans. Thomas Sheehan and Richard E. Palmer. Dordrecht: Kluwer, 1997.

Ihde, Don. *Heidegger's Technologies: Postphenomenological Perspectives*. New York: Fordham University Press, 2010.

Isaacson, Walter. "In Search of the Real Bill Gates." *Time*, January 13, 1997.

Janicaud, Dominique. *Heidegger in France*. Trans. François Raffoul and David Pettigrew. Bloomington: Indiana University Press, 2015.

Kant, Immanuel. *Critique of Pure Reason*. Trans. Norman Kemp Smith. New York: St. Martin's Press, 1965.

Keeler, Harry Stephen. "John Jones's Dollar." In Clifton Fadiman, ed. *Fantasia Mathematica*. New York: Copernicus, 1997.

Kierkegaard, Søren. *Concluding Unscientific Postscript to "Philosophical Fragments."* Trans. Howard V. Hong and Edna H. Hong. Princeton: Princeton University Press, 1992.

Kisiel, Theodore. *The Genesis of Heidegger's "Being and Time."* Berkeley: University of California Press, 1993.

Knowles, Adam. *Heidegger's Fascist Affinities: A Politics of Silence*. Stanford: Stanford University Press, 2019.

Krauss, Lawrence M. *A Universe from Nothing: Why There is Something Rather than Nothing*. New York: Atria, 2012.

Kuhn, Thomas. *The Structure of Scientific Revolutions*. Chicago: University of Chicago Press, 1962.

Lambeth, Morganna. *Heidegger's Interpretation of Kant: The Violence and the Charity*. Cambridge: Cambridge University Press, 2023.

Lang, Berel. *Heidegger's Silence*. Ithaca: Cornell University Press, 1996.

Lapidot, Elad and Micha Brumlik, eds. *Heidegger and Jewish Thought: Difficult Others*. London: Rowman & Littlefield International, 2017.

Levinas, Emmanuel. Totality and Infinity. Trans. Alphonso Lingis. Pittsburgh: Duquesne University Press, 1969.

Love, Jeff, ed. *Heidegger in Russia and Eastern Europe*. London: Rowman & Littlefield International, 2017.

Löwith, Karl. *My Life in Germany Before and After 1933: A Report*. Trans. Elizabeth King. Urbana: University of Illinois Press, 1994.

Lyon, James K. *Paul Celan and Martin Heidegger: An Unresolved Conversation, 1951–1970*. Baltimore: Johns Hopkins University Press, 2006.

Ma, Lin. *Heidegger on East-West Dialogue: Anticipating the Event*. New York: Routledge, 2008.

Mackey, Sandra. "Phenomenological Nursing Research: Methodological Insights Derived from Heidegger's Interpretive Phenomenology." *International Journal of Nursing Studies*, 42:2 (Feb. 2005): 179–86.

Malpas, Jeff. *Heidegger and the Thinking of Place: Explorations in the Topology of Being*. Cambridge: MIT Press, 2012.

Malpas, Jeff. *Heidegger's Topology: Being, Place, World*. Cambridge: MIT Press, 2006.

Malpas, Jeff. *Rethinking Dwelling: Heidegger, Place, Architecture*. London: Bloomsbury, 2021.

Marcuse, Herbert. *Heideggerian Marxism*. Ed. Richard Wolin and John Abromeit. Lincoln: University of Nebraska Press, 2005.

May, Reinhard. *Heidegger's Hidden Sources: East Asian Influences on his Work*. Trans. with an essay by Graham Parkes. London: Routledge, 1996.

McDaniel, Kris. *The Fragmentation of Being*. Oxford: Oxford University Press, 2017.

McMullin, Irene and Matthew Burch, eds. *Transcending Reason: Heidegger on Rationality*. London: Rowman & Littlefield International, 2020.

Meillassoux, Quentin. *After Finitude: An Essay on the Necessity of Contingency*.

Trans. Ray Brassier. New York: Continuum, 2008.

Mendes-Flohr, Paul. "Martin Buber and Martin Heidegger in Dialogue." *Journal of Religion* 94:1 (Jan. 2014): 2–25.

Mitchell, Andrew J. and Peter Trawny, eds. *Heidegger's "Black Notebooks": Responses to Anti-Semitism*. New York: Columbia University Press, 2017.

Mitchell, Andrew J. *The Fourfold: Reading the Late Heidegger*. Evanston: Northwestern University Press, 2015.

Moore, Ian Alexander. Eckhart, *Heidegger, and the Imperative of Releasement*. Albany: State University of New York Press, 2019.

Moran, Dermot. *Edmund Husserl: Founder of Phenomenology*. Cambridge: Polity, 2005.

Moser, Kata et al., eds. *Heidegger in the Islamicate World*. London: Rowman & Littlefield International, 2019.

Murray, Michael, ed. *Heidegger and Modern Philosophy: Critical Essays*. New Haven: Yale University Press, 1978.

Neske, Gunther and Emil Kettering, eds. *Martin Heidegger and National Socialism: Questions and Answers*. Trans. Lisa Harries. Intro. Karsten Harries. New York: Paragon House, 1990.

Nietzsche, Friedrich. *The Birth of Tragedy and The Case of Wagner*. Trans. Walter Kaufmann. New York: Vintage, 1967.

Nietzsche, Friedrich. *The Gay Science*. Trans. Walter Kaufmann. New York: Vintage, 1974.

Nietzsche, Friedrich. *Twilight of the Idols: Or, How to Philosophize with the Hammer*. Trans. Richard Polt. Indianapolis: Hackett, 1997.

Ortega y Gasset, José. *Meditations on Quixote*. Trans. Evelyn Rugg and Diego Marín. New York: W. W. Norton, 1961.

Orwell, George. *1984*. New York: New American Library, 1961.

Ott, Hugo. *Heidegger: A Political Life*. Trans. Allan Blunden. New York: Basic Books, 1993.

Parkes, Graham, ed. *Heidegger and Asian Thought*. Honolulu: University of Hawaii Press, 1987.

Payen, Guillaume. *Martin Heidegger's Changing Destinies: Catholicism, Revolution, Nazism*. Trans. Jane Marie Todd and Steven Rendall. New Haven: Yale University Press, 2023.

Petzet, Heinrich W. *Encounters and Dialogues with Martin Heidegger, 1929–*

1976. Trans. Parvis Emad and Kenneth Maly. Chicago: University of Chicago Press, 1993.

Polanyi, Michael. *The Tacit Dimension*. Chicago: University of Chicago Press, 2009.

Polt, Richard. "Eidetic Eros and the Liquidation of the Real." In *The Task of Philosophy in the Anthropocene: Axial Echoes in Global Space*, ed. Richard Polt and Jon Wittrock. London: Rowman & Littlefield International, 2018.

Polt, Richard. *The Emergency of Being: On Heidegger's "Contributions to Philosophy."* Ithaca: Cornell University Press, 2006.

Polt, Richard. "Heidegger's Typewriter." *Gatherings: The Heidegger Circle Annual* 12 (2022): 39-67.

Polt, Richard. "A Heideggerian Critique of Cyberbeing." In *Horizons of Authenticity in Phenomenology, Existentialism, and Moral Psychology: Essays in Honor of Charles Guignon*, ed. Hans Pedersen and Megan Altman. Dordrecht: Springer, 2015.

Polt, Richard. "A Running Leap into the There: Heidegger's Running Notes on 'Being and Time.'" *Graduate Faculty Philosophy Journal* 41:1 (2020): 55–71.

Polt, Richard. *Time and Trauma: Thinking Through Heidegger in the Thirties*. London: Rowman & Littlefield International, 2019.

Quine, Willard V. *Ontological Relativity and Other Essays*. New York: Columbia University Press, 1969.

Raffoul, François. *Heidegger and the Subject*. Trans. David Pettigrew and Gregory Recco. Atlantic Highlands, NJ: Humanity Books, 1998.

Rentmeester, Casey. *Heidegger and the Environment*. London: Rowman and Littlefield International, 2016.

Richardson, William J. *Heidegger: Through Phenomenology to Thought*. 4th ed. New York: Fordham University Press, 2003.

Rorty, Richard. "Taking Philosophy Seriously." *The New Republic*, April 11, 1988.

Russell, Bertrand. *Wisdom of the West*. New York: Crescent Books, 1989.

Sacks, Oliver. *The Man Who Mistook His Wife for a Hat*. New York: Simon and Schuster, 1998.

Safranski, Rüdiger. *Martin Heidegger: Between Good and Evil*. Trans. Ewald Osers. Cambridge: Harvard University Press, 1998.

Sartre, Jean-Paul. *Being and Nothingness*. Trans. Hazel E. Barnes. New York:

Washington Square Press, 1966.

Sartre, Jean-Paul. *Essays in Existentialism*. Ed. Wade Baskin. New York: Citadel Press, 1990.

Schapiro, Meyer. "The Still Life as a Personal Object: A Note on Heidegger and van Gogh." In Marianne L. Simmel, ed. *The Reach of Mind: Essays in Memory of Kurt Goldstein*. New York: Springer, 1968.

Scharff, Robert. *Heidegger Becoming Phenomenological: Interpreting Husserl through Dilthey, 1916–1925*. London: Rowman & Littlefield International, 2018.

Schwartz, Delmore. *The Ego is Always at the Wheel: Bagatelles*. Ed. Robert Phillips. New York: New Directions, 1986.

Sheehan, Thomas. *Heidegger's "Being and Time": Paraphrased and Annotated*. Lanham: Rowman & Littlefield, 2024.

Sheehan, Thomas. *Making Sense of Heidegger: A Paradigm Shift*. London: Rowman & Littlefield International, 2014.

Shockey, R. Matthew. *The Bounds of Self: An Essay on Heidegger's "Being and Time."* New York: Routledge, 2021.

Sluga, Hans. *Heidegger's Crisis: Philosophy and Politics in Nazi Germany*. Cambridge: Harvard University Press, 1993.

Sobel, Dava. "Among Planets." *The New Yorker*, December 9, 1996.

Spiegelberg, Herbert. *The Phenomenological Movement: A Historical Introduction*. 3rd ed. The Hague: Martinus Nijhoff, 1982.

Strauss, Leo. "Existentialism." *Interpretation* 22:3 (Spring 1995): 303–19.

Strauss, Leo. "The Problem of Socrates." *Interpretation* 22:3 (Spring 1995): 321–38.

Thomson, Iain D. *Heidegger on Ontotheology: Technology and the Politics of Education*. Cambridge: Cambridge University Press, 2005.

Trawny, Peter. *Heidegger and the Myth of a Jewish World Conspiracy*. Trans. Andrew J. Mitchell. Chicago: University of Chicago Press, 2015.

Villa, Dana R. *Heidegger and Arendt: The Fate of the Political*. Princeton: Princeton University Press, 1996.

von Herrmann, Friedrich-Wilhelm and Francesco Alfieri. *Martin Heidegger and the Truth About the "Black Notebooks."* Trans. Bernhard Radloff. Analecta Husserliana CXXIII. Cham: Springer, 2021.

White, Carol J. *Time and Death: Heidegger's Analysis of Finitude*. Ed. Mark Ralkowski. London: Routledge, 2005.

Wittgenstein, Ludwig. "A Lecture on Ethics" (1929). In *Philosophical Occasions, 1912-1951*. Ed. James Klagge and Alfred Nordmann. Indianapolis: Hackett, 1993.

Wittgenstein, Ludwig. *Tractatus Logico-Philosophicus*. Trans. D. F. Pears and B. F. McGuinness. London: Routledge, 2001.

Woessner, Martin V. *Heidegger in America*. Cambridge: Cambridge University Press, 2010.

Wolfe, Judith. *Heidegger and Theology*. London: Bloomsbury, 2014.

Wolin, Richard. *Heidegger's Children: Hannah Arendt, Karl Löwith, Hans Jonas, and Herbert Marcuse*. Princeton: Princeton University Press, 2001.

Wolin, Richard, ed. *The Heidegger Controversy: A Critical Reader*. Cambridge, Mass.: MIT Press, 1993.

Wolin, Richard. *Heidegger in Ruins: Between Philosophy and Ideology*. New Haven: Yale University Press, 2022.

Wrathall, Mark A., ed. T*he Cambridge Companion to Heidegger's "Being and Time."* Cambridge: Cambridge University Press, 2013.

Young, Julian. *Heidegger, Philosophy, Nazism*. Cambridge: Cambridge University Press, 1997.

Zaborowski, Holger. *"Eine Frage von Irre und Schuld?": Heidegger und der Nationalsozialismus*. Frankfurt am Main: Fischer, 2010.

Zarader, Marlène. *The Unthought Debt: Heidegger and the Hebraic Heritage*. Trans. Bettina Bergo. Stanford: Stanford University Press, 2006.

Zimmerman, Michael E. *Eclipse of the Self: The Development of Heidegger's Concept of Authenticity*. 2nd ed. Athens, Ohio: Ohio University Press, 1986.

译后记

本书编辑陈凌云先生命我写个译后记,并且"写出这个译本成长起来的大地,和它向往的天空"。我想就在此以一个有着特别人生经历的哲学自学者或哲学爱好者的身份来谈点我的一些经历和想法。

我 1990 年出生,但直到 2008 年年底,我才开始关注哲学性质的内容和问题(也开始可以获取一些哲学资料)。当时我突然发现很多事情我完全不懂,比如什么是感觉的本质,情绪的本质,思维的本质,数字的本质,符号运算的本质?语言是什么?语言与思维的关系是怎样的?一开始我查询互联网,但互联网只是给出一些对情绪、感觉、思维的描述和分类(这些描述和分类本身有时也比较模糊),但它没有告诉你这些东西的本质、最内在的东西是什么。它告诉我们感觉在生理学、神经学上的某些发生机制(比如大脑皮层的变化),但这些发生机制为什么会产生情绪?这些发生机制是如何导致我们拥有情绪的自身意识的？我并没有找到相应的解答[1]。

这种"感觉自己完全不懂"的状态也让我有"重新学习一切"的想法，但要"重新学习一切"，首先需要像笛卡尔那样"怀疑一切"，甚至"否定一切"，如此才能有可靠、确定、真正的基础，而不是我在之前学到的那些模棱两可的知识。这种"怀疑一切"、"否定一切"的想法也适用于我自己。我当时对自己的状况非常不满，我发现我对自身也一无所知，我不知道我的本质是什么，我希望可以在"怀疑一切"中获得一个全新的自我，使自己脱离混沌的状态，让自己变得透彻起来。

当时的这种状态以及这些问题促使我寻找一些心理学、语言学和哲学类的书来阅读。那时我正在学习数学，所以首先尝试去找些数学哲学的书来看，但我无法找到这类书（后来认识到，似乎这类书在当时的国内不多）。于是我就去找些数学基础，即集合论、数理逻辑、证明论这类的书，它们被认为是现代数学的基础，理解了基础，就能理解数学的本质。

数的本质是什么？这是我当时急切想要获得解答的问题。我了解到皮亚诺公理（Peano axioms）对自然数的构造，似乎皮亚诺能够对数的本质进行解答。但当我看到这些公理时，却感到较为困惑，比如他把 0 是自然数设定为一个"公

---

[1] 海德格尔认为，情绪和对情绪的自身意识唯有基于世界及其事物和我们自身已经对我们敞开时才是可能的，否则任何神经系统的运作都不能产生感觉、情绪等，只能是单纯的物理、化学反应。唯有在这样的敞开状态中，这些神经系统的运作才作为某种特定的感觉和情绪而呈现出来。

理",然后说每一个确定的自然数a,都有一个确定的后继数a',a'也是自然数,这也是一个"公理"。他并没有告诉我为什么0是自然数,他只是用数学家的身份来"规定"0就是自然数,这是一个"公理"——不容置疑、无法怀疑的真理。至于自然数的本质是什么,它是否真正地独立存在,其存在方式如何,皮亚诺似乎并不关心。他就像一个上帝那样,说0、1、2、3等等是自然数,那么它们就是自然数,他创造了自然数。但是,我当时认定,数绝非数学家和人的创造,它有其独立的内在本质,尽管我不知道这内在本质究竟是什么。

我从别的地方了解到罗素与怀特海在其《数学原理》(*Principia Mathematica*)中利用数理逻辑来证明1+1=2,但那里并没有说他们是怎么做到的,只是说他们用一千多页的《数学原理》来为数学奠基。我无法找到这本书,而且即便找到,我的水平也无法理解这一千多页的内容。逐渐地,我从数学基础、心理学、语言学等学科转向在当时的我看来更为"本质性"的主题——哲学。

读了一些哲学相关的书,尤其是阅读了一些关于黑格尔、费希特与叔本华等这些"体系"哲学家之后,我产生了一些我自己的想法。这些想法让我产生了一种全新的世界经验,我感到似乎一切都可以理解了,一切都变得透彻了,比如一切都不过是意志的具体化,一切都是绝对精神的自我展开。而此前我一直处在浑浑噩噩的认知状态中,这种认知状态体现为各种支离破碎的知识:文学有文学的"范式",物理学有物理学的"范式",数学有数学的"范式",

这些学科之间不能兼容,因此有所谓的"文科""理科""工科"的区分。

但是,这种"全新的经验"在"客观上"也让我更加"活在自己的世界"中,更加远离我当时的周围世界。这种远离让我遭遇了不少实际的困难,比如我发现我处在一个孤立的状态中,好像周边的人都很陌生;加上我很早就遭受过大量的创伤性经历,我从性格方面也变得更为内向。

后来,我去往各地打工,维持生活。去得最多的是制造业的工厂。在这些工厂里一般工作时间都很长,一天12个小时甚至更多,而且很多时候都是上夜班,每个月也没有几天休息时间。这些经历和我从小以来的经历使得我一直都没有"放假"的概念,甚至让我觉得"放假""休息"有一种负罪感,觉得自己每天都需要工作。带着最开始一年多时间的粗浅阅读经历,我在各地打工期间继续保持着我的阅读与思考。

一开始,我不觉得这种在各地打工的状态有什么不好,因为我觉得它不影响我的思考活动。即便在工作中,我也可以思考。不过我的实际生活变得更为艰难,长期处于贫困潦倒的状态。同时我也陷入更加孤立的状态。这样的贫困潦倒的孤立状态让我很容易遭受别人的轻视。不过,在最初几年,这些东西我并不太在意。

尽管我不太在意别人的轻视,但这种情况多了,我就越来越强烈地感到世界对我的敌意,于是或主动或被动地更加"活在自己的世界"中。我变得对外界更加敏感。随后,我发现我出现了口吃现象。在十几年的打工生涯里,我有很大一部分时间都处在不同程度的口吃状态，严重的时候，我甚至难以说出一些最常用的词。这样的状态加剧了我的艰难处境，我发现我越来越难以找到工作，即便是最初级的工作也有时会拒绝我。

逐渐地，我感到自己的时间和精力被剥夺殆尽，无法再阅读和思考，因为一天高强度的体力劳动下来，我只想躺在简陋的上下铺的床上，没有力气再去面对那些对我来说本就很困难的文本和问题。这样的境况使我浪费了很多的时间。

在这样的"内外交困"中，我开始想，我是否可能从这样的恶劣处境中离开？是否可能获得一个更好的环境？是否可能赚到钱？如果有些钱，我就可以不必每天十几个小时在工厂里工作了。我有过一些想法，但均未获得结果——这也很自然。

这种无结果状态慢慢地让我几乎接受了这样的处境，甚至有时候满意于这样的处境——每天去上班，每月拿工资，维持基本的生活。我也慢慢接受，哲学这样"上层建筑"的东西并非我这样一个在工厂打工的人可以用大量的时间精力去投入和思考的，这些东西对我也没有任何现实的用处。

时间到了 2021 年。我感到我还是不能满足于这样的境况。我想到了我在最开始阅读和思考哲学时的憧憬；想到当时我对理解的渴望，渴望获得清晰、确定、必然的真理，而非模棱两可的知识；渴望认识真正的自己；渴望塑造一个全新的自我。而十几年过去，我感到这些目标并未完成，反而陷入更加被动、更加被他人决定的处境中。因此，我重新开始阅读和学习哲学。

海德格尔这位令人畏惧的思想家我很早就读过，但并没有太多理解，而且主要还是从存在主义角度来读他，这种阅读的角度注定是错误和失败的[1]。从 2021 年初开始，我主要专注于海德格尔，而不再如之前那样泛泛而读。

有一次，我读到了理查德·波尔特在 1999 年出版的《海德格尔导论》（*Heidegger: An Introduction*），我发现这本书比较通俗易懂，而其内容也不乏深度。因此决定从 2021 年 4 月开始翻译这本书。当时我面临这样的处境：我在工厂上班，每天都需要 12 个小时左右的时间来做工作的事情；并且我住在 10 人间的工厂宿舍里，在宿舍里没有桌子，甚至连插座都没有，只有那种供手机充电的 USB 插座插孔。我只能带着电脑去附近的图书馆去翻译。翻译完后我就把译文贴在网上。

2021 年 11 月，"腾讯新闻·谷雨实验室"微信公众号发了一篇题为《一个农民工思考海德格尔是再正常不过的事》的文章（以及后续其他一些媒体对我的采访报道），使我作为一个读海德格尔的农民工而受到了很多的关注与支

---

[1] 如本书作者（见本书第五章）所说的那样，从存在主义（Existentialism）的角度阅读海德格尔尽管在某些方面是可行的，但从根本上，海德格尔与通常的"存在主义"（萨特、尼采、克尔凯郭尔、雅斯贝尔斯等）关系不大，因为存在主义并没有追问存在问题——这被海德格尔认为是哲学的"唯一问题"。

持，也让我翻译的这本书获得了出版的机会。在此，我要感谢腾讯新闻谷雨实验室、《南风窗》、《红星新闻》、极昼工作室、凤凰网等媒体和记者。

这本译著的出版有赖于很多人的帮助。

首先感谢"铸刻文化"，他们同意出版这部译著，并与国外版权方取得联系，获得了这本书的中文版授权。感谢鲍夏挺先生，他最初为这本书的出版提供了诸多帮助。

这本书我在 2021 年 4 月开始翻译，在 2021 年 8 月底完成初译。尽管此书通俗易懂，我在翻译时也遇到不少的困难，但那时我没有更多的时间和精力去仔细认真阅读和充分理解文本，这使得人们在网上看到的最初的译文错漏百出。2022 年开始，我对全书译文做了几次较为细致的校对。这期间，杭州师范大学美术学院的黄华侨先生对译文进行了校对，修正了不少错误。铸刻文化的陈凌云先生和李栋先生，上海文艺出版社的肖海鸥女士，也对译文进行了细致的校对，改正了不少错误。感谢 Azalea 提供的英语理解上的帮助。一些网友也对译文的修改提供了帮助，在此一并表示感谢。

我能够在 2022 年开始对初译稿进行"较为细致的校对"，有赖于河北政法职业学院为我提供的良好的工作条件。在"谷雨实验室"对我的报道发出来后，河北政法职业学院的李凤奇先生表达了帮助我的意愿，邀请我前往学院面试，这使得我后来可以在此工作。如果没有李凤奇先生的帮助，我将难以完成包括本书校对在内的诸多工作。河北政法职业学院的其他领导与老师也为我提供了很多的帮助，在此一并表示感谢。

本书作者理查德·波尔特先生在我翻译校对过程中为我解答了不少的疑惑，他也慷慨地为中译本作序，在此表示感谢。

在对我的报道发出后，我获得了众多网友的鼓励与支持，我在此向所有支持、鼓励、善意批评以及帮助我的网友表达感谢。

最后，感谢我的母亲与我妻子。

关于本书的翻译，再多说几句。作者在本书的主要观点是，存在是"存在着某物而不是什么都没有"所带来的意义[1]，或者如作者通过邮件告诉译者的那样，存在＝"有存在而不是什么都没有"、"有某物存在着"这个事实的意义[2]。

所以"存在着某物而不是什么都没有"或"有存在而不是虚无"这个事实对于本书来说非常重要。在原文中，这句话作者以不同的方式来陈述，比如：(1) there is something rather than nothing; (2) there is a being rather than nothing; (3) there is an entity rather than nothing; (4) there are entities, rather than nothing; (5) there are beings rather than nothing。作者反复提及这个事实，就是希望唤起我们对"有存在而不是什么都没有"这个事实所敞明的意义的重视。

---

[1] Being is the difference it makes that there is something rather than nothing.
[2] Being=the meaning or importance of the fact that there are beings rather than nothing—in other words, the fact that there is something, the fact that something exists.

他认为这就是海德格尔的"存在"的含义。

对于这些陈述,译者无法找到单一准确的译法。请教一些方家后,感到没有必要强行统一译文,只要我们能够理解到这个事实的意义就可以了。因此,译者在不同地方可能译得有所不同,比如:"存在着某物而不是什么都没有。""存在着某物而不是无(或虚无)。""有存在而不是什么都没有。""有存在而不是无(或虚无)。""存在着存在者而不是什么都没有。"等等。

2023年12月,在本书中译本即将出版时,作者理查德·波尔特给译者发来了最新的修订版(预计在2025年春出版),他问译者是否把修订版中新增加的内容先行在中译本上出版。新增加的内容主要是本书第五章"海德格尔的政治行为:事实与思想"这一节,以及一份全新的"参考文献"(Bibliography)。本书最初出版于1999年,因此没有包括2000年之后新出版的海德格尔文本,比如著名的《黑色笔记本》。作者在修订版中根据海德格尔1930年代与1940年代的新出版的文本补充了"海德格尔的政治行为:事实与思想"这一节内容;而全新的"参考文献"包括了2000—2023年间新出版的海德格尔文本以及海德格尔学者的研究著作。

考虑到2000年以后新出版的海德格尔文本的重要性,这个中译本增加了作者补充的新内容,同时用全新的参考文献取代原有的参考文献。由于参考文献主要为进一步阅读与研究海德格尔的思想服务,不再是"导论",译者保留了原文,没有译出这部分内容,以方便读者查阅。(译者对照了两份参考文献，新参考文献包括了旧参考文献没有的内容，同时也删除了一些旧参考文献的内容，若读者有相关需求，可自行查阅旧参考文献。）

尽管我以最大的努力来对最初有很多错误的译文进行校对，并且得到很多人的帮助，但限于我自己英文和中文水平，尤其是哲学水平的不足，这个译本一定还有各种不妥、疏漏、错误之处，敬请读者不吝指正。对于译文，我还想做几点说明：一、一词多译问题。虽然这在所有的翻译中都不可避免，但是在本书中这个问题依然没有被很好地处理。二、文中的一些"译注"源自维基百科（Wikipedia），但是未在文中一一注明。三、由于各种原因，原文中的强调并未在此译本中体现。

最后，再次感谢所有的人！

陈直

2024年春于河北石家庄